밀의 공리주의

로저 크리스프 지음
엄성우 옮김

밀의 공리주의

로저 크리스프 지음
엄성우 옮김

철학과현실사

Mill

on Utilitarianism

Roger Crisp

나의 부모님께

■ 차례

■ 옮긴이의 글

로저 크리스프 교수의 『밀의 공리주의』는 옥스퍼드 대학생들 사이에서 윤리학을 처음 배울 때 반드시 읽어야 하는 필수 입문서로 널리 알려져 있다. 역자는 한국에도 수준 높은 윤리학 입문서가 필요하다는 생각을 가지고 있던 차에 이 책을 접하였고, 그 탄탄한 구성과 충실한 내용을 직접 확인하고 나서 망설임 없이 번역을 결심하게 되었다. 이 책은 여러 측면에서 추천할 만하다.

우선 『밀의 공리주의』는 중요한 철학사적 연구에 큰 기여를 할 수 있는 책이다. 존 스튜어트 밀은 서양 윤리학사에서 아리스토텔레스나 칸트와 어깨를 나란히 하는 위대한 윤리학자이고, 『공리주의』는 그의 윤리사상이 집약된 대표작으로서 분야를 막론한 고전의 반열에 올라 있는 작품이다. 『밀의 공리주의』는 이처럼 중요한 저서에 대해 명료하고도 상세한 해설을 제공하므로, 이 책을 읽는 사람은 이 보석 같은 고전이 담고 있는 심오한 사상을 훨씬 더 수월하게 접할 수 있을 것이다. 그뿐만 아니라 밀이라는 철학자의 생애와 사상적 배경을 함께 소개하여 독자들이 그의 논변을 좀 더 친숙하게 접하고 이해할 수 있도록 한 구성도 이 책이 갖는 큰 장점이다.

하지만 『밀의 공리주의』를 단순히 밀의 저작인 『공리주의』에 대한 해설서나 입문서로만 본다면 그것은 오산이다. 비록 밀의 원전에 등장하는 논변들을 중심으로 그의 사상을 재구성하고 해석하기는 하지만, 이 책이 그가 실제로 가졌던 견해를 파악하는 데에만 초점을 맞춘 것은 아니기 때문이다. 이 책은 밀의 입장에 대한 여러 가지 해석들은 물론, 그 해석들에 대한 근거와 가능한 반론들까지도 함께 다룸으로써 독자들이 좀 더 비판적인 시각에서 그의 사상을 입체적으로 공부할 수 있도록 구성되어 있다. 나아가 저자는 중간 중간에 자신의 의견도 함께 제시하여 확고한 관점을 가지고 원전을 분석하고 있다는 점을 분명히 하는 동시에 독자가 적극적으로 철학적 사유에 직접 참여할 수 있도록 초대하고 있다. 원전에 대한 다양한 해석의 여지를 보여주고 필자 자신의 견해를 가감 없이 밝혀가면서도 균형 잡힌 시각을 유지한 채 특정한 사상가의 이론을 객관적으로 소개하는 입문서는 흔히 볼 수 있는 것이 아니다.

역자는 특히 한국의 독자들에게 이 책을 소개하는 데 큰 의의가 있다고 생각한다. 비록 공리주의가 '최대 다수의 최대 행복'이라는 단순한 명제로서는 우리나라에 널리 알려져 있지만, 정작 진지한 도덕이론으로서는 소개가 미흡하다고 볼 수 있다. 게다가 공리주의는 한국 사회의 윤리적 쟁점들에 효과적으로 접근할 수 있는 강력한 사고의 틀을 제공하는 중요한 이론임에도 불구하고, 공리주의를 심도 있게 분석한 저작의 수도 부족한 실정이다. 이러한 상황에서 밀의 공리주의를 중심으로 공리주의 일반을 심층적으로 다루는 『밀의 공리주의』를 번역하여 소개하는 일은, 우리나라 학계를 발전시키고 지성인들의 의식을 신장시키는 데 다소나마 도움이 될 수 있으리라고 믿는다. 대학생 수준의 독자라면 누구나 흥미롭게 윤리학을 접할 수 있도록 해주면서도 거기에 담긴 사유의 깊이가 결코 얕지 않은 이 책을 독자들에게 적극적으로 추천하는 바이다.

12

끝으로 이 책을 한국어판으로 번역하여 소개할 수 있도록 허락해주신 로저 크리스프 교수님께 감사의 마음을 전하고 싶다. 또한 번역본의 출판을 흔쾌히 승낙해주시고 좋은 철학 서적이 출간될 수 있도록 항상 애써주시는 철학과현실사에 깊은 감사를 드린다.

2014년 1월
옮긴이 엄성우

■ 한국의 독자들에게 드리는 글

존 스튜어트 밀(John Stuart Mill)과 어떻게 살아야 하는지에 대한 그의 입장을 다룬 필자의 책을 한국의 독자들에게 소개할 수 있어 큰 기쁨이자 영광으로 생각한다. 밀은 역사상 가장 훌륭한 철학자들 중한 사람으로, 우리는 우리 자신과 타인의 행복에 특히 관심을 가져야하며 고통 대비 최대의 쾌락을 산출하도록 행위해야 한다는 것이 그의 핵심 주장이다. 이 주장은 오늘날까지도 많은 사람들에게 매력적으로 다가올 뿐 아니라, 우리가 다음 세대에 지는 의무, 환경윤리, 의료윤리, 경영윤리 등 우리 시대의 중요한 윤리적, 정치적 쟁점들과 매우 밀접하게 관련되어 있다. 번역을 맡아 해준 엄성우 군에게 깊은 감사를 표하며, 많은 한국 사람들이 밀의 사유와 그의 저작을 공부하고 또 그로부터 많은 배움을 얻을 수 있도록 필자와 역자가 함께 좋은 계기를 제공하고자 하는 바람이다.

2013년 7월, 옥스퍼드에서
로저 크리스프(Roger Crisp)

■ 감사의 글

필자는 이 원고 최종본의 전부, 또는 거의 전부에 대해 매우 큰 도움이 되는 논평을 해준 데 대해 다음의 학자들에게 감사를 표한다. 제임스 그리핀(James Griffin), 에드워드 하코트(Edward Harcourt), 브래드 후커(Brad Hooker), 토머스 허카(Thomas Hurka), 데렉 파핏(Derek Parfit), 존 스코루프스키(John Skorupski), 웨인 섬너(Wayne Sumner), 에릭 취-제임스(Eric Tsui-James), 조너선 울프(Jonathan Wolff). 그리고 본문의 상당한 분량에 대해 마찬가지로 유익한 논평을 해준 데 대해 존 브룸(John Broome), 팀 엔디코트(Tim Endicott), 세실 파브르(Cécile Fabre), 앨런 하워스(Alan Haworth), 앤드류 메이슨(Andrew Mason), 앤드류 무어(Andrew Moore), 마크 넬슨(Mark Nelson), 잉마르 페르손(Ingmar Persson), 페테르 산되(Peter Sandøe), 토니 슈만(Tony Shooman) 등에게 감사드린다. 필자가 1995년 8월에 컴풀룬그에서 했던 밀의 『공리주의』에 대한 강의에서 통찰력 있는 논평을 해주었던 부쿠레슈티 대학교 철학과의 직원과 학생들에게 감사를 표할 기회를 갖게 되어서 기쁘게 생각한다. 특히 이 강의를 할 수 있도록 필자를 초대해준 발렌틴 무레산(Valentin Muresan)에게 감사드린다. 필자는 코펜하겐 대학교에서 생명윤리연구회가 1996년 4월에 조직했던 이 책의 원고에 대한 세미나에서 많은 것을 배울 수 있었다. 필자는 클레멘스 카펠(Klemens Kappel), 닐스 홀퉁(Nils Holtug), 카스텐 젠센(Karsten Jensen), 카스퍼 리퍼트-라스무센(Kasper Lippert-Rasmussen)에게 감사한다. 필자는 1995년 12월에 옥스퍼드의 메종 프랑세즈(Maison Francaise)에서 개최된 밀과 당시의 프랑스 사상에 관한 컨퍼런스에서 필자가 발표한 밀과 토크빌의 자유주의에 대한 논문에 대한 마이클 로젠(Michael Rosen)의 논평으로부터 도움을 받았다. 필자는 또한 1995년 미컬마스 학기(Michaelmas Term)에 옥스퍼드에서 필자가 열었던 밀에 관한 대학원 세미나에 참여한 학생들과 지난 십 년 동안 밀에 대해 함께 연구했던 많은 학부생들에게도 빚을 지고 있다. 벤담에 대해 조언해준 필립 스코필드(Philip Schofield)와 인격적 통합성에 대한 자신의 견해를 해석하는 데 도움을 준 버나드 윌리엄스(Bernard Williams)에게도 감사드린다. 또한 옥스퍼드 세인트 앤즈 칼리지(St Anne's College, Oxford)의 학장과 특대 교우들(Fellows)과 영국 학술원, 그리고 이 책의 저술 기간을 단축할 수 있도록 안식 연구년을 부여해준 옥스퍼드 대학교에 감사의 마음을 전하고 싶다. 나의 어머니와 아버지, 대프네 크리스프(Daphne Crisp)와 토니 크리스프(Tony Crisp)가 보여준 지속적인 지지와 성원에 대한 작은 보답으로 이 책을 그들에게 헌정하고자 한다.

1996년 10월
로저 크리스프

■ 원전과 참고문헌에 대한 설명

『공리주의』는 『프레이저 매거진(*Fraser's Magazine*)』 제64권(10월호: 1, 2장; 11월호: 3, 4장; 12월호: 5장)에 세 논문들의 연작으로서 1861년에 처음 발간되었다. 이 책이 단행본으로 처음 발간된 것은 1863년이었다. 재판은 1864년에, 제3판은 1867년에 각각 발간되었다. 필자가 이 책에 사용한 원전은 1871년에 밀의 생전에 마지막으로 출간된 제4판이다(London: Longmans, Green, Reader and Dyer). 이 원전은 『밀 선집(*Collected Works*)』(Mill 1961-91)과 필자가 쓴 『공리주의』에 대한 옥스퍼드 철학 교본(Mill 1997)에서도 사용된 것이다.

가령 '2.2'처럼 특정한 문헌에 대한 언급 없이 사용된 전거 표시는 『공리주의(*Utilitarianism*)』의 장과 문단의 번호를 나타낸다. 이것은 가령 'L 1.9; 2.2와 비교'처럼 독립적인 전거 표시 앞에 다른 책의 전거가 나오는 경우에도 해당된다.

『자유론(*On Liberty*)』과 『여성의 종속(*The Subjection of Women*)』의 전거 표시도 역시 장과 문단의 번호를 나타내며, 가령 'L 1.9'처럼 각각 앞에 L 과 SW 를 붙여 표시하였다. 이 책들에서 인용한 부분들은 각각 『밀 선집』의 18권과 21권에서 따온 것이다.

밀의 다른 모든 저작들에 대한 전거 표시는 『밀 선집』의 권과 쪽

수로 나타냈다. 전거 표시 번호 앞에 붙인 약어는 각각 다음의 저작들
을 가리킨다.

A   *Autobiography*, 1873.

AC   *Auguste Comte and Positivism*, 1865.

AP   *James Mill's Analysis of the Phenomena of the Human Mind*, 1869.

B   'Bentham', 1838.

BHM   'Blakey's *History of Moral Science*', 1833.

E   *An Examination of Sir William Hamilton's Philosophy*, 1865.

O   'On Marriage', 1832-3.

R   'Remarks on Bentham's philosophy', 1833.

S   *A System of Logic Ratiocinative and Inductive*, 1843.

SD   'Sedgwick's discourse', 1833.

TD   'Tocqueville on democracy in America', 1835; 1840.

TL   'Thornton on labour and its claims', 1869.

W   'Whewell's moral philosophy', 1852.

제1 장 전환기의 스승

밀의 생애

『공리주의』는 도덕철학에서 가장 중요한 저작 중의 하나이며, 그 중요성에서 아리스토텔레스의 『니코마코스 윤리학』, 임마누엘 칸트의 『윤리 형이상학 정초』와 어깨를 나란히 할 정도이다. 이 책의 저자는 바로 19세기의 가장 위대한 영국 철학자, 존 스튜어트 밀이다.

존 스튜어트 밀의 아버지인 제임스 밀(James Mill, 1773-1836) 역시 철학자였다. 제임스는 스코틀랜드의 가난한 가정환경에서 자랐지만 그의 어머니는 야심이 가득한 사람이었다. 그녀는 가난한 삶을 경멸했을 뿐만 아니라 명문이 아니었던 '밀네(Milne)'라는 성을 바꾸기도 했으며 지역 명사들과의 인맥을 쌓는 데도 열심이었다. 제임스는 학교에서 열심히 공부했으며, 17세 무렵에 존 스튜어트 경의 딸의 가정교사로 뽑혀 에든버러 대학교로 가게 되었다. 1798년에 그는 전도사 자격을 얻었지만, 그의 설교는 신도들에게 너무 수준이 높았기 때문에 생계를 꾸려나가기 힘들었다. 1802년에 존 스튜어트 경은 제임스에게 런던 행을 제안했고, 그는 그곳에서 편집자 겸 작가로 생계를 이어가기 시작했다. 3년 후 그는 정신병원 운영으로 부를 축적한 요크셔 미망인의 딸인 해리엇 버로우와 결혼하였다. 얼마 지나지 않아 제임스의 후원인의 이름을 딴 아들이 잉태되었고, 그 아기는 1806년 5월 20일에 세상에 나오게 되었다.

마음에 대한 제임스 밀의 견해는 영국 철학자인 존 로크(John Locke, 1632-1704)의 저작에서 영향을 받았다(Locke 1690 참조). 제임스는 인간의 마음은 백지와 같고, 관념들은 오로지 감각경험에 기초해 생겨나서(경험주의), 일반 연합 법칙에 의해 서로 관계를 맺게 된다고 믿었다(연합주의). 제임스는 자기 아들이 세 살이 되었을 무렵부터 그리스어와 산수를 가르치기 시작하는 등, 아들의 '백지'에 일찍부터 많은 것을 채워나갔다. 일곱 살의 나이에 존은 이미 플라톤의 초기 대화편 여섯 편을 독파했고, 그 후 5년 동안 나머지 대화편들도 모두 섭렵하였다. 열한 살에는 아버지가 『인도의 역사』에 쓴 증명을 수정하는 일을 도왔으며, 얼마 지나지 않아 논리학과 정치경제학도 공부하기 시작했다. 밀이 1873년에 쓴 『자서전』에 나온 그의 유년 시절에 대한 전기는 매우 놀라운 것이라 할 수 있다. (그런데 이 자서전에 어머니에 대한 언급은 별로 나오지 않는다.)

밀은 학교에는 가지 않았지만 전날 읽은 내용을 시골 산책길에서 설명하는 등 아버지의 지도 아래 공부했다. 제임스 밀은 당대의 또 다른 중요한 철학자인 제레미 벤담(Jeremy Bentham, 1748-1832)과 가깝게 지내고 있었다. 벤담 역시 모든 지식은 궁극적으로 감각경험에 기초한다는 로크의 생각을 따르고 있었다. 그러나 동시에 그는 인간의 행위와 제도는 전체적 '효용(또는 공리, utility)'을 최대로 산출하는 방향으로 나아가야 한다고 믿는 공리주의자(utilitarian)였으며, 여기서 그가 말하는 효용이란 곧 행복 또는 쾌락을 의미했다(이 원리를 그는 최대 행복 원리(the greatest happiness principle)라고 불렀다). 벤담 역시 어려서부터 공부를 시작했다. 세 살 때 그가 시골집을 방문했을 때는 어른들의 대화가 너무 지루해서 도서관에 틀어박혀 역사 공부를 하면서 지내기도 했다. 어린 존을 경험주의, 연합주의, 그리고 공리주의의 계몽자로 교육시키도록 제임스에게 처음 제안한 사람은 아마도 벤담이었을 것이다.

제임스의 주된 목적은 존이 스스로 사유하고 어린 동생들을 가르칠 수 있게 키우는 것이었으므로, 백지 비유가 과장되어 받아들여져서는 안 될 것이다. 그러나 종종 가족과 여름을 함께 보냈던 벤담, 친절한 경제학자였던 데이비드 리카도(David Ricardo, 1772-1823), 그리고 아버지인 제임스가 존에게 미친 영향은 지대했다. 그래서 나중에 존은 '만들어진 인간'이라는 비판을 받고서 크게 괴로워하기도 한다. 개성, 자율성, 그리고 자기수양의 중요성을 강조하는 그의 사상은 그가 20세에 겪었던 '정신적 공황'에서 벗어나면서부터 드러나기 시작했다. 이러한 사상은 부분적으로 벤담의 방대한 『사법적 증거의 정당성(*Rationale of Judicial Evidence*)』을 편집하는 힘겨운 나날들로 그 정점을 찍었던 온실 교육의 결과였다.

밀이 우울증을 극복할 수 있었던 것은 아버지의 죽음에 대한 마르몽텔(Marmontel)의 회고를 읽고 눈물을 흘리면서 자신이 단지 계산만 하는 기계가 아니라는 사실을 깨달았을 때였다. 또한 이 시기에 밀은 그의 아버지나 벤담과는 다른 방향으로 가는 지적 여정의 첫걸음을 내디뎠다. 밀은 시문학, 그중에서도 워즈워스(Wordsworth)의 시에 푹 빠져 있었으며, 급진적이고 영향력 있는 스코틀랜드 저술가 토머스 칼라일(Thomas Carlyle, 1795-1881), 영국의 시인이자 철학자인 사무엘 테일러 콜리지(Samuel Taylor Coleridge, 1772-1834)와 함께, 프랑스 사회주의의 창시자인 클로드 앙리 드 루브로이 생시몽(Claude

Henrie de Rouvroy Saint-Simon, 1760-1825), 사회학의 아버지 오귀
스트 콩트(Auguste Comte, 1798-1857), 그리고 역사정치이론가 알렉
시스 드 토크빌(Alexis de Tocqueville, 1805-59) 등의 사상가들에게
서 통찰을 얻기 시작했다. 마지막으로 열거한 세 사람의 고향인 프랑
스는 밀이 청소년기에 그곳을 방문한 이래 그에게 있어 소중한 곳이
었다. 그러나 그는 유럽 대륙의 다른 곳인 독일에서 많은 영감을 얻었
고, 특히 빌헬름 폰 훔볼트(Wilhelm von Humboldt, 1767-1835)와 같
은 독일 낭만주의자들에게서 영감을 많이 받았다. 하지만 그렇다고
이것이 그의 사상적 전향을 의미하는 것은 아니었다. 밀은 사실 마음
속으로는 플라톤주의자가 아닌 아리스토텔레스주의자로서, 지적 발전
은 수정주의적(revisionist)인 이론에서가 아니라 서로 다른 관점과 다
양한 원천에서 체계적으로 모인 통찰로부터 나온다고 믿었다. 이 시
기부터 밀은 엄격하고 철학적인 분석에 대한 존중과 문화와 감정에
대한 진지한 관심을 결합하려고 했으며, 철학사에서 그가 갖는 중요
성의 상당 부분은 이렇듯 계몽주의적 유산을 확장시키려는 그의 노력
에서 발견될 수 있다.
  제임스 밀은 기본 교육을 받는 학교뿐만 아니라 대학교에도 아들을
보내지 않았다. 존 스튜어트 경은 유언장에 존이 학비로 사용할 수 있
도록 5백 파운드를 남겼지만, 제임스는 입학도 하기 전에 교회에 대
한 헌신을 맹세해야 한다는 것은 부당하다고 믿었다. 또 그는 존이 이
미 케임브리지에서 더 이상 배울 것이 없다고 믿었으며, 필요할 경우
에 형제들을 부양할 수 있는 안정적인 수입이 있어야 한다고 생각했
다. 대학에 가는 대신, 존은 위대한 공리주의 법학자인 존 오스틴
(John Austin, 1790-1859)의 지도하에서 법을 공부했다. 이 무렵 존은
벤담의 『입법론(*Traités de Legislation*)』 프랑스어판을 읽었고, 그 이
후부터 평생 동안 최대 행복 원리를 굳게 신봉하였다.

[최대 행복 원리는] 사물에 대한 나의 관념들에 통일성을 주었다. 나는 이제 의견을, 신조를, 교리를, 그리고 철학을 갖게 되었고, 가장 바람직한 의미에서의 종교를 갖게 되었다. 이 원리를 사람들에게 심어주고 유포하는 일은 가히 삶의 주된 외적 목적이 될 만하였다. (A 1.69)

밀은 자신을 공리주의의 옹호자, 혹은 심지어 전도사로 여겼으며, 나중에 자신은 절대 최대 행복 원리를 포기한 적이 없다고 말한다(A 1.185). 그 첫 번째 활동은 의견을 같이하는 동료들의 모임을 만드는 것이었으며, 이 모임은 벤담이 살던 집의 빈방에서 이루어졌다. 그는 이 모임을 공리주의 학회(Utilitarian Society)라고 불렀으며, 이 모임은 3년 동안 격주로 계속 이어졌다.[1]

제임스 밀은 영국 정부를 대표하여 인도 경영을 주 업무로 하는 사립 기관이었던 동인도회사에서 활발한 활동을 했고, 1823년에 승진한 후 그 공석은 나중에 그의 아들이 채우게 된다. 존은 1858년에 동인도회사가 해산될 때까지 계속해서 활동했으며, 해산 당시 그는 국무대신(Secretary of State)의 지위까지 올라가 있었다. 처음에는 박봉이었으나 발전해가면서 나중에는 후한 봉급을 받게 되었다. 게다가 안그래도 그의 공식 근무 시간은 현대의 기준으로 보아도 많지 않았는데, 그의 능력으로는 하루에 3-4시간이면 일을 다 끝낼 수 있어서 그는 친구들과 토론하거나 다른 활동을 하는 데 필요한 충분한 시간을 가질 수 있었다. 실제로 그는 원고 중 몇 편을 동인도회사의 편지지에

---

1) 2.1에 대한 각주에서 밀은 그가 '공리주의(utilitarian)'라는 용어를 처음으로 보급한 사람이었다고 말한다. 밀의 전기 작가인 패크(Packe)는 벤담이 1802년에 쓴 편지에서 이 용어를 사용했다고 지적하면서 이 점에 대해 밀을 비판한다(1954: 53, 각주). 그러나 물론 용어를 사용하는 것과 그것을 보급하는 것은 서로 다른 문제이다. 밀도 자기가 그 용어를 사용하기 이전에 이미 헨리 갈트(Henry Galt)가 1821년에 쓴 소설에서 사용했음을 『공리주의』에서 스스로 언급한 바 있다.

쓰기도 했다.

밀이 참여했던 학술 모임은 공리주의 학회뿐만이 아니었다. 예를 들면 출근 전에 만나 제임스 밀이 쓴『정치경제의 기본원리(*Elements of Political Economy*)』같은 교재를 읽고 토론하는 청년들의 모임이 있었고, 밀이 최신의 정치적 입장들을 접할 수 있게 해준 런던 토론 학회(London Debating Society)도 있었다. 밀은 또한 벤담이 1824년에 '철학적 급진주의자 모임(Philosophical Radicals)'으로 알려진 정치 학술 모임의 견해를 대변하기 위해 창간한 학술지인『웨스트민스터 논평(*The Westminster Review*)』에 비평 논문들을 게재하기 시작했다.

1830년, 밀은 한 저녁 파티에 참석해 22세의 젊고 아름답고 여인 해리엇 테일러(Harriet Taylor)를 만났고, 그들은 곧 사랑에 빠졌다. 해리엇에게는 파티를 함께 주관한 남편 존이 있었고 또 슬하에는 자녀들이 있었기 때문에 문제는 복잡했다. 그럼에도 불구하고 해리엇과 밀은 관계를 지속해나갔다. 하지만 놀라운 관용을 가진 남자였던 존 테일러가 1849년에 사망하여 1851년에 결혼에 성공할 때까지 밀과 해리엇은 성적 관계를 갖지 않았다. 밀의 결혼은 그 후 해리엇이 1858년에 아비뇽에서 사망할 때까지의 짧은 기간 동안만 지속되었다.

밀은 자신의 아내가 천재라고 믿었으며 자신은 아내와의 공동 지적 작업을 전달하는 사람 정도로 여겼다. 그의 사랑이 완전히 맹목적인 것은 아니었지만, 사실 그의 눈이 어느 정도 멀기는 했던 것 같다. 테일러는 비록 천재는 아니었지만 생동감 있으며 기탄없고 창의적인 지성을 지니고 있었으며, 밀의 사상적 진로에 그녀가 지대한 영향을 미쳤다는 점에는 의심의 여지가 없다. 예를 들어 밀이 사회주의를 좀 더 진지하게 받아들이기 시작한 것도 해리엇의 제안 때문이었으며, 그녀가 페미니즘에 관심을 갖고 있었기 때문에 밀 자신도 페미니즘에 대해 더욱 큰 관심을 갖게 되었다. 그녀가 죽기 직전의 몇 년 동안 밀과 해리엇은 논문 목록을 작성하여 출간을 계획했고, 이 목록은 그녀의 사후에 밀이 출간한 작품들의 기초가 되었다. 그중 세 가지 주제는 '도덕의 토대', '자유', 그리고 '가정'이었는데, 이 주제들은 후에 각각 『공리주의(*Utilitarianism*)』(1861), 『자유론(*On Liberty*)』(1859), 그리고 『여성의 종속(*The Subjection of Women*)』(1869)이라는 작품으로 탄생되었다.

1836년 제임스 밀의 사망은 밀에게 또 한 번의 정신적 공황을 가져왔다. 아버지의 직접적인 영향에서 벗어난 밀은 공리주의 사상을 발전시킬 계획을 세웠다. 법학 저술가인 다이시(A. V. Dicey)가 말하듯, 밀은 '전환기를 위해 탄생되고, 또 분명 그러한 시기에 환영을 받을 만한 스승이었다.'[2] 밀은 자신의 공리주의가 '인간 본성 전체를 고려하는 공리주의'이자, 그 속에서는 '감정(feeling)'도 적어도 '사고(thought)'만큼 가치 있고, '시(poetry)가 모든 진리, 그리고 포괄적인 철학과 동등할 뿐만 아니라 그 필요조건이기도 한' 그러한 사상이기를 원했다('벌워에게 보내는 편지(Letter to Bulwer)'(1836) 12.312). 몇 년 뒤 캐롤라인 폭스(Caroline Fox)는 그녀가 콘월에서 밀과 함께 시, 아름다움, 그리고 진리에 대해 논하며 얼마나 즐거운 시간을 보냈는지를 자신의 일기장에 적어놓았다(Fox 1882: 69-88). 폭스는 밀이 시대의 수혜자(beneficiary)가 되는 것을 스스로의 과제로 삼았다고 썼고, 또한 그의 앞에 놓인 엄청난 과업은 '그의 초췌하고 근심이 가득한 얼굴이 충분히 입증해주었다'고 적었다. 그러나 밀이 여기에 묘사된 것만큼 음침한 사람은 아니었다. 그의 동료와 함께 펜데니스 동굴을 나설 때 밀은 초를 요정들에게 제물로 바치고 가자고 말했고, 야외

---

2) Harvie 1976: 40; Thomas 1985: 126에서 인용.

에서 점심 식사를 하던 어느 날은 '시골만 가면 그가 항상 느끼는 극단적인 정신적 고양'에 대해 언급했으며 '(사과를 하면서) 펄쩍 뛰어 그 고양감을 표현하기도 했다.'

이 시기쯤에 밀은 결국 1843년에 출간된 그의 첫 번째 주요 저작인 『논리의 체계(*System of Logic*)』의 초고를 완성했는데, 그의 아버지와 벤담이 심어놓은 경험주의의 씨앗이 이 저작에서 그 열매를 맺게 되었다. 밀은 수학과 논리학을 포함한 모든 지식은 궁극적으로 감각이 제시하는 증거에 기초한다고 주장했다. 그러나 우리는 이렇게 물을 수 있을지 모른다. 설마 2 + 3 = 5라는 우리의 지식이, 두 개의 대상을 세 개의 대상 옆에 놓으면 언제나 다섯 개의 대상을 이루는 것을 보는 우리의 시각 경험에 기초한 것일 리는 없지 않은가? 그렇다기보다 우리는 그것이 달리 될 수는 없다는 사실을 그냥 알고 있는 것이다. 밀은 달리 되는 것을 우리가 **상상할** 수 없다고 해도, 그것이 달리 될 수 없다는 사실을 증명해주지는 못한다고 대답할 것이다. 이제 곧 보겠지만, 이러한 답변은 밀의 『공리주의』를 읽는 사람이라면 누구나 염두에 두어야 할 중요한 부분이다.

밀은 유럽 대륙에서 혁명들이 발생했던 해인 1848년에 『정치경제학의 원리(*The Principles of Political Economy*)』를 출간했고, 이 책은 곧 정평이 난 교과서가 되었다. 이 책에서 밀은 노동계급의 지위에 대해 기존의 어떤 정치경제학자보다도 많은 관심을 보였으며, 1865년에 그는 웨스트민스터의 시민들에게서 노동계급을 위해 총선거에 입후보해 달라는 요청을 받았다. 선거 전의 한 모임에서 밀은 하층계급은 '상습적 거짓말쟁이들'이라고 비난한 적이 있지 않느냐는 질문을 받았는데, 그의 솔직한 시인은 떠들썩한 박수갈채를 받았다. 그의 당선은 좌파 지식인들이 처음으로 노동계급과 결합할 수 있도록 했으며, 영국의 현대 사회주의의 근본이 마련되는 데 중요한 역할을 했다. 밀은 초반에 글래드스톤(Gladstone)과 가까이에서 함께 활동했고, 1866년에 토리당(the Tories)이 정권을 잡았을 때는 하이드 파크에서 열린 개혁주의자들의 집회가 폭동으로 변질되지 않도록 막아내기도 했다. 디즈레일리(Disraeli)가 투표권을 모든 세대주로 확대시키는 법안을 발의했을 때 밀은 '남자(man)'란 단어가 '사람(person)'으로 대체되어야 한다고 제안하기도 했다. 밀은 1868년의 선거에서 토리당 후보에게 패했는데, 많은 사람들이 싫어하던 노동계급의 후보에게 선거자금을 보탰다는 것이 그 주된 이유였다.

밀은 말년을 아비뇽에서 양녀인 헬렌과 함께 보냈는데, 거기서 평생 관심을 가져왔던 식물학 연구를 좀 더 할 수 있었다. 그는 1873년 열병으로 사망할 때까지 지속적으로 논문과 편지를 작성했다. 그는 세상을 공리주의로 물들이는 데 실패했으며, 영국 정치 체제에 급진적인 개혁을 일으키려고 노력하던 과정에서 아마 본인도 그 사실을 절감했을 것이다. 그러나 밀은 한 사람의 힘으로는 이러한 목표를 달성할 수 없다는 사실을 깨달았다. 자신의 양녀에게 남긴 유언은 그가 자신이 이룩한 성취를 만족스러워했다는 사실을 보여준다. '너는 내가 할 일을 다 했다는 걸 알아주겠지.'

밀의 윤리학의 발달 과정

공리주의의 핵심 사상은 행위와 제도가 세상의 전체적 행복의 양을 증대시켜야 한다는 것이다. 위에서도 보았듯이 밀은 일찍부터 이 학설을 신봉해왔고 그것을 발전시키고 전파하는 데 자신의 삶을 바치기로 결심하였다. 밀이 공리주의의 열렬한 신봉자인 한에 있어서, 1861년 세 논문 시리즈 중 하나로서 그 초판이 출간된 『공리주의』는 그에게 있어 성경에 해당된다고 할 수 있을 것이다.3) 이 책이 『자유론』이나 『여성의 종속』만큼 고급스럽고 세련된 문체로 쓰이지는 않았다. 그러나 이 책은 그가 다른 영역에서 제시한 입장에 근거를 제공해준 학설에 대한 그의 사상을 요약하고 옹호하려는 의도로 작성된 것임에 틀림없다. 『공리주의』가 출간되기 이전에 나온 그의 다른 중요한 윤리학 저작들을 간단히 살펴보면, 『공리주의』에 드러난 사유의 중요한 가닥들이 오랜 시간을 두고 발전되어온 것임을 알 수 있다.

윤리학과 메타윤리학

윤리학과 여타 분야에서 밀과 대립되는 철학적 관점을 가진 사람들은 이른바 직관주의자들(intuitionists)이었다. 밀은 1835년에 직관주의자인 애덤 세지윅(Adam Sedgwick)에 대해 신랄하게 비판하는 논문을 출간했다. 여기서 그는 윤리적 직관주의란 옳음과 그름의 차이는 궁극적이고 불가해한 사실이며, 그 차이는 '도덕감(moral sense)'이라는 특별한 능력에 의해 지각된다는 입장이라고 규정한다(SD 10.51). 밀은 직관주의에 반대해서, 옳고 그름에 대한 인식은 우리의 지성과 감각 외에 다른 어떤 능력도 가정하지 않고도 설명될 수 있다는 견해를 제시한다. 밀은 후자의 견해를 공리주의와 직접적으로 연결시킨다. 뒤에 제4장에서도 논하겠지만, 이 견해에 따르면 우리의 감각 또는 욕구가 행복이 유일한 선이라는 사실을 알려주고, 우리의 지성은 도덕적 선이나 옳음을 만드는 것은 바로 행복이라는 사실을 인식한다는 것이다. 윤리학은 귀납적(inductive)이다. 즉, 경험과 관찰에 근거해 있다(SD 10.37; 1.3과 비교).

얼핏 보면 윤리학에서의 직관주의자와 귀납주의자 사이의 입장 차

---

3) 『공리주의』가 처음으로 실렸던 『프레이저 매거진(Fraser's Magazine)』은 종합 학술지였다.

이는 도덕이 무엇을 요구하는지에 관한 것이 아니라, 도덕이 요구하는 바를 어떻게 알아내는지에 관한 것으로 보인다. 밀은 '도덕에 관한' 견해(views about morality)와 (가령 공리주의와 같은) '도덕적' 견해(moral views) 사이에 그의 세지윅 비판이 함축하는 만큼이나 밀접한 관계가 있는 것은 아니라는 사실을 어느 정도 깨닫고 있었다. 1933년에 출간된 초기 논문인 「벤담의 철학에 대한 논평(Remarks on Bentham's philosophy)」에서 밀은 직관주의에 대해 이렇게 말한다. 즉, 직관주의자들은 자신들이 오직 정서에만 기반한 것으로서 어린 시절부터 주입받은 도덕적 견해를 단순히 재진술하고 있는 것이 아니라, 공리주의와 대립되는 어떤 특정한 법칙이나 원리를 가리키고 있는 것이라고 주장할 수도 있다고 그는 지적한다(R 10.5). 그렇다면 누군가가 오직 최대 행복 원리만을 가리키는 직관주의자가 되지 못할 이유는 무엇인지 물을 수 있다. 밀은 『공리주의』의 첫 번째 장에서는 다시 직관주의자 대 귀납주의자의 구도로 논의의 틀을 잡지만, 뒷부분에서는 그가 다음과 같이 말하는 것을 발견할 수 있다.

이 문제에 관해서 어떤 내재적인 것이 있다면, 그 내재적인 느낌이 타인의 쾌락과 고통에 대한 배려의 느낌이 되지 못할 이유가 없다. 만약 직관을 통해 의무로 인식되는 도덕원리라는 것이 존재한다면, 그 원리는 타인의 쾌락과 고통에 대한 배려의 느낌이 되어야 할 것이다. 그렇다면 직관주의적 윤리는 공리주의적 윤리와 조화를 이룰 것이고, 이 둘 사이에 더 이상의 갈등은 사라지게 될 것이다. (3.7)

따라서 밀의 윤리학 저작 전체에 걸쳐 윤리학, 즉 도덕적 질문 그 자체와 메타윤리학, 즉 윤리학의 성격에 대한 질문이 혼용되고 있는 것이다. 『공리주의』에서 그는 직관주의와 공리주의가 완벽하게 조화될 수 있다고 간주하지만, 이 발상은 공리주의 전통에서 밀의 뒤를 잇게 되는 위대한 학자인 헨리 시지윅(Henry Sidgwick, 1838-1900)에 이르러서야 비로소 충분히 발전될 수 있었다.4) 어쩌면 밀이 이처럼 메타윤리학과 윤리학을 명확히 구분하지 않았기 때문에 자신에 대한 반대 의견을 충분히 진지하게 다루지 않았는지도 모른다. 밀은 공리주의를 부정하는 사람들이 이상한 형이상학과 메타윤리학에 빠져 있다고 생각하는 경향을 갖고 있었으며, 그 때문에 그는 대체적으로 공리주의에 대한 자신의 믿음에 의문을 제기하지 않았고 비공리주의적 입장이 가질 수 있는 설득력도 제대로 연구하지 않았던 것이다.

제일 원리, 부차적 원리, 그리고 증명

『공리주의』의 첫 번째 장은 윤리학에서 제일 원리가 갖는 중요성을 강조하지만, 두 번째 장은 밀이 '부차적 원리(secondary principles)'라고 부르는 것을 더 강조한다. 공리주의에 의하면 윤리학의 제일 원리는 행위가 최대의 전체적 행복을 산출해야 한다는 것이다. 그러나 밀은 그렇다고 이것이 항상 제일 원리를 자기 행위의 지침으로 삼으려 노력해야 한다는 것을 의미하지는 않는다고 지적한다. 제일 원리 그 자체는 많은 일상적 원리들을 뒷받침할 수 있다. 가령 '거짓말하지 말라'와 같은 일상적 원리들을 따르는 것이 제일 원리를 따르는 가장 효과적인 방법일 수도 있다는 의미에서 말이다. 직관주의에 대해 비판하는 또 다른 논문인 「블래키의 도덕 과학의 역사(Blakey's *History of Moral Science*)」(1833)에서 밀은 다음과 같이 주장한다.

---

4) 밀 사후 1년 뒤에 초판이 출간된 그의 권위 있는 『윤리학의 방법』에 주로 나와 있다.

한 사람의 윤리적 체계가 갖는 진정한 성격은, 그가 가진 (그 필요성이 너무 일반적이어서 실천에 즉각적으로 적용할 경우가 드문) 제일의 근본적인 원리가 아니라, (베이컨이 관찰했듯, 진정한 지혜가 깃들어 있는) 부차적이고 매개적인 준칙들(*vera illa et media axiomata*)에 의해 결정된다. (*BHM* 10.29)

밀은 벤담에 대한 더 완성도 높은 1838년의 또 다른 논문에서도 같은 취지의 주장을 한다(*B* 10.100-11; *SD* 10.64 참조; *W* 10.173-4[5]). 그리고 나아가 『공리주의』에서 그러하듯이 블래키에 대한 논문과 후기 벤담에 관한 논문 모두에서 그는 제일 원리는 부차적 원리들이 서로 충돌하는 경우에 요구될 것이라고 말한다. 그러나 세지윅에 대한 논문을 쓴 시기에는 제일 원리 개념을 더욱 강조하면서 직관주의에 대해서 더욱 강한 반감을 보여주기 시작했다. 밀은 직관주의는 대부분 상식 도덕 또는 '관습' 도덕의 재탕에 불과하기 때문에, 공리주의가 가진 진보적이고 개혁적인 경향과 대립되는 보수적 함축을 갖는다고 지적한다(*SD* 10.73-4; *W* 10.168-9, 178-9 참조). 벤담은 직관주의자들은 다른 사람들에게 자신들의 견해를 퍼뜨리려는 희망에서 자신들의 무반성적인 정서들을 모호한 철학적 언어로 포장하였다고 했고, 밀은 벤담의 이러한 주장이 옳다고 생각했다(*B* 10.84-8). 그리고 밀은 직관주의자들이 스스로 동의하지 않는 관습도덕의 측면들은 진지하게 다루지 않고 무시했다고 믿었다(*W* 10.178-9).

여기서 우리는 밀의 윤리학과 그의 다른 분야의 철학 사이의 관계를 볼 수 있다. 밀은 만약 당신이 윤리학에서 직관주의자라면 과학에 대해서도 직관주의자여야 하며 경험과 독립적으로 직관될 수 있는 법

---

5) 1852년에 출간된 「휴얼의 도덕철학(Whewell's moral philosophy)」은 밀의 주요 논적이자 케임브리지 대학의 교수였던 윌리엄 휴얼(William Whewell, 1794-1866)의 저서에 대한 논평이었다.

칙의 존재를 받아들여야 할 것이라고 믿었다(W 10.171). 그러나 동시에 그는 과학에서의 직관주의에서 많은 사람들이 설득력 있다고 본 부분— 수학이나 물리학의 특정한 근본적 원리가 갖는 분명한 **명확성**— 이 윤리학에서의 직관주의를 뒷받침하는 데 이용될 수 있다고 믿었다(A 1.233, 235 참조). 하지만 밀은 과학에서 자명해 보이는 것이 곧 옳은 것이라고 가정해서는 안 되는 것처럼, 윤리학에서도 그래서는 안 된다고 생각했다. 『논리의 체계』에서 밀이 보여준 직관주의에 대한 공격은 윤리학에서의 직관주의에 대한 공격과 동종의 것이다. 밀에 의하면, 두 분야 모두에서 의견의 근거는 '관찰과 경험'에 두어야 하며, 그의 견해에 대한 경험적 정당화를 제공하는 일이 바로 귀납주의적 공리주의 철학자가 해야 할 일이다. 1835년, 밀은 '인간 행복은 모든 도덕의 목적이자 검증 기준이라고 주장하는 사람이라면 누구나 그 원리가 참이라는 것을 증명할 의무가 있다'고 말한 바 있다(SD 10.52; R 10.6 참조). 『공리주의』 제4장에서 밀이 시도하는 것이 바로 이 증명이다.[6)]

품성, 행복, 그리고 도덕적 동기

앞서 우리는 밀이 1826년의 정신적 공황을 겪은 후에 어떤 과정을 거쳐서 어려서부터 훈련을 받아온 공리주의적 전통을 벗어나 다른 곳의 저자들에게서 영감을 구하게 되었는지를 살펴보았다. 그 영향은 그의 효용 또는 행복 개념에도 미치게 되었다. 벤담에 대한 1883년의 논문에서 밀은 벤담이 **품성**(character)의 중요성을 이해하지 못했다고 지적한다(R 10.9). 공리주의는 행위가 최대의 행복을 산출해야 한다고

---

6) 이 증명의 중심 요소— 인간은 오직 쾌락만을 욕구한다는 주장— 는 휴웰에 대한 논문에 나타나 있다(W 10.184, 각주).

말할 뿐 아니라, 행위자의 품성 또한 동일한 목적을 향해 있어야 한다고도 말한다. 밀은 벤담에 대한 후기 논문에서 이 개념을 더욱 자세히 설명한다. 밀은 도덕이 행위의 규제뿐만 아니라 정서의 자기 교육과도 관련이 있다고 본다(*B* 10.98, 112; *SD* 10.55-6 참조). 품성은 그 사람이 하는 행위에 영향을 주고, 그것은 결국 전체적 행복의 수준에도 영향을 미치게 된다는 점은 물론 중요하지만, 밀이 정서의 자기 교육을 강조하는 것은 단지 그 때문만은 아니다. 그것은 그러한 자기 교육이 행복 자체의 본질을 깨닫는 데 중요하고, 그 교육 자체가 행복의 구성요소이기도 하기 때문이다. 벤담의 경험주의는 '경험이 아주 적은 사람이나 주장할 법한 경험주의'이다(*B* 10.92). 밀은 벤담을 미성숙한 상상력을 가진 아이나 다름없이 보았으며, 행복의 가장 중요한 원천은 고귀한 도덕과 예술이 있는 성숙한 세계에 있다고 믿었다. 밀은 품위(sense of dignity)를 벤담의 '행위의 동인(動因) 목록(tables of the springs of action)'에 누락되어 있는 많은 항목들 중 하나라고 보았는데, 이 품위는 그 소유자로 하여금 '고급' 쾌락과 '저급' 쾌락이 갖는 차이의 중요성을 이해하도록 해주는 것으로서『공리주의』제2장에 다시 등장한다.

인간의 동기 또는 '동인'에 대한 설명은 도덕적 동기에 대해서도 설득력 있는 설명을 제공해야 한다. 여기에 대해서도 밀은 벤담의 설명에 결함이 있다고 생각했다. 구체적으로 말하자면, 벤담이 그의 목록에서 양심과 의무 개념을 누락했다는 것이다(*R* 10.13; *B* 10.95). 밀은 공리주의자들이 인간의 행복에 대해 말하든지, 아니면 의무에 대해 말하든지 양자택일해야 한다는 휴웰의 제안을 특히 마음에 들지 않아 했다(*W* 10.172). 휴웰에 대한 논문이 출간된 1852년 이후 2년이 흘렀을 무렵, 밀은『공리주의』의 초고를 작성하였다. 밀은『공리주의』제3장에서 관습도덕만이 우리에게 의무적인 것으로 느껴진다는 사실을 인정하지만, 나아가 그는 인간이 서로에게 갖는 본성적 공감 능력의 교육은 의무감이 실천적인 공리주의 도덕의 기초를 마련하도록 해줄 수 있음을 지적한다.7) 밀은 그러한 형태의 도덕적 동기는 그 자체가 인간 행복의 필수적 구성요소가 될 수도 있다고 말하며, 그렇게 함으로써 그는 자기 이익은 거의 항상 사회적 관심보다 더 중요시된다고 주장하는 벤담의 입장으로부터 거리를 둔다(R 10.15).

그러므로 우리는『공리주의』에서 논의된 많은 논점들이 밀의 초기 저작들에 이미 그 모습을 드러내고 있었다는 사실을 알 수 있다. 그 논점들로는 윤리학의 토대와 윤리적 이해, 제일 원리와 부차적 원리의 중요성, 공리주의의 증명, 인간 행복의 원천, 도덕적 동기, 그리고 도덕의 '제재' 등이 있다.『공리주의』의 중심 주제들 중 초기 저작에서 그리 자세히 다루어지지 않았던 것은 정의인데, 이것이 바로『공리주의』에서 가장 긴 마지막 장에서 다루는 주제이다.8) 이 마지막 장은 원래 독립된 논문으로서 쓰인 것이었고 밀도『공리주의』초반부의 장들을 구성하는 내용과 이 장을 긴밀하게 연결하려 하지 않았다. 그러나 밀이 이 장을『공리주의』에 통합시켜 넣었다는 사실을 보면, 아마도 말년에 그는 우리가 나름의 삶이 있는 독립된 개인들이라는 사

---

7) 밀은 세지윅에 대한 논문에서 공감 능력을 본성적인 것으로 간주한다(SD 10.60).

8) 벤담에 대한 논문(B 10.112-3)에서 논의된 인간 행위의 세 측면 ― 도덕적, 심미적, 공감적 측면 ― 은 의무에 의해 요구되는 행위, 그리고 의무에 의해 요구되지는 않지만 어떤 사람이 행한다면 그를 좋아해야 마땅한 그러한 행위 사이의 구분(5.14 참조)의 원형을 보여준다. 게다가 휴웰에 대한 논문(W 10.184-5)에서 밀은 도덕적 감정의 기원은 중요한 형이상학적 문제이며, 그가 정의에 대한 논의를 통해 대답하고자 하는 의문들 중 하나라고 말한다. 또한 이 논문은 오직 공리의 원리만이 직관주의가 제시하는 여러 원리들 사이에서 발생하는 갈등을 피할 탈출구를 제공할 수 있다는 5.26-31의 논변을 포함하고 있다.

실에 근거해서, 정의 개념이 갖는 특별한 힘을 점차 인식하기 시작했다는 점을 알 수 있다. 여기서도 밀은 그의 아버지와 벤담의 공리주의를 넘어서는 관점을 가지고 있었지만, 정의에 관련해서 공리주의가 갖는 문제는 20세기 후반에 이르러서야 존 롤즈(John Rawls)를 비롯한 학자들에 의해 분명하게 제기되기 시작하였다.

밀 해석하기

밀은 최대 행복 원리의 옹호자가 되는 것을 일생의 목표로 삼았다. 그의 초기 집필 경력을 보면 밀이 글 자체가 독자들에게 미치는 영향을 매우 잘 인식하고 있었음을 알 수 있다. 세지윅은 공리주의가 천박하다고 불평하였다. 세지윅에 대한 논문(SD 10.62-72)에서 밀은 주장의 진실성과 그 주장이 독자에게 주는 효과 사이의 차이를 지적하려 애쓴다. 그러나 그 2년 전 벤담에 대한 그의 첫 논문에서 밀은 자기이익이 사회적 관심에 우선한다는 벤담의 학설이 독자에게 해로운 영향을 준다는 이유로 비판한다. 그 비판은 덕에 이끌릴 만한 사람은 떠나버릴 것이고, 그렇지 않을 확률이 높은 사람은 타락하게 될 것이라는 생각에 근거해 있다(R 10.15). 밀은 필요한 최소한의 수의 사람들이 선의를 갖도록 설득되기만 한다면 모두의 행복이 크게 증진될 것이라고 말한다.

그러나 잠재적으로 선의를 가진 사람만 행위하는 데는 문제가 존재한다. 개별 행위들은 그 영향력이 미미하거나 아예 영향력이 없다는 점 때문이다. 이런 점에서 윤리학적 저술은 그 자체가 윤리적이다. 그것은 동시대에 사는 충분히 많은 수의 사람들이 선을 위해 애쓰도록 분발하게 함으로써 협동에 관한 문제를 해결하려는 시도이기 때문이다. 윤리학적 저술은 자기 이익과 선의의 사이에 서 있는 많은 사람들, 즉 윤리학적 저술을 읽고 영향을 받아 선의를 갖게 될 가능성이 있는 사람들에게 가장 큰 영향을 준다. '윤리학적 저술을 주로 필요로 하는 대상은 덕의 감정이 약한 사람들이고, 윤리학적 저술이 갖는 고유의 임무는 그런 감정을 강화시키는 것이다.'(R 10.15)

밀은 평생 동안 윤리적 수사가 갖는 설득력에 대해 민감한 감수성을 유지했다. 밀이 보기에 동인도회사에서의 직업이 가진 장점들 중 하나는, 그곳에서의 경험이 특정한 생각을 '습관을 통해 그 생각을 받아들일 준비를 하지 못한 사람의 마음에 가장 쉽게 침투하게 하는 기술을 연습할 기회를 주었다는 것이다.'(A 1.87) 연합에 의해 마음속에 올바른 견해들이 형성되어 있지 않은 한, 사람들은 그런 올바른 견해들을 받아들이지 않을 터인데, 건전한 연합을 위해서는 정서가 뒷받침해주어야 할 필요가 있다. 벤담의 저술은 바로 이 부분을 다루지 않았던 것이다.

이렇듯 밀은 의식적으로 본인의 저술을 도덕적인 것으로 만들었기 때문에, 그의 저작을 해석하는 데 있어서 특정한 문제가 생긴다. 말년으로 가면서 밀과 그의 부인은 자신들이 후세의 사상가들을 위해 '심리적 페미칸(mental pemmican)'[9]을 남기고 있는 것이라고 생각했다. 그러나 밀이 자신에게 윤리적으로 특히 중요한 쟁점들에 관해서는 자기 견해를 가장 명확하게 드러내는 방식 대신 우리를 설득할 가능성이 가장 큰 방식으로 자신을 표현하려 했을지도 모른다는 사실을 우리는 알고 있다. 그렇기 때문에 『자유론』이나 『여성의 종속』과 달리 『공리주의』만큼은 일반 대중을 대상으로 쓰이지 않았다는 사실은 다행이라고 할 수 있다. 밀은 그의 『자서전』에서 『공리주의』를 '작은 작품(little work)'이라고 부르며 짧은 한 문단만을 이 저작에 할애했

---

9) 페미칸은 비상식량으로 사용되는 작은 말린 고깃덩어리이다.

을 뿐이다(*A* 1.265). 그의 초기 윤리학 저술에서, 밀은 실천적 삶에서 가장 중요한 것은 사람들이 지침으로 삼아 살아가는 일상적 원리 혹은 부차적 원리이며 대부분의 철학자들은 그에 동의할 것이라고 생각했다. 그러나 밀은 정부의 역할이나 여성의 사회적 지위와 같은 중대한 문제와 관련해서는 철학자들뿐만 아니라 일반 사람들 사이에도 상당한 의견의 불일치가 존재한다는 사실을 깨닫게 되었다. 중요한 것 — 최대 행복 원리 자체가 요구하는 것 — 은 사람들이 이러한 부차적 원리들에 대해 정확히 이해하도록 만드는 것이었다. 이렇듯 논쟁적인 문제들에 대한 저술에서 밀은 물론 자신이 믿는 바를 진술하려고 노력한다. 그러나 동시에 그는 설득을 위한 수사적인 기법들도 함께 사용한다. 이러한 기법들은 『공리주의』의 전반에 깔려 있으며, 여기에 나타난 기법이 빙산의 물에 잠긴 부분이라면, 『자유론』과 『여성의 종속』은 빙산의 드러난 봉우리 부분이라고 할 수 있다.

그러나 『공리주의』는 다른 대부분의 위대한 철학적 저작들과 마찬가지로 해석하기가 어렵다는 점을 인정해야 한다. 이 저작은 복잡하고 중요한 문제들을 아주 짧은 분량으로 다룬다는 점에서 분명 '작은 작품'이다. 이 책에서 필자는 이러한 문제들에 대한 밀의 견해에 대한 필자 자신의 해석을 제공할 것인데, 딱히 독자가 필자의 해석을 받아들이도록 설득하기를 원해서 그러는 것은 아니다. 그보다는, 밀이 하는 말들이 신중하고 깊게 해석될 수 있는 (많은 경우 그렇지 못했기 때문에) 맥락을 제공하고자 하는 희망에서이다. 어떤 철학적 저작이든 그에 대한 어느 정도 범위의 합당한 해석이 존재하며, 독자로서 당신의 임무는 스스로 그러한 해석을 발전시키는 것이다.

그러나 만약 어떤 저작에 대해 명백히 올바른 단일한 해석이 존재하지 않으리라는 것을 예측할 수 있다면, 그것을 해석하는 의미는 과연 어디에 있을 것인가? 분명 철학사는 그 자체가 주된 목적이 되어

서는 안 된다. 과거의 철학자들이 쓴 저작들을 읽는 거의 유일한 이유
는, 그 저작들은 그 역사적 의미와는 별개로 우리로 하여금 중요한 문
제들에 해답을 제시할 수 있도록 도와주기 때문이다. 『공리주의』에서
밀이 대답하고자 하는 두 가지 질문은 '인간에게 좋은 삶은 무엇으로
이루어지는가?'와 '과연 무엇이 올바르게 사는 방식인가?'이다. 그의
저작을 해석하는 일은 이런 문제들에 대한 통찰을 제공해주는데, 만
약 그대로 내버려두었다면 이러한 통찰이 그냥 묻혀버렸을 수도 있는
것이다.

필자는 (좋은 삶에 관련된) 첫 번째 질문에 대한 밀의 대답이 등장
하는 두 장(주로 2.3-10과 4에 있음)에서부터 『공리주의』에 대한 논의
를 시작할 것이다. 밀에 의하면 효용 혹은 행복은 쾌락에 있는데(쾌락
주의(hedonism)), 필자는 제3장에서 이 주장을 논의하고 밀의 안내를
따라가겠지만, 결국에는 밀의 범위를 넘어서는 견해를 발전시켜 나갈
것이다. 밀은 쾌락주의가 증명될 수 있다고 믿는데, 이는 제4장에 등
장하는, 공리주의 자체에 대한 그의 증명의 일부를 이루며, 이것은 필
자의 책 제4장에서 논의될 것이다. 이 책의 4장은 또한 『공리주의』
제1장에 나오는 윤리학적 주장과 제3장에 나오는 '제재' 또는 도덕적
동기에 대한 밀의 주장의 일부도 다루게 될 것이다. 필자는 제재에 대
한 특히 『공리주의』 제3장의 마지막 두 단락에 드러나 있는 밀의 견
해가 그의 공리주의 논증과 밀접하게 연관되어 있다고 제안할 것이다.
제5장은 밀 자신의 공리주의 버전에 비추어서 서로 다른 공리주의의
형태를 논의할 것이며, 여기서 중요 단락은 2.2, 19-20, 23-5가 될 것
이다. 공리주의에 대한 두 가지 중요하고 또 서로 관련이 있는 비판들
이 있는데, 이 비판들은 20세기 후반에 들어와서 집중적인 조명을 받
았다. 하나는 '인격적 통합성(integrity)'에 관련된 비판인데, 『공리주
의』 제3장과 함께 위에 언급한 제2장의 부분들이 여기서 다시 중요하

게 부각될 것이다. 통합성은 이 책의 제6장의 주제가 될 것이다. 이미 언급했듯이 또 다른 한 비판은 정의에 관련된 것이며, 『공리주의』 제5장에 등장하는 정의에 대한 밀의 긴 논의는 이 책의 제7장에서 분석될 것이다. 필자는 밀의 윤리적, 정치적 저작들이 공리주의에 대해 그가 가졌던 신념의 맥락 속에서 전체적 관점에서 이해되어야 하는 이유를 보여준 바 있다. 마지막 두 장에서 필자는 그의 가장 유명한 정치적 저작들 중 두 편—『자유론』과 『여성의 종속』— 을 논의하고, 이 두 저작은 『공리주의』에 나오는 학설이 적용된 것으로 간주되어야 마땅함을 보일 것이다.10)

필자는 이것이 현대 윤리학의 문제들의 관점에서 밀의 저작에 접근하는 최선의 방법이라고 생각하기 때문에 이러한 순서를 택하였다. 복지의 성격에 대한 논의는 쾌락주의에 대한 밀의 증명으로 이어진다. 이 증명은 동시에 공리주의에 대한 증명이며, 따라서 공리주의에 대한 필자의 논의 역시 이 증명 뒤에 나온다. 그 뒤에 각각 '공리주의의 문제들'과 '공리주의의 적용'을 다루는 두 장이 이어진다. 가령 제2장의 중심 문단들과 같은 『공리주의』의 일부는 더 이상 학자들의 관심을 별로 끌지 못하는 문제들을 다루고 있다. 본문 중에서 이렇듯 연구가 비교적 덜 된 부분에 대한 논의를 살펴보려면, 필자가 쓴 『공리주의』에 대한 옥스퍼드 철학 교본(Mill 1997)을 참조하라. 필자는 밀의

10) 필자가 이 두 저작을 선택한 주된 이유는, 자유주의와 페미니즘에 대한 현대의 관심이 첫째, 두 저작 모두 상당한 주목을 받고 있다는 것과, 둘째, 이 두 저작이 밀에 관한 수업에서 『공리주의』와 함께 가르쳐지고 있다는 것을 의미하기 때문이었다. 공리주의가 밀의 모든 저작의 기초였기 때문에 가령 『대의정치에 대한 고찰(Considerations on Representative Government)』(1861; 19.371-577)이나 『종교에 대한 세 논문(Three Essays on Religion)』(1874; 10.369-469)에 대해서도 동등한 정도로 공리주의적인 해석이 제공될 수 있을 것이다.

다른 저작들도 역시 참고할 것이다. 밀의 『공리주의』에 대한 합당한 해석이라면, 그의 공리주의에 대해서도 합당한 해석이어야 한다. 그러나 물론 마지막 두 장을 제외하면 이 책의 초점은 『공리주의』에 맞추어질 것이다.

학설로서의 공리주의는 철학계에서 여느 때만큼이나 활발하며 계속해서 열정적인 옹호자들과 비판자들을 끌어들이고 있다. 그러나 비판자들 역시 공리주의가 받아 마땅한 존중을 해주어야 할 것이다. 공리주의는 인간적이고 진보적인 학설이며, 실제로 보수적 신념에 기반한 많은 불의를 종결시켰다. 이 학설의 옹호자들은 대체로 선의를 가진 사람들로 이루어져 있으며, 그들은 타인의 복지를 증진시키는 데 진지한 관심을 가지고 있다. 이는 분명 밀 자신에 대해서도 해당되는 말이다. 철학 이론 수준에서의 공리주의는 윤리학에 대한 합리적 이해를 증진시키는 데 크게 기여하였다. 공리주의가 받아들이기 어려운 이론적 함축을 가지고 있을지는 몰라도, 누군가 어떤 철학 이론을 합당한 근거에서 거부할 수 있으려면, 그 사람은 먼저 그 이론에 대해 공평무사하고도 진지한 고찰을 해야만 한다. 밀의 저작은 이런 고찰의 대상이 될 만한 가치가 있으며, 필자는 바로 그러한 고찰을 장려하기 위해 이 책을 쓴 것이다.

더 읽을거리

밀의 『자서전』은 영국 문학의 고전 중의 하나이며, 그의 성격과 자기이해에 대해서 많은 통찰을 제공해준다. 가장 잘 쓰인 밀의 전기는 Packe 1954이다. 밀의 제자인 알렉산더 베인(Alexander Bain)이 1882년에 쓴 전기도 흥미로운 책이다. Thomas 1985는 밀에 대한 유용하고 간결한 역사적 설명을 제공하는데, 『공리주의』에 대한 논의는 거의 포함되어 있지 않다. 이번 장에서 다루어진 밀의 윤리학 논문들은 모두 『밀 선집(Collective Works)』의 제10권에 수록되어 있으며, 『공리주의』를 진지하게 연구하려는 학생이면 누구든 신중하게 읽어보아야 할 것이다. 밀의 철학 전반에 대해 가장 잘 설명한 책으로는 Ryan 1970; 1974와 Skorupski 1989가 있다. Berger 1984는 밀의 윤리학, 정치철학 이론을 다룬 훌륭한 책이다.

제2장 복지와 쾌락

복지와 윤리학

당신은 아마 적어도 가끔 당신의 삶이 가진 특정한 측면 때문에 그 삶이 당신에게 좋은 삶이 되는 것이라는 생각을 할 것이다. 필자가 복지(welfare)라는 용어를 사용할 때는 바로 이러한 측면들을 의미하는 것이다. 당신의 복지는 당신의 삶의 측면들 중 오직 당신 자신에게 좋은(good for you) 측면들로만 이루어져 있다. 당신의 삶이 타인에게 특정한 방식으로 도움이 된다는 이유로 그들에게 좋을 수는 있지만, 그 삶이 타인에게 좋다는 것과 당신 자신에게 좋다는 것은 서로 개념적으로 별개이다. 그렇다면 복지란 삶을 그 주체에게 살아갈 가치가 있는 것으로 만들어주는 어떤 것이라고 할 수 있을 것이다. 여기서 복지 개념을 좀 더 세세하게 구별할 수도 있겠지만, 필자는 이것을 한 사람의 선, 자기 이익, 번영(flourishing), 복지(well-being), 타산적 가치(prudential value), 공리(utility) 등과 대략적으로 동등한 것이라 여길 것이다.

이 책이 비록 공리주의에 관한 것이기는 하지만, 다음과 같은 이유로 필자는 공리(utility)라는 용어에 중심적 역할을 부여하지는 않을 것이다. 첫째, 공리주의적 전통에서 이 용어는 때로는 복지 그 자체를 지칭하기도 하고 때로는 그 복지를 산출하는 어떤 것을 지칭하는 등 애매하게 사용되어왔기 때문이다. 후자의 의미, 즉 도구적 의미에서 보면, 내가 지금 마시고 있는 바나나 우유는 일정한 공리를 가지고 있다. 반면 전자의 의미에서 보면, 공리를 이루는 것은 바로 그 우유에 의해 산출된 쾌락이라고 할 수 있다. 더욱 중요한 두 번째 이유는, 무엇이 삶을 살 만한 것으로 만들어주는지에 대한 문제가 공리주의와 너무 밀접하게 연결된 것으로서 이해되어서는 안 된다는 점 때문이다. 어찌 됐든 사실 우리는 모두 이 문제에 대해 지나가는 호기심 이상의 진지한 관심을 가지고 있으며, 이 문제는 공리주의자가 아닌 윤리학자들에게도 마찬가지로 각별한 중요성을 갖는 문제이기 때문이다. 도덕에 관한 이론 대부분은 타산(prudence)과 선행(beneficence)과 관련된 원리, 의무, 또는 덕을 다룰 것이다. 타산은 자기 자신의 복지 증진에 관계하고 선행은 타인의 복지 증진에 관계하며, 복지에 대한 특정한 입장과 독립적으로 타산과 선행을 옹호하는 것은 아무 의미가 없을 것이다. 무엇이 사람들로 하여금 복지를 누릴 수 있게 하는지 모른다면 자기 자신이나 타인의 복지를 증진시키는 일은 불가능할 것이기 때문이다.

 그렇다고 공리주의의 경우 복지가 특히 중요하다는 점을 부정하는 것은 아니다. 실제로 복지에 대한 관념이나 이론은 모든 공리주의 이론의 필수 구성요소라고 할 수 있다. 공리주의의 또 다른 필수 구성요소는 바로 극대화 원리(maximizing principle)인데, 이 원리에 따르면 복지는 가능한 한 최대로 실현되어야 한다. 모든 공리주의 이론들의 중심에 있는 복지 관념은 실천적으로나 이론적으로나 극대화 원리에 우선한다. 무엇을 극대화해야 하는지 알기 전까지는 그 어떤 것도 극대화할 수 없으며, 이것이 바로 필자가 이 장과 다음 장에서 밀의 복지이론을 다루려고 하는 이유이다. 밀의 증명은 공리주의의 두 가지 구성요소 모두와 관련되어 있으므로 극대화는 제4장에서 논의될 것이다. 그러나 공리의 극대화가 어떤 것을 필요로 하는지에 대한 필자의 주요 논의는 제5장에서 다루어질 것이다.

더 나아가기에 앞서, '무엇이 삶을 살 만한 것으로 만드는가?'의 문제와 '도덕적 삶이란 어떤 것인가?'의 문제는 큰 틀에서 보면 서로 별개라는 사실을 이해해야 한다. 밀의 복지이론은 도덕이 복지의 극대화를 요구한다는 그의 공리주의와는 별개의 주장으로 간주될 수 있다. 비록 (가령 정의나 권리가 들어설 여지를 주지 않는다는 이유로) 공리주의에 반대한다고 하더라도 여전히 밀의 복지이론만큼은 받아들일 수도 있는 것이다.

벤담의 이론

제1장에서 이미 살펴보았듯이, 『공리주의』가 출간되기 29년 전에 사망한 제레미 벤담은 밀에게 지대한 영향을 미쳤다. 밀의 복지이론은 벤담의 이론에 대해 토머스 칼라일 등이 가했던 비판에 대한 답변으로 볼 수 있다. 따라서 밀이 나중에 비판하고 발전시키게 될 벤담의 견해를 먼저 서술하도록 하겠다.

벤담은 복지에 대한 경험이론을 제시하는데, 이 이론에 따르면 복지는 오직 당사자가 겪는 경험으로만 구성된다. 당신의 의식적 자각 영역 밖에서 일어나서 의식에는 아무런 영향을 미치지 않는 것은 그 어떤 것도 당신의 복지에 영향을 미칠 수 없다. 예를 들어 어떤 스파이가 일정 기간 동안 당신을 몰래 감시해서 당신 삶의 은밀하고 세세한 사생활까지 모두 알게 되었다고 상상해보자. 만약 당신이 이 사실을 전혀 알아채지 못한다면, 당신의 (내적인) 경험은 스파이가 감시를 하지 않았을 경우의 경험과 다르지 않을 것이다. 따라서 경험이론에 따르면 이 사례에서 스파이의 감시는 당신의 복지에 아무런 영향도 주지 않는 것이다. 옛말에도 있듯이, 당신이 알지 못하는 것은 당신에게 해악을 끼칠 수 없다는 것이다. 이를 부정하는 사람은 곧 경험이론도 함께 부정하는 것이다.

벤담은 개인의 다양한 경험들 중 어떤 경험이 복지를 구성한다고 믿었을까? 그것은 바로 쾌락(pleasure)이다(Bentham 1789: 1장, 1, 5 문단). 그래서 벤담은 쾌락주의자(hedonist)라고 불릴 수 있는 것이다 (*hēdonē*는 고대 그리스어로 '쾌락'을 뜻한다). 비록 벤담이 쾌락주의자이기는 하지만 무절제한 쾌락을 즐기는 삶을 옹호하는 관능주의자(sensualist)와는 거리가 멀다. 왜냐하면 벤담은 샴페인을 즐기는 것이든 철학 책을 읽는 것이든, 삶을 더 나은(better off) 것으로 만들어주는 경험이라면 어떤 것이든 쾌락으로 간주하기 때문이다.

물론 유쾌한 경험만이 중요한 것은 아니다. 삶의 어떤 측면들은 바로 그 측면에 있어서 삶을 살 만하지 않은 것으로 만들어버린다. 육체적 고통, 우울, 권태, 공포, 당황 등과 같은 경험들은 나의 삶을 더 나빠지게 하며, 필자가 해악(harm)이라 부르는 것은 바로 이러한 경험들로 이루어져 있다. 벤담에 의하면 해악은 고통으로 이루어져 있으며 방금 언급된 경험들도 해악에 해당된다.

우리의 목적과 관련해서 벤담의 이론이 가진 가장 중요한 특징은 바로 쾌락과 고통이 측정될 수 있다고 본다는 점이다. 벤담은 모든 개별적 쾌락이나 고통은 일정한 가치를 지녀 다른 쾌락 또는 고통의 감소와 교환될 수 있으며, 쾌락과 고통에 수를 할당하는 측정 척도가 이 교환에 대한 지침을 제공해줄 수 있다고 가정한다. 현재는 이런 종류의 척도를 기수적(cardinal) 척도라고 부르는데, 벤담이나 밀 자신은 이 용어를 사용하지 않았다. 우리의 우선적 관심사는 벤담의 악명 높은 행복 계산법(felicific calculus)을 기본으로 해서 복지 측정에 실제로 사용할 수 있는 계산법을 정말로 만들어낼 수 있는지 여부가 아니다. 그보다는 바로 행복 계산법이라는 개념 자체를 뒷받침하는 가정들이 옳은지 여부를 먼저 물어야 할 것이다.

기수적 측정 척도는 영점과 단위를 갖는 척도이다. 예를 들어 무게는 그램(g)으로 측정될 수 있다. 그 척도는 영(0)부터 시작하며 각 단위, 즉 1그램은 다른 모든 단위와 동등하다. 이론적으로 모든 물리적 대상은 서로 무게를 비교하여 측정할 수 있으며, 무게의 차이는 기수적 척도 위에 좌표로 나타낼 수 있다. 쾌락의 경우에는 이것이 어떻게 적용될 수 있을까? 벨스(Bell's) 블렌디드 위스키를 1분 동안 마시는 쾌락을 고려해보자. 벤담에 의하면 모든 쾌락의 가치는 그 지속기간과 강도에 의해 결정된다(Bentham 1789: 4.2).[1] 그러므로 이 쾌락— 즉, 1분 동안 보통의 강도로 지속되는 쾌락— 을 복지가치의 기준 단위로 삼아서, 2분 동안의 음주는 단위 2만큼, 3분 동안의 음주는 단위 3만큼의 가치가 있는 것으로 정해보자(이러한 설정은 쾌락이 무뎌져서 1분 이상의 음주를 해야만 단위 1을 얻게 되는 시점까지로 한정하자).[2] 이제 라가불린(Lagavulin)처럼 훌륭한 싱글몰트 위스키를 마시

---

1) 확실성, 근접성, 풍부성, 순수성 등, 벤담이 쾌락의 측정에 관련해서 언급한 다른 특성들이 실천적 사고에 있어서는 관련이 있을 수는 있어도 그 자체로 어떤 쾌락의 실제적 복지가치에 관련된 것은 아니다.

2) 강도의 개념은 순전히 심리적인 것으로 이해될 수도 있고 가치평가적인 것으로 이해될 수도 있다는 점을 언급해야 하겠다. 첫 번째 관점에 따르면, 강도는 가령 색상이 더 강렬하다거나 덜 강렬하다고 말할 때처럼 가치평가와 무관하게 이해될 수 있다. 가치평가적 관점에 따르면, 쾌락의 강도는 그것을 경험하는 사람의 평가에 따라 좌우된다. 두 가지 쾌락을 고려해보자. 한 쾌

는 쾌락의 강도는 벨스 위스키를 마시는 쾌락의 두 배라고 가정해보자. 이 쾌락들을 척도 위에 좌표로 나타내면 이제 당신은 자신의 복지에 대해서 판단을 내릴 수 있다. 두 위스키 중 선택을 할 경우, 만약 각각을 마시는 데 사용할 수 있는 시간이 동일하다면, 블렌디드 위스키 대신 싱글몰트 위스키를 선택할 때 당신의 복지는 증가될 것이다.

이제 고통의 경우를 생각해보자. 1분간의 표준적인 사회적 망신이 단위 −1에 해당된다고 해보자. 단위 1에 해당하는 해악을 지불해 단위 1의 복지를 산다면 결국 본전이 될 것이다. 이제 당신이 3분 동안 라가불린 위스키를 마시거나(3 × 2 = 단위 6), 아니면 3분 동안 벨스 위스키를 마시거나(3 × 1 = 단위 3) 둘 중 하나를 선택할 수 있다고 상상해보라. 그러나 만약 라가불린 위스키를 선택한다면 당신은 가게 주인 앞에서 탐욕을 드러낼 것이므로 4분간 표준적인 강도의 망신을 느끼게 될 것이다(4 × −1 = 단위 −4). 그렇다면 이 설명에 따르면, 라가불린 위스키는 당신에게 결국 단위 3보다 작은 단위 2의 복지밖에 가져다주지 못할 것이므로, 당신의 복지는 라가불린 위스키 대신 벨스 위스키를 선택할 경우에 극대화될 것이다.

여기서 중요한 문제는 우리가 벤담이 고안했던 측정 프로그램을 실제로 수행할 수 있을지 여부가 아니다. 진정 중요한 것은 과연 모든 쾌락의 가치가 오직 그 지속기간과 강도에 의해서만 결정되는지, 그래서 정말로 그것이 다른 쾌락과 고통과 함께 기수 척도를 통해 측정될 수 있는지 여부이다. 밀은 그렇지 않다고 믿었다. 그러나 밀 자신

락은 1분간 지속되고 다른 쾌락은 2분간 지속된다. 만약 각 쾌락에 대한 당신의 가치평가가 동등하다면 전자의 강도는 후자의 두 배가 되어야 한다. 벤담은 이 차이를 구분하지 못한 듯하다. 이 주제와 다른 관련 주제들에 대해 좀 더 자세히 살펴보려면 메이어필드의 저서를 참고하기 바란다(Meyerfeld 1997).

의 복지이론을 다루기 전에 먼저 (밀이 문제가 있다고 여겼던) 벤담의 이론에 대한 반론을 고려해보자.

하이든과 굴

2.3에서 밀은 많은 사람들이 쾌락주의를 '돼지에게나 어울릴 학설'이라고 여겨왔다고 말한다. 밀이 여기서 칼라일이 공리주의를 '돼지의 철학'으로 간주했다는 점을 염두에 두고 있었음이 틀림없다(Ryan 1974: 97). 어떤 의미로는, 밀이 2.4에서 언급했듯이, 벤담주의자들이 인간의 능력이 돼지의 능력과는 다르다는 점을 받아들인다면 공리주의를 돼지의 철학으로 보는 비판은 그 대상을 잃게 된다. 이미 살펴보았듯이 벤담은 우리가 다른 동물들과 공통적으로 경험하는 쾌락만을 추구할 것을 주장하지는 않았다. 아마도 벤담은 비록 '쾌락의 양이 동일하다면 푸시핀(Push-pin)도 시문학만큼이나 좋은 것'[3]이라 해도, 시문학이 결과적으로 더 많은 쾌락을 산출해낸다는 점을 근거로 실제 세계에서는 거의 언제나 시문학이 더욱 선호된다고 말할지도 모른다.

이러한 반론은 완전한 기수적 통약 가능성(commensurability)에 대해 제기될 수 있는 심각한 의문을 풀어주기에는 불충분하다. 밀은 이 반론이 '저차원적인 선택(taking the lower ground)'을 하는 것이라 보았고(2.4), 그 자신은 이 반론에 큰 중요성을 두지 않았다. 다음 사고 실험(thought experiment)을 고려해보자. 필자가 이 책에서 다룰 많은 가상의 사례들과 마찬가지로, 이 사고 실험 역시 어떤 별난 가정을 할 필요가 있다. 그러나 어떤 철학적 견해를 평범하지 않은 상황에 적용해서 고려해보는 일이 그 견해가 옳은지 여부를 판단하는 좋은 방법

---

3) *B* 10.113에 나오는 벤담의 『보상의 이유(*Rationale of Reward*)』에서 잘못 인용됨. 푸시핀은 단순한 어린이용 게임이다.

이 되는 경우가 종종 있다.[4)]

[하이든과 굴] 당신은 천국에서 지상의 삶을 배정받기만 기다리고 있는 한 영혼이다. 때는 금요일의 늦은 저녁이며, 당신은 배정 가능한 삶의 수가 줄어들고 있는 모습을 걱정스럽게 지켜보고 있다. 마침내 당신의 차례가 왔고, 배정을 맡은 천사는 당신에게 작곡가인 조셉 하이든의 삶과 굴의 삶 둘 중의 하나를 선택하라고 한다. 하이든은 아름다운 음악을 작곡하고 교향악의 발전에 영향을 줄 뿐만 아니라, 살아 있는 동안 성공과 명예를 누릴 것이고 쾌활하고 인기가 많을 것이며, 여행을 다니고 야외 스포츠 활동을 누리면서 많은 쾌락을 얻을 것이다. 반면 굴의 삶은 이에 비해 훨씬 재미없다. 비록 이 굴이 굴 치고는 꽤나 섬세하긴 하지만, 그 삶은 인간이 술에 잔뜩 취해서 따뜻한 목욕탕 안에 둥둥 떠다닐 때 느끼는 것과 비슷한 가벼운 감각적 쾌락으로만 이루어질 것이다. 당신이 하이든의 삶을 받고 싶다고 하자 천사는 한숨을 쉬며 말한다. '이 굴의 삶은 도대체 처분이 안 되는군. 이봐, 내가 제안을 하나 하지. 하이든은 77세에 죽게 될 거야. 하지만 굴의 삶을 택한다면 당신이 원하는 만큼 오랫동안 그 삶이 지속되도록 해주겠네.'

과연 어떤 삶이 당신의 복지를 극대화시켜줄 것인가? 완전한 통약 가능성에 대한 벤담의 가정을 다시 떠올려보자. 하이든의 쾌락이 누릴 가치가 있다는 것은 물론이다. 그리고 그 쾌락은 굴이 경험할 가벼운 감각적 경험보다 훨씬 더 강렬하다는 것도 분명하다. 그러나 만약

---

4) 삶의 기간의 연장에서 비롯된 이어지는 문제는 좋음의 기수적 통약 가능성을 허용하는 많은 비쾌락주의 복지이론의 경우에도 문제가 된다는 것을 언급해야 하겠다.

굴의 삶이 충분히 길다면 언젠가는 굴의 복지가 하이든의 복지를 능가해 버릴 것이다. 여기서 누군가 굴의 경험이 갖는 가치는 시간이 흐를수록 점차 감소될 것이라고 말할지도 모른다. 그러나 이것은 우리 사례 속의 굴에게는 해당되지 않는 이야기이다. 이 굴은 첫 번째 일광욕을 즐기는 만큼이나 천만 번째 일광욕도 같은 정도로 즐기기 때문이다. 그렇다면 벤담주의적 쾌락주의에 따르면 당신의 복지는 굴의 삶을 선택할 때 극대화될 것이다. 즉, 굴의 삶을 택할 때야말로 당신에게 최선인 삶을 살게 된다는 말이다. 많은 사람들은 굴의 삶이 아무리 길다 해도 그것은 중요한 것이 아니라고 생각하며 이 결론을 받아들이지 않을 것이다. 하이든이 겪은 경험은 그의 삶을 굴의 삶과는 전혀 다른 범주에 올려놓았으므로, 복지의 관점에서 볼 때 절대로 굴의 삶이 하이든의 삶보다 더 좋을 수는 없는 것이다.

밀은 자신의 이론이 이러한 견해를 수용할 수 있는 가능성을 열어 놓으려 했다. 그리고 그것은 단지 그가 칼라일의 비판을 피하고 공리주의가 정치적으로 성공할 확률을 높이고 싶어 했기 때문만은 아니었다. 벤담에 대한 밀의 논문에 몇 번 언급된 내용이 증명해주듯이, 밀 자신도 이러한 비판이 강력하다는 사실을 알고 있었다(B 10.91-3, 95-7). 이 논문의 첫 문단에서 밀은 시인인 콜리지를 벤담과 더불어 '잉글랜드의 위대한 두 선구적 정신 중 한 명'이라 평했다. 밀이 우울증에서 벗어나도록 도와준 것은 1828년의 가을에 읽었던 워즈워스였고, 그는 전반적으로 사고와 계산보다는 감정과 느낌을, 평범함보다는 독특성과 창의성을 우선시하는 낭만주의에서 많은 영향을 받았다. 게다가 밀은 어려서부터 고대 그리스 철학자들, 특히 플라톤, 아리스토텔레스, 그리고 에피쿠로스의 저작들을 친숙하게 접하며 자랐는데, 그들은 철학을 포함한 지적, 도덕적인 활동들을 인간의 행복 또는 복지 개념의 중심에 두었다.[5] 그렇다면 밀이 인간의 삶의 더 고차원적인 경험을 특히 중시하는 이론을 제시했다는 것은 그리 놀라운 일이 아닐 것이다.

밀의 쾌락주의

그러나 밀의 논변의 이러한 측면을 살펴보기 전에, 우리는 먼저 그가 쾌락주의자라는 증거를 살펴보아야 한다. 가장 중요한 단락은 2.2일 것이다. 밀은 행복 또는 효용이 극대화되어야 한다는 최대 행복 원리를 간략하게 제시한 뒤 다음과 같이 말한다.

　행복은 쾌락, 그리고 고통의 부재를 의미한다. 불행은 고통, 그리고 쾌락의 박탈을 의미한다. 이 이론이 제시하는 도덕적 기준을 좀 더 명확하게 보여주기 위해서는 더욱 많은 설명이 필요할 것이다. … 그러나 이러한 보완적 설명들은 이 도덕이론의 근간이 되는 삶의 이론에는 영향을 미치지 못할 것이다. 즉, 쾌락, 그리고 고통으로부터의 자유야말로 목적으로서 바람직한 유일한 것이라는 입장, 그리고 (공리주의에도 다른 이론과 마찬가지로 바람직한 것들이 무수히 존재하는데) 바람직한 것들은 모두 그 자체에 내재된 쾌락 때문에 바람직하거나, 아니면 쾌락의 증진과 고통의 방지를 위한 수단으로서 바람직할 뿐이라는 입장에는 영향을 미치지 못한다는 말이다.

벤담을 논의한 절에서 이미 보았듯이, 쾌락주의자는 복지가 유쾌한 경험으로 이루어진다고 믿는다. 그러나 이러한 견해는 과연 유쾌한 경험을 좋은 것으로 '만드는' 것이 무엇인지는 열린 문제로 놓아둔다. 필자가 **완전한 쾌락주의**(full hedonism)라고 부르는 입장에 따르면,

---

5) Williams 1996 참조. 고대 철학자들이 밀에게 끼친 영향에 대한 전반적인 논의를 살펴보려면 Irwin 1997을 참조하라.

유쾌한 경험들이 누군가에게 좋은 유일한 이유는, 가령 그것들이 존재하기를 신이 원하기 때문이라거나, 아니면 그것들이 당사자의 특정한 욕구를 채워주기 때문이 아니라, 오직 그 경험들이 쾌락을 주기 때문이다. 그러므로 완전한 쾌락주의는 두 가지 구성요소로 이루어져 있는 것이다. 첫째, 실질적(substantive) 구성요소는 복지가 유쾌한 경험으로 이루어진다고 하는 주장인데, 이는 모든 형태의 쾌락주의에 공통된다. 둘째, 설명적(explanatory) 구성요소는 이러한 유쾌한 경험들이 좋은 이유가 바로 그 경험들이 유쾌하다는 사실 때문이라는 주장이다.

자, 그렇다면 밀은 쾌락주의자인가? 만약 그렇다면, 완전한 쾌락주의자에 해당되는가? 위에 인용한 단락에서 밀은 쾌락이야말로 유일한 바람직한 목적이라고 말한다.6) 그리고 다른 부분에서는 '쾌락'(예: 2.4) 또는 '즐거움'(예: 2.10)에 대해 언급한다. 그렇다면 밀이 복지는 오직 유쾌한 경험으로만 이루어진다고 하는 실질적 구성요소를 받아들이는 것으로 해석해도 될 것인가?

곧바로 그렇게 해석할 수는 없다. 왜냐하면 영어에는 유쾌한 것(a pleasure)이라는 표현이 반드시 유쾌한 경험(a pleasurable experience)을 의미하지 않는 경우도 있기 때문이다. 『공리주의』에서 밀은 쾌락(pleasure) 개념과 유쾌한 것(a pleasure)의 개념을 명확하게 구별하지 않는다. 당신은 수영이 당신에게 유쾌한 것이라고 말할 수 있다. 수영 자체는 당신에게 쾌락을 주기 때문에 유쾌한 것이라고 말할 수 있는데, 그 쾌락은 수영과는 개념적으로 별개의 것이다. 당신이 즐기는 수

---

6) 밀이 고통으로부터의 자유가 그 자체로 바람직한 목적이라는 의미로 말했을 리는 없다. 사실 그는 종합적으로 볼 때 바람직한 것은 고통 대비 최대의 전체적 쾌락이라는 주장, 그리고 그 자체로 바람직한 것은 오직 쾌락뿐이라는 주장을 하고 있는 것임에 틀림없다. 제5장 참조.

영이란 활동은 단지 당신 머릿속에 있는 유쾌한 경험에 불과한 것이 아니다. 그것은 팔을 휘둘러 물장구를 치고 수영장에 파도를 일으키는 움직임 등 많은 것들을 포함한다. 따라서 수영처럼 쾌락을 동반하는 활동이나 마사지를 받는 것처럼 쾌락을 산출하는 상태를 우리는 쾌락원천(pleasure-source)이라고 부를 수 있다(쾌락원천으로서의 수영은 유쾌한 경험을 포함한다는 사실을 기억하자). 그러나 '쾌락'은, 가령 수영을 하는 유쾌한 경험처럼, 물장구 같은 활동과는 독립적인 유쾌한 경험 그 자체를 지시하는 데 사용될 수도 있다. 밀이 쾌락에 대해 말했을 때 그가 염두에 두었던 것은 과연 무엇일까? 쾌락원천일까, 아니면 유쾌한 경험일까?

밀은 종종 쾌락을 '고통'과 대조하거나 고통의 '부재'와 나란히 놓는다(예: 2.8, 12; 4.5, 10-1 참조; 2.4의 지적 쾌락과 감각적 쾌락의 대조도 참조하라). 영어에서는 고통(pain)이 쾌락원천의 반대를 의미한다고 보기 어렵다. 만약 당신이 뱃놀이를 즐기고 집안일을 싫어한다면, 당신은 뱃놀이가 당신의 쾌락 중의 하나라고 말할 수 있을지는 몰라도, 집안일이 당신의 고통 중의 하나라고 말하지는 않을 것이다. 집안일이 당신을 괴롭힌다는 의미에서 그것이 고통이라고 말할 수 있을지도 모른다. 그러나 당신이 즐기는 활동이나 상태를 쾌락이라고 부르는 식으로 당신이 싫어하는 활동이나 상태를 고통이라 부르지는 않을 것이다. 그렇다면 필자의 생각은 밀이 고통이라는 말을 사용할 때 '고통스러운' 또는 불쾌한 경험을 의미하는 것으로 이해해야 한다는 쪽으로 기울어지는 듯하다. 일관성의 관점에서 볼 때, 이것은 밀이 2.2에서 쾌락원천이 아닌 유쾌한 경험을 논하고 있다고 해석할 하나의 이유가 될지도 모른다. 또한 공리주의 전통에서는 쾌락원천이 아닌 것으로서의 쾌락 개념이 표준적으로 사용되어왔다는 점도 기억해야 한다. 예를 들어 벤담은 쾌락과 고통을 '흥미로운 지각(interesting perception)'이라고 불렀다(Bentham 1789: 5.1). 그러나 이미 언급했듯 이 밀 자신은 유쾌한 것의 개념과 쾌락 개념을 명확하게 구분하지 않는다. 그러므로 밀을 쾌락주의자로 간주한다 해도 그것은 기껏해야 임시적일 수밖에 없다. 그러나 필자는 밀을 쾌락주의자로 보는 해석이 아주 터무니없는 것은 아니라고 본다.

밀은 쾌락과 즐거움(enjoyment)이란 용어를 서로 교환 가능한 것으로 사용한다. 즐거운 경험이 유쾌한 경험과 아주 같은 것은 아니기 때문에, 밀을 '쾌락주의자(hedonist)'라고 부르는 것은 조금 확대 해석하는 면이 있어 보인다. 산의 정상에 다다르기 위해 고통스럽게 분투하는 것과 같은 경험을 즐길 수는 있겠지만, 그것이 유쾌하다고 말하는 데에는 무리가 있기 때문이다. 따라서 우리는 밀을 쾌락주의자가 아닌 즐거움주의자(enjoyment theorist) 정도로 부를 수 있을 것 같다. 벤담도 쾌락 개념을 확대해서 사용하므로 그 역시 같은 범주에 포함될 수 있을 것이다. 그러나 설명을 더 쉽게 하기 위해 필자는 즐거움주의가 쾌락주의의 한 종류라고 간주할 것이다.

밀이 쾌락주의자라고 치자. 그러면 그는 과연 유쾌한 경험들이 좋은 이유가 바로 그 경험들이 유쾌하다는 사실 때문이라고 보는 완전한 쾌락주의자일 것인가? 이 구성요소 역시 2.2에서 발견된다. 모든 바람직한 것, 즉 모든 좋은 것이 좋은 이유는 그것이 쾌락을 포함하거나 산출하기 때문이다. (이 모든 용어들을 즐거움의 정도(enjoyable-ness)의 관점에서도 이해할 수도 있음을 기억하자.)

고차원적인 선택

이제 '하이든과 굴' 사례로 돌아가서 밀의 해결책을 살펴보자. 고차원적인 선택(taking the higher ground)을 위해서는 과연 무엇이 요구되는가?

　어떤 '종류'의 쾌락이 다른 종류의 쾌락보다 더 바람직하고 더 가치 있다는 사실을 인정하는 입장은 공리의 원리와 양립이 가능하다. 다른 것들을 평가할 때는 양뿐만 아니라 질도 함께 고려하면서, 유독 쾌락의 평가는 오직 양에만 의존해야 한다고 보는 것은 불합리하다.
　누군가 쾌락의 질적 차이가 무엇을 의미하는지 묻거나, 어떤 쾌락을 다른 쾌락보다 더 가치 있게 만드는 것이 그 양 외에 무엇이 있는지 묻는다면, 이에 대해 할 수 있는 대답은 단 하나뿐이다. 만약 두 가지의 쾌락이 있는데 이 둘을 모두 경험해본 사람 전부 혹은 거의 전부가 도덕적 의무감 등과 상관없이 한쪽을 뚜렷하게 선호한다면, 바로 그것이 더 바람직한 쾌락이라고 할 수 있는 것이다. 그 둘 모두를 제대로 알고 있는 사람이, 한쪽 쾌락을 다른 한쪽보다 훨씬 더 중시하여 더 큰 양의 불만족이 동반되리라는 것을 알면서도 그것을 선호하고, 그들이 본성적으로 누릴 수 있는 다른 쾌락을 아무리 많이 얻는다 해도 그것을 포기하지 않을 것이라면, 우리는 그렇게 선호된 쪽의 즐거움이, 양의 많고 적음을 사소하게 만들 정도로 질적인 측면에서 훨씬 우위에 있다고 정당하게 말할 수 있을 것이다. (2.4-5)

　그렇다면 밀의 주장은 이런 것이다. 즉, 어떤 쾌락은 너무나 가치 있어서, 두 가지 쾌락을 모두 경험한 사람들이라면, 특정한 다른 쾌락을 아무리 많이 가져다준다고 해도 전자의 쾌락을 선호할 것이다. 그러한 쾌락은 인지 선호 검사(informed preference test)를 통과한다. 쾌락의 유형 사이의 이러한 대조는 과연 무엇을 나타내는가? 인용한 단락의 앞부분에서 밀은 이 대조를 다양한 방식으로 놓고 보여준다. 즉, 그는 동물적 쾌락 대 인간 고유의 고차적 능력에서 나오는 쾌락, 감각적 쾌락 대 지적, 감성적, 상상적, 도덕 정서적 쾌락, 그리고 육체적 쾌락 대 정신적 쾌락 등을 나란히 놓고 대조한다. 밀이 대응하고 있는 반론 자체가 그가 염두에 둔 구분을 가정하고 있기 때문에, 그는 이 대조에 대해서 더 이상 자세하게 설명하지 않는다. 밀이 여기서 말하는 것만으로는 어떤 쾌락을 어떤 범주에 두어야 할지를 결정해줄 명확한 기준을 알기 어렵다. 당신이 라가불린을 음미할 때 느끼는 쾌락은 위스키를 좋아하는 강아지가 그것을 핥아 마실 때 느끼는 쾌락과는 사뭇 다를 것이다. 당신은 강아지가 감지하지 못하는 속성들을 일컫는 폭넓은 어휘를 사용해가면서, 라가불린의 풍미를 다른 위스키와 비교하며 그 쾌락의 기원과 그 쾌락이 산출되는 방식에 대해 숙고해볼 수도 있을 것이다. 그러나 당신의 쾌락도 육체적 쾌락이며 특정한 감각을 포함하고 있다는 사실은 분명하다.

이에 대해 밀은 이러한 쾌락들은 혼합되어 있으며, 그 구성요소들은 각각 따로 떠올려질 수 있다고 말할지도 모른다. 어쩌면 여기서 우리는 미각(저급 쾌락)과 그에 대한 반성적 감상(고급 쾌락)을 다루고 있는지도 모른다. 그러나 그럴 경우, 두 가지 쾌락 모두를 경험한 사람의 선호에 기반하는 쾌락의 구분이 어떻게 가능할 것인지가 불분명해진다. 경험자라면 순수한 미각적 쾌락을 아무리 많이 가져다준다 해도 반성적 감상만 하는 편을 더욱 선호할 것이라고 주장하는 것이 과연 말이나 될 것인가?

저급 쾌락과 고급 쾌락을 구분하는 기준을 설명하는 데 있어서 밀이 직접 제시하는 대조에만 의존하다 보면 그리 큰 진척이 없을 것이다. 그 구분 자체가 모호할 뿐만 아니라 인지 선호 검사가 정확한 구별을 해내지 못할 것이 거의 확실하기 때문이다. 예를 들어 가려운 곳을 긁는 유쾌한 감각 경험은 두 가지 쾌락 중에서 저급 쾌락으로 분류될 만한 전형적인 후보로 보일 것이다. 그러나 나라면 가려운 곳을 긁는 쾌락을 아무리 많이 준다 해도 바꾸지 않을 만한— 가령 근사한 카페에서 마시는 카푸치노의 맛과 같은— 다른 감각경험들이 존재한다. 이렇게 놓고 보면 카푸치노를 마시는 것이 더 고급 쾌락인 것처럼 보인다. 그러나 나는 카푸치노를 마시는 쾌락을 아무리 많이 준다 해도 철학 책을 읽는 쾌락과는 바꾸지 않을 것이며, 그렇다면 카푸치노를 마시는 쾌락은 이 특정한 비교에서는 상대적으로 저급한 쾌락이 될 것이다. 여기서 우리는 상대적으로 더 고급이거나 더 저급이라고 하는 것이 정확히 무엇을 의미하는지 말하지 않고서는 특정한 쾌락을 고급이나 저급으로 분류할 수 없다는 점을 알 수 있다. 이 점은 매우 중요하다. 일반적으로 밀의 고급/저급 구분은 유쾌한 경험들이 '더 고급인(higher)'(즉, '고급(high)') 또는 '더 저급인(lower)'(즉, '저급(low)')으로 분류될 수 있는 상호 배타적인 범주의 쌍으로 이해되어왔다. 사실은 '더 고급인'과 '더 저급인'은 상대적인 용어이며, 어떤 쾌락이 다른 쾌락보다 고급인지 여부는 그 개별적인 비교가 이루어지는 상황에 의해 결정된다.

그렇다고 밀이 제시한 대조가 무의미한 것은 아니다. 어떤 쾌락이 더 고급이고 또 어떤 쾌락이 더 저급인지는 사실 그 비교 대상에 대해 상대적이다. 그러나 밀은 지적이고 미적이며 도덕적으로 선한 사람의 쾌락과 관능주의자(sensualist)의 쾌락 사이의 비교를 염두에 두고 있었다. 칼라일을 비롯한 다른 학자들은 전자가 단지 '더 많은 쾌락'을 산출한다는 이유로 선호되는 것을 못마땅하게 여겼다. 그리고 밀이 말하고자 하는 바는, 바로 이러한 비교에 있어서만큼은 그 가치에 있어서 아무리 많은 감각적 쾌락도 지적 쾌락과 맞먹을 수 없다는 주장이 공리주의와 양립 가능하다는 것이다.

이제 우리는 밀의 고급 쾌락/저급 쾌락 구분이 어떻게 '하이든과 굴' 사례에서 제기된 문제에 대한 해결책을 제공해주는지 알 수 있다. 이것은 쾌락의 완전한 기수적 통약 가능성(full cardinal commensurability) 때문에 생긴 문제였다. 이런 식으로 이해된 쾌락은 마치 무게처럼 기능한다. 저울의 한쪽에 매우 무거운 물체를 올려놓고서 다른 한쪽에는 훨씬 가벼운 물체들을 하나씩 여러 개 올려놓는다면, 가벼운 물체들의 무게 총합이 처음에 놓은 무거운 물체의 무게보다 무거워지는 순간이 분명히 올 것이다. 밀에 의하면, 쾌락들의 가치 사이에는 불연속성이 존재하기 때문에, 특정한 (저급) 쾌락은 그 양이 아무리 많다 해도 그것을 경험하는 사람에게 유한한 양의 특정한 (고급) 쾌락보다 절대로 더 많은 가치를 가질 수가 없다(Griffin 1986: 85 참조). 그래서 밀은 하이든의 쾌락 중 단 하나의 쾌락— 예를 들면 1793년에 자신의 학위수여식에서 옥스퍼드 교향곡을 지휘했을 때의 쾌락— 만 놓고 보아도 아무리 많은 양의 굴의 쾌락보다도 더 가치가 있다고 말할 수 있을 것이다. 그래서 밀의 입장에서 보면 천사가 굴의 삶을 아무리 길게 연장해준다 해도 하이든의 삶을 선택하는 편이 합리적이라고 할 수 있는 것이다.7)

---

7) 비록 여기서는 불연속성이 밀에게 도움이 되지만, 때로는 문제를 안겨주기도 한다. 저급한 육체적 경험부터 고급의 지적 경험까지의 경험이 표시된 척도를 상상해본다면, 그 위에는 불연속성이 생기는 지점이 어딘가에 존재할 것이다. 하지만 어째서 작은 변화가 무한히 큰 가치의 차이를 발생시키는가? 밀의 견해는 두 가지로 해석될 여지가 있다는 점에도 주목해야 한다. 첫 번째 해석에 의하면, 유능한 판단자는 저급 쾌락(예: 육체적 안락)의 양이 일단 어느 정도 확보되면, 아무리 저급 쾌락을 더 많이 준다 해도 고급 쾌락(예: 지적 통찰)을 선호할 것이다. 두 번째 해석에 의하면, 유능한 판단자는 고급 쾌락의 양이 증가될 수만 있다면, 저급 쾌락을 아무리 많이 제공한다 해도 그 저급 쾌락을 포기할 것이다. 첫 번째 해석은 이미 확보된 저급 쾌락에 어째서 그렇게 큰 중요성을 부여하는지를 정당화하지 못하기 때문에, 필자는 두 번째 해석이 더 설득력 있다고 본다. 또한 육체적 안락과 같은 저급 쾌락이 고급 쾌락을 추구하는 데 있어 필요조건이라는 사실을 염두에 둔다면, 두 번째 해석에 딱히 거북한 실천적 함축이 있다고 볼 필요도 없다. 이러한 점들은 또 다른 중요한 사실, 즉 강도와 지속기간뿐만 아니라 '질' 역시 중요하다는 주장이 가치의 불연속성이 존재한다는 주장과 동일한 것은 아니라는 사실과 관련된다. 예를 들어 어떤 사람은 하이든의 삶이 굴의 삶보다 두 배,

밀의 딜레마

복지를 측정하는 단일한 누적적인 기수적 척도를 받아들이지 않는다는 점에서 밀은 완전한 기수성을 포기하는 것이라 할 수 있다. 벤담을 다룬 절에서 논의했던 위스키 사례 같은 경우는 밀도 기수적으로 다룰 수 있지만, 한 쾌락은 고급이고 다른 쾌락은 저급인 경우에는 그 위계가 더 이상 기수적일 수 없다. 왜냐하면 위계가 기수적일 경우에는 불연속성이 존재하지 않을 것이며, 일정한 양의 저급 쾌락이 모이면 그 가치가 고급 쾌락의 가치를 넘어설 수 있을 것이기 때문이다. 고급/저급 비교에서 허용되는 유일한 위계는 서수적(ordinal) 위계이다(라틴어 *ordo*는 순서 매기기(ordering)를 의미한다). 고급 쾌락은 저급 쾌락보다 더 가치가 있지만, 얼마나 더 가치 있는지를 묻는 것은 이치에 맞지 않는다. 이러한 비교를 가능하게 하는 단위가 존재하지 않기 때문이다.

밀이 제시한 고급 쾌락과 저급 쾌락의 구분은 처음 소개되었을 때부터 수많은 비판을 받았으며 그 대부분은 매우 적대적인 것이었다. 그중에서도 가장 많이 제기된 반론은 밀이 일종의 딜레마에 직면하게 된다는 것이었다. 즉, 밀의 이론에서 질이 결국 양으로 환원되어버려 벤담에서 한 걸음도 나아가지 못하게 되거나, 아니면 자신을 더 이상 (완전한) 쾌락주의자라고 부를 수 없게 되거나, 둘 중 하나라는 것이다.[8]

세 배, 혹은 수천 배 더 좋은 것이었다고 생각할 수 있다. 밀은 이 두 주장을 혼용하지만, '하이든과 굴' 문제를 해결하는 것은 불연속성이기 때문에 딱히 이 점이 문제될 이유는 없다.

8) 이러한 반론의 사례들은 다음의 저작에서 찾아볼 수 있다. Bradely 1927: 116-20; Green 1883: 167-78; Martineau 1885: vol. 2, 305-8; Moore 1903: 77-81; Rashdall 1907: vol. 1, 25-7; Sidgwick 1907: 94-5.

밀이 '양'에 대해 언급할 때는, 쾌락의 가치가 오직 그 지속기간과 강도에 의해서만 결정된다는 벤담의 복지관을 염두에 두고 있었음에 틀림없다. 실제로 밀은 특히 강도가 양 개념에 근거를 제공한다고 보았을 가능성이 크다(예를 들어 2.8의 후반부를 참조하라). 그가 '질'에 대해 언급할 때는, 곧 주어진 쾌락의 '내재적 성질(intrinsic nature)'을 의미하는 것이다(2.4; 고급 쾌락의 우월성 또한 마찬가지로 '내재적'이다(2.7)). 그렇다면 밀의 주장은 고급 쾌락의 내재적 성질로 인해 고급 쾌락을 즐기는 사람에게는 저급 쾌락이 아무리 양이 많거나 강렬하다 해도 그런 쾌락을 즐기는 것보다는 고급 쾌락을 즐기는 일이 더욱 가치 있다는 것이다.

딜레마의 첫 번째 선택지는 밀이 완전한 쾌락주의자로 남게 해주는 대신 고급/저급 구분을 포기하게 만든다. 완전한 쾌락주의자라고 한다면, 한 경험이 다른 경험보다 더 가치 있을 수 있는 이유가 오직 그것이 유쾌함이나 만족(또는 즐거움)을 준다는 사실밖에 없다는 점을 받아들여야 한다는 것이 그 논변이다. 그러므로 밀이 저울의 한쪽에는 고급 쾌락을, 다른 쪽에는 저급 쾌락을 놓고 후자의 유쾌함을 계속해서 증가시킨다면 저울은 결국에는 저급 쾌락 쪽으로 기울 수밖에 없을 것이다. 고급 쾌락이든 저급 쾌락이든 그것이 가치 있는 이유는 오직 쾌락을 준다는 사실밖에 없기 때문이다.

논변은 다음과 같이 계속된다. 만약 쾌락이 이런 식으로 통약 가능하다는 것을 밀이 부정한다면, 그는 고급 쾌락이 더 많은 쾌락을 주기 때문이 아니라, (가령 고급 쾌락의 경험이 참된 자아를 실현시켜준다는 등) 다른 이유 때문에 더 가치 있는 것이라는 명제를 받아들여야 한다. 그러나 그럴 경우 밀은 딜레마의 다른 선택지를 택해야만 할 것이고, 그렇게 되면 그는 더 이상 완전한 쾌락주의자가 아니게 된다. 어쩌면 밀은 복지가 고급 쾌락으로 이루어져 있지만 그 쾌락의 선-실현 속성(good-making property, 즉 그 담지자를 좋은 것으로 만들어주는 속성)은 유쾌함 이외에 다른 것도 있다고 말할 수 있을지도 모르겠다. 일단 밀이 가령 '자아실현성(being self-realizing)'을 선-실현 속성으로 받아들인다면, 그는 더 이상 쾌락주의자가 아니게 될 것이고, 자아를 실현하는 경험이 쾌락을 주지 않을 때조차 그 경험은 그 사람의 복지에 기여할 수 있다고 인정해야 할 것이다.

그러나 사실 이런 비판들은 밀에 대해서 논점 선취의 오류를 저지르고 있다. 밀에 의하면 유쾌한 경험의 가치는 지속기간과 강도뿐만 아니라 그 경험의 질, 즉 그 내재적 성질에 의해서도 좌우된다.9) 그렇다면 밀은 고급 쾌락이 그 유쾌함 때문에 가치 있다고 말할 수 있으며, 그렇게 함으로써 딜레마의 첫 번째 선택지를 피할 수 있을 것이다. 가치에 있어서 저급 쾌락이 고급 쾌락을 넘어설 수 있는 유일한 방법은 그 성질을 변화시켜 더 이상 저급 쾌락이 아니게 되는 것이다. 단순히 유쾌한 경험의 양, 즉 그 지속기간과 강도를 증가시키는 것만으로는 충분하지 못할 것이다. 완전한 기수적 통약 가능성이 배제되는 한, 밀은 고급 쾌락이 더 큰 만족을 주며 따라서 더 큰 가치를 지닌다고 주저 없이 주장할 수 있다. 이것이 의미하는 바는, 밀이 애초에 유쾌함 외의 선-실현 속성을 미리 가정하지 않음으로써 쾌락주의자의 길을 포기하도록 만드는 딜레마의 두 번째 선택지를 피할 수 있다는 것이다. 고급 쾌락이 사람들에게 좋은 것은 순전히 그것의 유쾌함 때문이다.

그러나 누군가 이렇게 물을지도 모른다. 도대체 고급 쾌락이 가진 성질의 어떤 점 때문에 그것을 경험하는 사람에게 더 가치가 있게 되는가? 그 경험들이 자아실현을 가능하게 해준다거나, 아니면 가령 그

---

9) 강도 그 자체도 쾌락의 '질'의 일부에 해당하는 것은 아닌지도 고려해볼 만한 문제이다. Dahl 1973: 38, 각주 1 참조.

경험들이 고귀하다는 사실이 그 경험들을 가치 있게 해준다고 해야 하지 않을까? (실제로 밀은 2.9에서 고급 쾌락의 삶을 사는 사람의 품성의 특징으로 고귀함을 든다.) 여기서 밀은 자신이 『공리주의』의 다른 부분에서 주장했으며 벤담에게서도 발견될 수 있는(Bentham 1789: 1.11) 한 명제를 언급할 수도 있겠다. 그 명제는 바로 궁극적인 목적은 증명 없이도 좋은 것으로 받아들여져야 한다는 것이다(1.5; 4.1). 어째서 고급 쾌락이 더 가치 있는가? 고급 쾌락이 가진 성질이 그것에서 오는 즐거움을 더욱 가치 있게 만들기 때문이다. 하지만 왜 고급 쾌락의 성질이 그 즐거움을 더 가치 있게 만드는가? 다만 그렇게 할 뿐이다. 밀과 벤담도 동의하듯이, 복지에 대한 이론가라면 누구나 이렇게 더 이상 설명이 불가능한 지점에 도달한다. 벤담에게 있어서 쾌락이 가치 있다는 것과 쾌락이 갖는 가치의 정도는 그 강도와 지속기간에 의해 결정된다는 것은 그저 주어진 사실일 뿐이다. 자아실현 이론가에게는 자아실현이 좋다는 것이 그저 주어진 사실이라고 할 수 있다. 하지만 그저 주어진 사실이라 해도 사실이 될 수는 있다.

그렇다면 요약해보자. 밀은 복지가 오직 유쾌한 (또는 즐거운) 경험으로만 이루어지며 이러한 경험이 가치 있는 것은 오직 그 유쾌함 때문이라고 믿는다. 경험은 그 쾌락이 더 오래 지속되고 더 강도가 높을수록 더 큰 가치를 갖는다. 쾌락의 성질 역시 어디에 불연속성이 생기는지에 관련해서 경험의 가치에 영향을 준다. 예를 들어 정신적 쾌락은 지속기간과 강도와는 관계없이 육체적 쾌락보다 더 가치 있다. 예를 들어 '4분간 지속됨'이 선-실현 속성이 아니듯 여기서 '정신적임'도 선-실현 속성이 아니다. 이와 비슷하게, '고귀함' 그리고 어쩌면 '세련됨' 혹은 '심오함' 등도 어떤 경험이 정신적이라는 것과 마찬가지로 경험에 관한 특정한 사실일 뿐이며, 같은 방식으로 가치에 영향을 미칠 수 있는 것이다. 따라서 밀은 쾌락주의자로 남을 수 있다. 그는 오직 유쾌한 경험만이 가치 있고, 오직 유쾌함만이 선-실현 속성이 라고 주장하는 것이기 때문이다.

그럼에도 불구하고 밀에 대한 비판에는 주목할 점이 있다. 비록 밀 이 자신에게 그토록 자주 제기되었던 딜레마에서 벗어나 쾌락주의자 로 남을 수 있다 해도, 여전히 그의 설명에는 채워지지 않은 공백이 남아 있다. 우리가 밀을 믿는다면, 어떤 경험이 얼마나 만족스러운지, 따라서 얼마나 가치 있는지는 그 쾌락의 지속기간과 강도뿐만 아니라 그것이 정신적이라든가 고귀하다든가 하는 등의 성질에 의해서도 좌 우될 것이다. 즐거움과 독립적으로 경험에 나타나는 지속기간이나 강 도만으로는 그 경험의 가치를 전혀 높이지 못할 가능성이 크다. 실제 로 고통의 경우에는 그 지속기간과 강도가 늘어남에 따라 상황이 악 화되겠지만, 딱 괴로움이 증가되는 그만큼만 악화되는 것이다. 밀에 따르면 이러한 점은 고귀함에 대해서도 성립되어야 한다. 어떤 경험 이 단지 고귀하기만 할 뿐 즐겁지 않다면 (만약 밀이 이런 경우를 허 용한다면) 그것은 그 정도만큼 가치가 없는 것이다.

그러나 고귀함이 즐거움과 그 즐거움의 가치를 증가시킬 수 있다면, 왜 고귀함 그 자체가 선-실현 속성이 될 수는 없는지 물을 수 있다. 매우 고귀(또는 세련 또는 심오)하지만 그럼에도 불구하고 즐겁지 않 은 경험은 과연 나의 삶의 가치에 아무런 기여도 할 수 없는 것인가? 우리는 또한 밀이 쾌락과 유쾌함에 대해 어떤 개념을 가지고 있는 것 인지에 대해서도 의문을 가질 수 있다. 벤담에게 유쾌함이란, 그 길이 와 강도는 다양하지만 다른 면에 있어서는 모든 쾌락에 공통되는 감 각의 반성적 속성이다. 유쾌함이 이런 식으로 이해될 경우, 주어진 경 험의 성질 그 자체는 유쾌함에 영향을 미치지 못할 것이다.

그러나 밀은 고귀함이 즐거움과 독립적으로 가치를 가질 수 없다고 생각했다(2.15). 여기서 우리는 밀이 고전적 공리주의의 쾌락주의 정신에 얼마나 깊이 빠져 있는지를 알 수 있다. 그 담지자를 좋은 것으로 만들어줄 수 있는 것은 오직 유쾌함이나 즐거움뿐이라는 명제는 이 정신을 잘 포착해준다(이 명제는 완전한 쾌락주의의 설명적 구성요소이다). 필자는 이 명제를 즐거움 요건(enjoyment requirement)이라고 부를 것이다. 후반부의 장에서 보게 되겠지만 밀은 인간이 오직 쾌락만을 욕구한다고 믿었다. 오직 쾌락만이 좋은 것이며 우리는 오직 쾌락만을 욕구한다. 이 견해는 너무 편협하다. 우리 삶에는 즐거움과는 독립적으로 그 가치에 기여하는 것들이 수없이 많기 때문이다. 그러한 속성 중에는 밀이 유쾌함에 영향을 미친다고 주장한 바로 그 속성들도 포함되어 있다.10)

유능한 판단자

그렇다면 밀은, 유쾌하거나 즐거운 경험이 복지를 구성하며, 그런 경험이 그 주체에 대해 갖는 가치는 그것이 즐겁다는 사실에 있다고 믿는 것이다. 다른 조건이 같다면, 어떤 즐거운 경험은 다른 즐거운 경험보다 더 오래 지속되고 강도가 높을 경우에 더 가치가 있다. 그러나 다른 조건이 같지 않고 그 경험들의 성질이 서로 근본적으로 다르

---

10) 쾌락은 쾌락과 독립된 어떤 것이 가치를 갖기 위한 필요조건이라고 보는 밀과 유사한 견해가 제시될 때가 가끔 있다(예: Parfit 1984: 부록 I 참조). (이러한 견해는 무어(Moore 1903: 6장)의 영향을 받았다.) 예를 들어, 지식만 있어서는 가치가 없다. 하지만 즐거움이 동반된 지식은 가치가 있으며 그 가치는 지식과 즐거움 모두에서 발생한다. 다음 장에서 이러한 견해의 한 사례를 논의하겠지만, 이 견해 역시 필자가 밀에 대해 제기한 것과 유사한 문제에 직면한다는 점을 이 시점에서 미리 언급해두는 것이 좋겠다. 예를 들어 고귀함이 쾌락과 독립적으로 가치에 영향을 주지만 오직 쾌락이 존재할 때에만 그러하다면, 도대체 왜 쾌락이 부재할 때는 그것이 가치에 기여를 할 수 없는지 여전히 분명하지 않다.

다면, 한 쾌락이 다른 쾌락보다 훨씬 더 가치가 있어서 후자가 아무리 많아도 전자의 가치를 넘어서는 것이 불가능할 수도 있는 것이다.

밀은 두 쾌락 중 어느 것이 더 가치가 있는지는 둘 다 경험해본 사람의 판단에 의해 결정된다고 믿었다는 사실을 기억할 것이다(위에 인용된 2.5, 그리고 2.8을 참조하라). 밀은 고급/저급 구분과 별개로, 결국엔 유능한 판단자(competent judges) 개념이 도입되어야 한다는 점을 즉각적으로 지적한다. '두 고통 중 어떤 것이 더 괴로운지, 혹은 두 쾌감 중 어떤 것이 더 강렬한지를 결정하는 데 있어서 두 가지 모두에 익숙한 사람들의 일반적인 동의를 살피는 것 외에 달리 어떤 방법이 있겠는가?'(2.8)

강도의 경우, 누군가가 어떤 경험이 특정한 강도를 갖는다고 말했기 때문에 그 경험이 그 강도를 갖는다고 말하는 것은 이상할 것이다. 오히려 거꾸로, 그 경험이 정말로 그 강도를 갖기 때문에 판단자가 그 강도를 갖는다고 말하는 것이다. 밀은 질에 대한 판단에 대해 말할 때 그것이 양에 대한 판단과 유비적인 것처럼 말하므로, 우리는 고급 쾌락이 고급인 이유가 단지 유능한 판단자가 그렇다고 하기 때문만은 아니라고 가정해야 한다. 그래서 밀은 자신 있게 이렇게 말한다. '만족한 돼지보다는 불만족한 인간이 되는 것이 낫고, 만족한 바보보다는 불만족한 소크라테스가 되는 것이 낫다.'(2.6) 판단자들도 밀의 의견에 동의할 것이다. 그들은 사실을 있는 그대로 평가할 능력이 있기 때문이다.

그렇다면 유능한 판단자들의 의견은 증거로서의 역할을 하는 것이다. 그들은 우리가 인간의 판단과 독립적으로 무엇이 진리인지를 결정할 때 의지하는 법정과도 같다고 할 수 있다. 유능한 판단자들이 밀이 가진 다른 철학적 입장들과 동떨어진 임시변통적(ad hoc) 도구에 불과한 것도 아니다. 밀은 경험주의자로서 인간의 지식이 감각들의 판단에 근거를 둔다고 믿는다. 이것이 바로 밀이 윤리학을 '관찰과 경험'(1.3)에 근거 지으려고 하는 이유이며, 우리는 공리주의를 증명하려고 하는 그의 시도에서 관찰적 방법을 신봉하는 태도를 앞으로 제4장에서 다시 보게 될 것이다. 게다가 쾌락주의 자체도 개별 주체의 경험들이 그 주체에게 경험되는 방식을 중요시하기 때문에 경험주의와 궁합이 아주 잘 맞는다.

물론 판단자들의 견해는 단지 증거를 보여줄 뿐이기 때문에 그들의 판단이 잘못될 가능성도 생각해볼 수 있다. 밀은 그들의 의견이 서로 다를 수 있다고 인정함으로써 이러한 가능성을 암묵적으로 받아들인다. 모든, '또는 거의 모든' 유능한 판단자들이 어떤 쾌락을 다른 쾌락보다 선호할 때 전자는 후자보다 더 가치 있으며(2.5, 필자의 강조), 만약 그들의 의견이 서로 다를 경우 '그들 중 다수'의 판단이 '결정적인 것으로 받아들여져야 한다.'(2.8) 밀이 주장하는 바는 다수가 옳을 수밖에 없다는 것이 아니라 다수의 결정을 존중하는 것이 합리적이라는 것뿐이다. 그는 이 점에 관해서 옳다. 다수가 옳을 확률이 소수가 옳을 확률보다 크기 때문이다. 어쩌면 밀이 가치의 모호성이나 취향의 변덕스러움을 고려할 만한 여지를 주지 않는 것인지도 모른다. 그러나 판단자들에게 가령 톨스토이를 읽는 쾌락과 도스토예프스키를 읽는 쾌락 사이에서 어떤 것이 더 나은지 결정하라고 요구하는 일은 불합리할 것이라는 점은 밀 자신도 받아들일 수 있을 것이다. 그렇다고 이것이 어떤 쾌락은 명백히 다른 쾌락보다 고급이라는 그의 주요 논지를 위협하지는 않을 것임은 분명하다.

판단자들에 대해 흔히 제기되는 또 다른 우려는 그들이 과연 충분히 공평무사할(impartial) 것인지 여부이다. 헤겔 철학을 읽는 것과 블렌디드 위스키를 마시는 것 사이의 상대적 가치를 평가할 수 있는 유능한 판단자가 되려면 둘 다 경험한 적이 있다는 것만으로는 충분하지 않으며, 둘 다 즐긴 적이 있어야 한다. 게다가 비록 원문에는 나와 있지 않지만, 유능한 판단자는 그 두 경험을 적절하게 그리고 적당한 정도로 즐겼을 것이라는 가정도 추가해야 하지 않을까 한다. 만약 당신이 단 한 글자도 알아듣지 못함에도 불구하고, 단지 헤겔 수업을 한 아름다운 강사를 떠올려주기 때문에 헤겔 철학 읽기를 즐긴다면, 당신은 유능한 판단자라고 할 수 없다. 단지 아무것도 안 하는 것보다 선호하는 정도로만 헤겔 철학 읽기를 즐긴다면(방 안에 혼자서 헤겔 책 몇 권만 가진 채 갇혀버린다면, 당신은 창 밖의 하늘만 멀뚱히 바라보는 것보다는 헤겔 철학 읽는 편을 더 선호하기 때문에 그것을 읽을 것이다) 그 경우도 역시 당신은 유능한 판단자로서 결격이다. 이 경우에 필요한 유능함을 갖추려면 일정 정도의 이해력과 지적 호기심이 요구될 것이다. 그러나 여기서 공평무사성에 대한 우려가 등장한다. 어쩌면 저급 쾌락의 가치를 평가하는 데 요구되는 특성과 고급 쾌락의 가치를 평가하는 데 필요한 특성은 서로 근본적으로 대립되는 것일지도 모른다. '흄의 저작을 대충 훑어보는 관능주의자가 철학이 주는 쾌락을 평가하기 어려운 만큼, 관능적 쾌락에 별 관심이 없는 철학자 역시 방탕한 존재가 느끼는 매력을 제대로 평가할 수 없다.' (Ryan 1974: 111)

여기에는 중요한 함축이 들어 있다. 어떤 사람들은 특정한 지적, 또는 감각적 성향을 가졌기 때문에 천성적으로 끌리지 않는 종류의 즐거움에 관해서는 제대로 평가하기가 힘들다는 것은 명백한 사실이다. 그러나 필자는 이것이 모든 사람에게 해당된다고 볼 필요는 없다고 생각한다. 철학을 읽는 즐거움의 가치에 대해서 필자가 인정할 만큼의 판단력을 갖춘 많은 철학자들 중에서도 육체적 쾌락 역시 제대로 평가할 수 있는 능력을 보여주는 경우가 많다. 과연 밀 자신이 그러한 철학자였는지는 이제 곧 살펴볼 것이다.

그러나 혹시 밀의 입장이 심한 엘리트주의에 근거한 것은 아닐까? 이 반론은 어느 정도 잘못 제기된 것이다. 중요한 것은 밀의 견해가 참인지 여부이며, 어쩌면 진실은 썩 유쾌하지 않은 것일 수도 있기 때문이다. 그러나 이 쟁점은 실제로 밀의 복지 관념에 대해 몇 가지 의문을 제기하므로 이와 관련하여 몇 가지 짚고 넘어가도록 하겠다.

첫째, 밀은 경험을 겪는 각 주체도 자신의 경험이 유쾌한 것인지 여부에 대한 최종 판단자가 아니라고 제안하는데, 이 점에 관련해서 그는 아리스토텔레스만큼 강한 주장을 하지는 않았다(Aristotle *c*. 330 BC: 1176a15-19). 둘째, 밀은 모든 사람이 저급 쾌락을 포기하고 철학이나 시를 읽으러 가야 한다고 주장하고 있는 것이 아니다. 중요한 것은 경험 자체가 아니라 경험을 즐기는 것이다. 철학을 읽고 그로부터 즐거움을 얻지 못하는 사람은 그 활동으로부터 아무것도 얻을 수 없다. 이와 관련 있는 세 번째 사항은, 밀은 사람들이 그런 활동을 하도록 강요해야 한다고 말하는 것이 아니라는 점이다. 그런 강요는 밀의 관점에서 볼 때 비생산적일 것임이 거의 확실하다. 왜냐하면 강요는 그것을 즐길 수 있는 가능성을 제거할 것이고, 게다가 사람들이 스스로 결심하도록 허용하는 데 대한 좋은 공리주의적 이유도 따로 존재하기 때문이다(제8장 참조).

밀은 어떤 경험은 다른 경험보다 가치 있다는 가정을 하고 있다. 가치가 과연 판단의 대상이 될 수 있는 것인지에 관한 일반적 우려를 제쳐놓는다면 이 가정이 특별히 급진적인 것은 아니다. 경험 주체에게 황홀한 쾌락이 극심한 고통보다 더 낫다고 믿는 사람이라면 누구나 이 가정을 받아들여야 할 것이다. 그러나 밀이 가정하고 있는 또한 가지는 어떤 즐거운 경험 혹은 즐거움의 성질이 갖는 가치는 어떤 다른 경험보다 통약 불가능한 방식으로(incommensurably) 더 크다는 것이다. 밀은 이런 경험들이 어떤 것인지 조금 더 설명해준다. 즉, 지적, 감정적, 도덕 정서적 쾌락이 감각적인 육체적 탐닉보다 더 고급 쾌락이다. 밀도 깨달았듯이, 이 시점에서 누군가가 상대적 가치들에 대한 자신의 견해를 옹호하기 위해 할 수 있는 말은 별로 없을 것이다. 그러나 필자는 그러한 불연속성의 존재를 받아들일 준비가 되어 있다. 제인 오스틴을 통독하는 쾌락과 적당한 마사지를 받는 데서 오는 가벼운 육체적 쾌락 사이에서 선택하는 사고 실험을 해본다면, 필자는 주저 없이 오스틴을 택할 것이다. 필자와 밀의 생각에 동의하지 않는 사람들 중에는 아마도 벤담과 함께 앞선 사례에 나온 굴의 삶을 선택할 사람들이 있을지도 모르겠다.

어쩌면 이 시점의 밀의 논변에서 은연중에 아리스토텔레스의 '실천적 지혜' 또는 '프로네시스(*phronēsis*)' 개념 비슷한 것이 작용하고 있는지도 모른다(Aristotle *c*. 330 BC: 6권). 경험의 가치를 정확하게 판단할 수 있는 사람은 그 경험의 두드러진 특징들, 특히 그중에서도 강도와 성질과 같은 특징들을 잘 포착할 뿐만 아니라, 그러한 특징들 각각에 적절한 가치평가적 비중을 부여할 수도 있는 사람이다. 무엇이 진정으로 유쾌한 것이고 무엇이 얼마나 좋은 것인지에 대해 정확한 판단을 할 수 있는 사람이 아리스토텔레스에게는 훌륭한(excellent) 사람 또는 유덕한(virtuous) 사람이라면, 밀에게는 유능한 판단자이다. 둘 다 그들의 판단이 결정적일 수 있도록 해주는 어떤 능력을 가진 것으로 가정되어야 한다.

그러나 이 판단자들에 대한 의구심은 여전히 남는다. 벤담과 밀이 '쾌락', '유쾌한 것', 그리고 '즐거움'과 같은 개념들을 명확히 구분하는 데 실패하는 이유는 앞서 언급한 바 있다. 마찬가지로 밀은 고급 쾌락과 저급 쾌락을 논의하는 데 있어서 (철학을 읽는 것과 같은) 쾌락의 **종류** 개념과 (필자가 당신이 밀을 읽을 때 즐기길 바라는 개별 경험과 같은) 어떤 종류의 쾌락의 개별 **사례**를 구별하지 않는다.

밀이 『공리주의』를 쓴 이유 중 하나는 어떻게 살 것인지에 대한 지침서를 제공하기 위해서이다. 삶은 선택을 수반하는데, 그 선택은 종종 한 종류의 쾌락의 개별 사례와 다른 종류의 쾌락의 개별 사례 사이에서 이루어져야 한다. 예를 들어 6시 정각에 나는 헤겔을 읽는 개별 사례와 진 토닉을 마시는 개별 사례 중에서 선택을 해야 할지도 모른다. 나는 어쩌면 마음을 정하기 위해 유능한 판단자 집단에게 조언을 구할 수도 있다. 내가 심사숙고하고 있는 쾌락의 두 개별 사례는 분명 단지 '가능할 뿐인' 쾌락이기 때문에, 누구에 의해서도 실제로 경험된 적이 있을 리는 없다. 그러므로 판단자들은 두 종류의 쾌락을 즐긴 적이 있다고, 즉 그들 자신의 삶에서 이런 종류의 쾌락의 다른 개별 사례를 경험한 적이 있다고 가정되어야 할 것이다.

그러나 만약 내가 의사 결정 과정에 있어서 시종일관 판단자 집단의 견해를 적용한다면 나의 삶은 너무나 엄격한 삶이 될 것이다. 왜냐하면 그들은 철학을 읽는 것이 그 어떤 저급 쾌락보다 통약 불가능한 방식으로 더 큰 가치를 지닌다고 생각하기 때문이다. 그렇다면 가능한 한 (즉, 내가 철학을 사소하지 않은 정도로 적절하게 즐길 수 있는 한) 철학에만 몰두하고, 진 토닉을 마시는 것 같은 저급 쾌락은 고급 쾌락을 즐길 수 없을 때만 추구할 경우에 나의 복지가 극대화되는 것으로 보인다. 이것은 복지 극대화에 관한 축차적(lexical) 입장이라고 불릴 수 있는데, 이 입장에 따르면 부차적(secondary) 가치는 오직 주요(primary) 가치가 최대한으로 증진된 다음에만 증진되어야 한다.[11]

---

11) Rawls 1971: 42-3, 각주 23 참조. 롤즈는 밀의 고급/저급 구분과 함께 Hutcheson 1775에 나온 유사한 구분을 언급한다. 이런 발상은 Plato *c*. 380 BC: 580d-583a에서도 찾아볼 수 있다. 축차적 특성은 가령 지적 쾌락의 '영역 내'에도 도입될 수 있다는 사실을 언급해야 할 것 같다. 따라서 가령 헤겔 철학을 아무리 많이 피상적으로 훑어본다 해도 이는 헤겔 철학에 대한 진지한 이해보다 못할 수 있다. 진지한 이해가 가장 잘 달성될 수 있는 것은

어쩌면 밀은 자라난 환경으로 인해 축차적 입장을 지지하는 '감각적 쾌락에 별 관심이 없는 사람(half-hearted sensualist)'이었다고 생각해보는 것도 어느 정도 그럴듯할 수 있다. 2.7의 앞부분에서, 밀은 고급 쾌락을 즐길 능력이 있음에도 불구하고 자꾸 고급 대신 저급 쾌락을 추구하는 사람들의 사례를 다룬다. 이것은 밀이 이런 현상의 원인은 의지의 나약함에서 찾아야 하며 그 사람들 자신에게 잘못이 있다고 믿었다는 것을 의미한다. 같은 문단의 후반부에서 밀은 많은 사람들이 두 종류의 쾌락을 모두 조합해보려고 하다가 시간이 흐르면서 '실패(broken down)'하게 된다고 주장한다. 물론 밀이 저급 쾌락을 무가치한 것으로 여겼다는 것은 아니다. 밀은 '양과 질 모두의 관점에서 볼 때 즐거움이 가장 풍부한' 삶을 사는 것이 궁극적 목적이라고 말한다(2.10). 그렇긴 하지만 나에게 있어 최선의 삶은 고급 쾌락이 극대화된 삶일 것이다. 저급 쾌락은 피로나 신체적 욕구 등으로 인해 고급 쾌락을 추구하기가 불가능한 경우에 한해서만 추구되어야 한다. 여기서 다시 한 번 밀과 아리스토텔레스의 견해 사이에 존재하는 흥미로운 유사점이 발견된다. 아리스토텔레스 역시 기분 전환을 하는 (recreational) 쾌락은 그 자체로 가치 있는 것이 아니라, 훌륭한 활동 또는 유덕한 활동들의 사이사이에 휴식을 제공한다는 의미의 도구적 차원에서만 가치가 있다고 믿었다(Aristotle *c.* 330 BC: 1176b27-1177a1).

밀이 제시하는 비교의 사례들은 유연하지 못하다는 점에서 문제가 있다. 여기서는 한 고급 쾌락과 다른 한 저급 쾌락, 말하자면 제인 오스틴을 읽는 것과 마사지를 받는 것 사이에서 선택이 이루어진다. 그러나 밀 자신도 인지하고 있듯이 인간의 삶은 이런 즐거운 것들의 조

적어도 가끔 진 토닉을 마실 경우일지도 모른다. 그러나 이 견해는 여전히 너무 복잡해 보인다.

합으로 이루어져야 한다. 밀은 고급 쾌락의 축차적 우선성을 받아들이기 때문에 즐거운 경험들의 조합을 진지하게 고려하지 않는다. 그러나 축차적 입장은 너무 극단적이다. 이 입장이야말로 밀의 분석이 엘리트주의 때문에 잘못된 방향으로 나아가는 부분이 아닌가 싶다. 사고 실험의 맥락에서든 인간의 삶 자체 속에서든, 제인 오스틴의 전집을 읽는 것과 『노상거 수도원(*Northanger Abbey*)』을 뺀 그녀의 나머지 모든 작품에다가 엄청나게 많고 다양한 저급 쾌락을 더한 조합, 이 둘 중 하나를 선택해야 할 경우, 후자를 선택하는 편이 전적으로 합리적인 것으로 보인다.

우리는 밀이 삶 전체를 어떻게 살 것인가에 대한 지침을 제시해줄 것이라 기대하므로, 고급 쾌락과 저급 쾌락은 삶 전체의 맥락 속에서 고려되어야 한다. 사실 밀은 이러한 고려를 가능케 하는 논의거리를 제공해준다. 즉, 그는 유능한 판단자들이 '그들의 고차적인 능력을 사용하는 존재 방식(manner of existence)'을 선호한다고 말하고(2.6, 필자의 강조), 또 '두 가지 존재 양태(two modes of existence) 중에서 어떤 것이 가장 쾌적한 감정을 주는지'에 대해서도 이야기한다(2.8, 필자의 강조). 밀은 또한 2.10에서 궁극적 목적이 '존재 상태(an existence)'인 것처럼 이야기하며, 이어지는 문단에서도 계속해서 이렇듯 전체를 고려하는(global) 입장을 견지한다. 이 수준에서는 고급 쾌락과 저급 쾌락 사이에는 불연속성이 존재한다는 주장이 다시 한 번 그럴듯하게 보인다. 대부분의 경우, 돼지가 누리는 즐거움이 아무리 오래 지속되고 강렬하다 해도, 만족한 돼지가 되는 것보다는 불만족한 인간이 되는 것이 실제로 더 좋다.

생애 전체가 갖는 상대적인 가치를 판단하는 데에 유능한 판단자 검사를 엄격하게 적용하는 것은 문제가 있다. 사실 여기서 유능한 판단자가 돼지의 삶을 직접 살아본 적이 있다는 의미에서 돼지가 되는 것이 어떤 것인지 안다는 것은 아니다. 우리는 각각 하나씩의 삶밖에 살지 못한다. 하지만 우리는 관대한 태도로 철학자들을 해석해야 하고, 이것은 밀을 해석하는 경우에도 예외가 아니다. 인간은 먹고, 마시고, 성행위를 하고, 자고, 노는 등 돼지가 하는 대부분의 활동을 한다. 확실히 우리는, 돼지가 자기가 인간이 되는 게 어떤 것인지를 아는 것보다는, 우리가 돼지가 된다는 것이 어떤 것인지에 대해 더 많이 알고 있다. 그렇다면 여기서 우리의 판단은 '가장 결정적인 것으로 받아들여져야 한다.'(2.8)

마지막으로 우리는 인간의 복지에 대한 밀의 견해가 비민주적인 함축을 갖는지 여부를 살펴보아야 한다. 여기서 복지이론과 도덕이론 사이의 구분을 기억해야 한다. 누군가 밀의 고급 쾌락/저급 쾌락 구분은 받아들이면서도, 이 구분이 도덕, 특히 공공 정책 제정에 있어서의 도덕에 지배적 영향을 미친다는 데 대해서는 동의하지 않을 수도 있다. 그러나 밀은 복자가 극대화되어야 한다고 믿는 공리주의자이다. 고급 쾌락과 저급 쾌락 사이에 존재하는 불연속성을 고려할 때 밀의 입장이 일관적이기 위해서는, 가령 스포츠와 같은 다른 영역에 할당되는 세금을 줄여서라도 교육이나 예술에 사용되는 세금을 크게 증가시켜야 한다는 입장을 지지해야 하지 않을까? 그렇다면 이러한 입장은 그의 시대에나 우리의 시대에나 마찬가지로 대중의 견해와는 거리가 멀었으므로 밀이 비민주적인 정치 체제를 옹호한 것으로 보아야 할 것인가?

대중의 견해와 진리 사이에 존재하는 간극은 밀도 잘 알고 있었지만, 사실 그는 평생을 민주주의자로 살았다. 그는 좀 더 장기적인 관점을 취했는데, 즉, 장기적으로 볼 때 민주주의가 실현되는 경우에야말로 많은 사람들이 고급 쾌락을 풍요롭게 누리는 삶을 영위할 수 있는 세상이 실현될 확률이 가장 높다고 생각했던 것이다. 어쨌든 밀 역시 유럽에는 더 이상 민주주의 이외의 다른 정치 체제를 택할 실질적인 선택의 여지가 존재하지 않는다는, 프랑스의 저술가 토크빌의 견해를 받아들였을 것이다(Tocqueville 1848: 저자 서문, 첫 번째 문단). 진정한 물음은 '어떤 종류의 민주주의가 인류에게 최선인가?'였으며, 이것이야말로 바로 밀이 인간 복지와 도덕에 관한 자신의 견해에 근거하여 대답해내려 했을 바로 그 물음이다.

이제 우리는 복지를 중심으로 다루었던 첫 두 장의 마지막 부분에 이르렀다. 지금까지 필자가 복지를 도덕과 독립적인 어떤 것으로 여기고 다루어왔음을 기억하라. 그것은 독자가 끝내 공리주의는 받아들이지 않는다 하더라도 밀의 복지이론이나 그와 유사한 이론은 받아들일 수 있는 가능성을 열어놓기 위해서였다. 우리는 지금까지 벤담과 같은 입장이 갖는 특유의 문제들에 대해 밀의 쾌락주의가 어떻게 대응하는지, 그리고 어째서 밀 자신의 견해가 쾌락주의로부터 멀어지는 듯한 인상을 주는지 살펴보았다. 그것은 밀의 견해가 '유쾌함(pleasurableness)'이라는 설명되지 않은 개념을 사용하고, 좋음을 결정하는 데 있어서 비쾌락주의적 속성이 (비록 유쾌함을 통해서라고 해도) 일정한 역할을 하기 때문이었다. 다음 장에서 우리는 바로 이 방향으로 나아가게 될 것이다.

더 읽을거리

복지이론 일반에 대한 설명은 다음을 참조하라. Sumner 1981: 5장; Parfit 1984: 부록 I; Griffin 1986: 1-4장; Kagan 1992. 쾌락주의에 대해서는 다음을 참조하라. Broad 1930: 6장; Edwards 1979; Sprigge

1988. 밀의 복지 관념에 대해서는 각주 5에서 인용된 Broad와 그 비판자들의 저작과 함께 다음을 참조하라. Mitchell 1970; Martin 1972; Dahl 1973; West 1976; Berger 1984: 2장; Skorupski 1989: 295-307; Donner 1991: 1-3장; Sumner 1992; Riley 1993.

제3장 경험, 욕구, 그리고 이상

실제적 경험과 비실제적 경험

앞의 제2장에서는 밀의 쾌락주의를 개괄적으로 살펴보았다. 밀은 복지 — 즉, 어떤 삶을 그 주체에게 좋은 것으로 만들어주는 것 — 가 유쾌한 (또는 즐거운) 경험으로 이루어진다고 믿었으며, 또한 그 경험이 그 주체에게 좋은 이유는 그것이 쾌락을 준다는 사실 때문이라고 믿었다. 밀은 이 두 견해를 모두 견지하기 때문에 완전한 쾌락주의자라고 말할 수 있다. 그러나 우리의 경험은 중요한 점에서 서로 다른 두 가지 방식으로 이해될 수 있으며 경험을 둘 중 어떤 방식으로 이해하는지에 따라 복지이론은 다양한 함축을 갖게 된다. 그런데 필자가 이제 곧 제시할 구분은 앞서 제2장에서 다루었던 유쾌한 경험과 쾌락원천 사이의 구분(즉, 수영을 하는 유쾌한 경험과 활동으로서의 수영 사이의 구분)과는 서로 별개라는 점을 지적하는 것이 중요하겠다. 곧 이어질 구분은 유쾌한 경험을 이해하는 서로 다른 두 가지 방식 사이의 구분이다.

우리는 '어떤 것을 경험한다'는 식으로 이야기한다. 만약 내가 샤토 라투르(Chateau Latour) 1970년산을 맛본다면 나는 그 와인을 맛보는 일을 경험하는 것이다. 만약 내가 100미터를 헤엄친다면 나는 100미터를 수영하는 일을 경험하는 것이다. 이러한 실제적 경험(veridical experiences)은 비실제적 경험(non-veridical experiences)과 대조될 수 있다. 비실제적 경험이란 어떤 것을 실제로 겪는 것처럼 느껴지지만 사실은 그렇지 않은 경험을 말한다. 꿈은 대체로 비실제적 경험으로 이루어져 있다. 만약 말을 타는 꿈을 꾼다면 나는 정말로 어떤 경험을 한 가지 하는 것이다. 하지만 그렇다고 내가 승마를 경험하는 것은 아니다. 다시 말해 나는 승마의 실제적 경험을 하는 것이 아니다. 승마의 실제적 경험은 실제로 살아 있는 말 등에 올라타야만 할 수 있는 것이다. 내 꿈속에서는 단지 마치 내가 말을 타고 있는 것 같은 경험을 할 뿐이다.

그러나 만약 내 꿈이 지극히 생생하다면 물론 그 꿈은 실제적 경험이 갖는 특징들을 공유할 것이다. 특히 '내적인 관점에서 보면' 동일한 것으로 느껴질 것이다. 즉, 그 경험 자체는 동일하다고 할 수 있을 것이다. 사실 실제적 경험을 비실제적 경험과 구분하는 것은 (예를 들어 잠에서 깨어나서 그때까지 비실제적 경험을 했다는 사실을 깨닫는 것처럼) 어떤 외부적인 기준을 사용하지 않고서는 불가능할지도 모른다. 밀이 복지는 경험으로 이루어져 있다고 주장했을 때 그는 과연 실제적 경험을 의미한 것일까, 아니면 비실제적 경험을 의미한 것일까? 아니면 둘 다를 의미한 것일까? 그보다 애초에 왜 그것이 문제가 되는 것인가? 다음의 사례를 고려해보자(Nozick 1974: 42-5 참조).

[꿈꾸는 삶] 아메드는 고급 쾌락과 저급 쾌락을 풍부하게 누리는 삶을 살고 있다. 그는 지적 활동과 도덕성 추구에 가능한 한 많은 시간

을 사용하고 이 두 활동을 모두 최대한 즐기며, 남는 시간은 저급 쾌락으로 채운다. 비나는 도로에서 교통사고를 당한 이후 혼수상태에 빠져 있다. 하지만 기억과 상상력이 결합되어 그녀는 머릿속으로 아메드의 경험과 거의 비슷한 경험을 하고 있다.

이 사고 실험에 필요한 신경생리학적 가정들에 대한 걱정은 잠시 접어두자. 실제로는 혼수상태에 있는 사람이 비나와 같은 경험을 하게 될 확률은 거의 없다는 것을 필자도 잘 알고 있으니 말이다. 중요한 점은 이 사례가 복지에 대한 경험이론의 두 가지 다른 버전을 구분할 수 있도록 해준다는 데 있다. 첫 번째 버전인 **실제적 경험이론**에 따르면, 아메드의 삶은 높은 정도의 복지 수준을 보이는 반면 비나의 삶은 무가치하다. 이 이론에서 중요한 것은 특정한 활동, 사건 등에 관한 경험을 실제로 세상 속에서 하는 것이다. 비나의 경험은 그저 마치 국립미술관을 방문하고, 수영을 하고, 친구를 돕는 듯한 경험일 뿐이다.

아메드와 비나는 거의 동일한 경험을 한다. 그렇기 때문에 **광의의 경험이론**에 의하면 이 둘의 삶은 서로 거의 동일한 복지가치를 갖게 된다. 이 이론에 따르면 복지는 경험으로 이루어져 있기 때문에, 이 경험이 실제 세상 속의 삶에서 나온 것인지, 아니면 꿈에서 나온 것인지는 그 주체에게 이 경험이 갖는 가치와 무관하다. 중요한 것은 단지 경험, 즉 내적인 관점에서 그 주체에게 사물이 비추어지는 방식일 뿐이다.

밀의 입장을 다시 고려해보자. 과연 그의 입장은 실제적 경험이론일까, 아니면 광의의 경험이론일까? 그의 견해는 둘 중 어느 쪽으로도 해석될 수 있으므로 우리는 두 가능성 모두를 살펴보아야 한다. 필자는 이렇게 제안할 것이다. 즉, 각 버전이 갖는 (서로 다른) 문제 때문에 둘 다 전혀 경험에 기반하지 않는 복지이론 쪽으로 나아가게 될 것이라고 말이다. 우리는 제2장에서 밀 자신도 이러한 방향으로 나아간다는 사실을 확인한 바 있다.

밀의 이론과 실제성의 가치

광의의 경험이론이 지닌 문제는 분명하다. 이 이론에 따르면, 비나의 꿈꾸는 삶이 비나에게 아메드의 현실 속 삶만큼이나 가치 있다고 결론 내려야 한다. 많은 사람들은 이 결론을 거부할 것이다. 어떤 경험이 그 주체에게 갖는 가치를 결정하는 데는 그 경험이 내적인 관점에서 느껴지는 방식뿐만 아니라 그 경험의 원천 역시 중요한 것이다.[1]

실제적 경험이론을 다루기 전에 잠시, 밀이 정말로 이 이론을 내놓고 있는 것인지 살펴보도록 하자. 유능한 판단자에 대해서 다시 한 번 생각해보자. 밀에 의하면 한 경험이 다른 경험보다 더 가치가 있는 것은 둘 다 경험한 사람이 그렇다고 판단할 경우이다. 그런데 내적인 관점에서 봤을 때는 아메드의 경험과 비나의 경험 사이에 아무런 차이가 없다. 그렇다면 실제적 경험과 비실제적 경험은 내적인 관점에서 봤을 때 서로 구별할 수 없으므로, 유능한 판단자는 두 경험의 가치가 동등하다고 판단할 수밖에 없는 것인지도 모른다.

---

1) 밀의 철학을 전체적으로 보면, 『공리주의』에 대한 광의의 경험 해석을 지지하는 듯한 측면이 적어도 두 가지가 있다. 하나는 밀이 세계가 어떤 의미로 감각경험으로 이루어져 있다고 보는 현상주의(phenomenalism)에 매력을 느꼈다는 점이고, 다른 하나는 그가 쾌락이 감각경험이라는 견해를 받아들이는 것처럼 보인다는 점이다(예를 들어 각각 *E* 9.177-87과 *AP* 31.214, 각주를 참조하라). 그러나 현상주의자들, 그리고 쾌락을 감각경험으로 보는 사람들은 그들이 실제적 경험과 비실제적 경험 사이의 구분을 일관되게 유지할 수 있다는 점을 적어도 어느 정도는 설득력 있게 주장할 수 있다.

다시 한 번 말하지만 인지 선호 검사를 해석할 때는 관대한 태도로 해야 한다. 우리 대부분은, 그것이 꿈속에서든 실제 세상 속에서든, 우리가 어떤 것을 경험했다고 생각했지만 실제로는 그렇지 않을 때 비실제적 경험을 해본 것이다. 그리고 비록 그 경험이 비실제적이라는 사실을 경험 당시에는 모른다 하더라도, 나중에 실제적 경험을 주로 하는 정신상태로 그 비실제적 경험을 되돌아볼 수 있는 경우가 많다. 나는 꿈에서 겪은 비실제적 경험으로서의 승마 경험을 실제적 경험으로서의 승마 경험과 비교해볼 수 있다. 그리고 이 점은 내가 이 두 경험을 각각 다르게 평가하는 일이 적어도 가능하기는 하다는 점을 보여주기에 충분할 것이다.

그렇다면 이제 실제적 경험이론을 살펴볼 차례이다. 많은 사람들은 비나의 삶이 비나에게 좋은 것보다 아메드의 삶이 아메드에게 훨씬 더 좋다는 강한 믿음을 갖고 있으며, 실제적 경험이론은 경험이 진짜라는 점(genuineness)을 중시하기 때문에 이러한 믿음에 근거를 제공해준다. 그러나 밀은 쾌락이나 즐거움을 준다는 속성이야말로 경험을 좋은 것으로 만들어주는 유일한 속성이라고 믿는 완전한 쾌락주의자였다는 사실을 기억하자. 따라서 만약 밀이 실제적 경험이론을 받아들인다면, 그는 아메드의 삶 속의 진짜 경험이 갖는 가치의 원천은 그가 그것을 즐긴다는 점이라고 주장해야 할 것이다. 이 이론에 의하면 오직 진짜 경험만이 가치 있으므로, 그 경험이 진짜로 겪은 것이라는 사실은 물론 그 자체로 중요할 것이다. 그러나 실제성이 복지가치의 원천이나 선-실현 속성이 될 수는 없다. 그럴 경우엔 쾌락주의를 포기해야 할 것이기 때문이다.

여기서 실제적 경험이론이 완전한 쾌락주의와 결합되면 심각한 문제가 생기는 듯이 보일 수도 있다. 아메드의 삶과 비나의 삶은 같은 정도로 즐겁기 때문이다. 만약 복지가 즐거움으로만 이루어진다면, 완전한 쾌락주의는 그들의 삶이 동등한 복지가치를 갖는다고 보아야 할 것이다.

밀을 대신해서 이 반론에 답해보겠다. 밀에 의하면 어떤 경험이 다른 경험보다 더 가치 있는지 여부는 유능한 판단자가 대답할 문제이다. 자신의 경험이 얼마나 즐거운지에 대한 비나의 견해는 유능한 판단자의 견해로 볼 수 없다고 밀은 설득력 있게 주장할 수 있다. 비나는 자신의 경험에 대한 중요한 사실, 즉 그 경험이 비실제적이라는 사실을 모르고 있기 때문이다.

그러나 이런 대응은 앞 장의 끝 부분에 등장했던 문제와 같은 문제를 야기한다. 밀이 지속기간과 강도라는 벤담의 쾌락 가치 평가 기준에 더해서 무엇을 추가했는지 상기해보자. 그것은 바로 경험의 성질(nature) 또는 질(quality)이었다. 그러므로 밀은 아메드의 쾌락이 갖는 유쾌함은 그것이 실제적이라는 사실에 의해 영향을 받으며, 그런 의미에서 그 쾌락이 그에게 갖는 가치는 그것이 실제적이라는 사실에 부분적으로 의존하고 있다는 주장을 그의 완전한 쾌락주의와 상충되지 않는 방식으로 할 수 있다(물론 밀은 정확히 어떤 유쾌함 개념을 염두에 두고 있으며, 또 어떻게 그것이 실제성에 의해 영향을 받는지도 함께 설명해야 할 것이다). 그러나 주목해야 할 점이 두 가지 있다. 첫째, 만약 밀이 이렇게 주장한다면 그는 어떤 경험이 얼마나 유쾌한지는 단지 그 경험의 주체에 의해서만 판단될 문제가 아니라고 보는 아리스토텔레스의 견해로 넘어간 셈이 될 것이다. 둘째, 이러한 견해를 견지할 경우, 밀은 그 경험이 실제적이라는 사실 자체가 그 가치를 증대시켜준다고 말할 수 없다. 그럴 경우 완전한 쾌락주의를 포기하는 일이 될 것이기 때문이다. 그러나 만약 그것이 실제 경험이라는 사실이 그 경험의 유쾌함에 영향을 줄 수 있다면, 그 실제성 그 자체가 가치의 원천이 되지 못할 이유는 무엇인가? 아메드가 겪는 경험은 실제로 공부하고, 미적 감상을 하고, 도덕적 행위를 하고, 먹고, 마시는 진짜 경험이다. 이 경험들을 그에게 가치 있게 만드는 것 중 하나는 그것들이 즐겁다는 것이다(따라서 비나의 삶에도 어느 정도의 복지가치는 존재한다). 그러나 아메드의 경험들이 가진 또 하나의 선-실현 속성은 그 경험들이 공부나 미적 감상 등을 진짜로 하는 경험이라는 점이다.

경험을 넘어서

따라서 우리는 경험이 가진 성질, 특히 실제성이 그 자체로도 직접적으로 경험의 가치를 증대시킬 수 있음을 받아들여야 한다. 우리는 쾌락주의를 넘어 즐거움의 가치뿐만 아니라 실제성의 가치 또한 받아들이는 견해로 나아가야 한다. G. E. 무어(G. E. Moore, 1873-1958) 이래로 우리가 순수 유기적(pure organic) 견해라고 부르는 입장은 그러한 견해의 한 버전이라고 할 수 있다(Moore 1903: 27-31). 이 견해에 따르면, 가령 친구를 도우면서 그것을 즐기지 않는 경험은 그 자체로 아무런 가치가 없다. 마찬가지로 비나가 경험한 즐거움처럼 친구를 돕는 비실제적 즐거움 역시 아무런 복지가치를 갖지 못한다. 가치를 갖는 것은 이 두 가지의 결합이다. 실제적이면서도 즐거운 경험은 가치가 있지만 그 가치는 이러한 특성들이 결합되었을 때 생기는 것이다. 실제적이라는 것이나 즐겁다는 것은 하나씩만 놓고 봤을 때는 복지에 아무것도 더해주지 못한다.

순수 유기적 견해에는 너무 극단적인 면이 있다. 첫째, 비나도 자신의 삶에서 무언가를 얻기는 한다. 비나의 삶은 뇌가 비활성화된 채 아무것도 경험하지 못하는 존재 상태보다는 나은 것이다. 둘째, 어떤 실제적 경험은 그것이 즐겁지 못해도 그것을 경험하는 사람에게 가치 있는 것일 수 있다. 어떤 것도 그리 즐거워하지 않는 다소 뚱한 성격의 한 박물학자를 고려해보자. 그는 지금까지 발견되지 않았지만 생태환경적으로 매력적인 아프리카 지역의 식물군과 동물군을 분류하는 작업에 몰두한다. 비록 그가 분류표를 작성하는 경험을 즐기지 않을지는 모르지만, 이런 작업은 그의 삶을 그 자신에게 더 나은 삶으로 만들어주는 듯하다.

따라서 이제 복지가치는 실제적이고 가치 있는 경험, 그리고/또는 그런 경험의 즐거움에서 나온다고 주장하는 **선언적(disjunctive)** 경험 이론이 더 그럴듯하게 보이기 시작한다. 그러나 이러한 경험이론에도 아직 설명되지 않은 부분이 있는 것 같다. 선언적 이론에 따르면, 내가 참여하는 활동의 복지가치는 그 활동의 경험에서 나오거나, 내가 그 활동에서 느끼는 즐거움에서 나오거나, 아니면 둘 다에서 나올 수도 있다. 그러나 앞서 언급한 아프리카의 박물학자를 고려해보자. 선언적 이론에 따르면 여기서 복지가치는 그의 경험으로 이루어진다. 그러나 그에게 가치 있는 것이 왜 하필 그의 성취의 **경험**이어야 하는가? 어떤 사람에게 가치 있는 것은, 그것이 하나의 경험이라는 사실과는 별개로, 인류 지식의 총합에 커다란 기여를 한다는 그 사실 **자체**라고는 왜 말할 수 없는가? 다시 말해서 성취 그 자체가 가진 성질 속에 복지가치의 또 다른 원천이 있을 수도 있는 일 아닌가?

분류표를 작성하는 일은 물론 특정한 경험을 수반할 것이다. 그러나 이 박물학자의 성취가 그의 경험과 동일한 것은 아닐 것이다. 예를 들어 그가 또 다른 박물학자로 하여금 다양한 종의 조류들 사이에 존재하지만 지금까지 발견된 적이 없는 연관성을 발견하도록 하는 원인을 제공했을 수도 있다. 이러한 종류의 성취는 첫 번째 박물학자에게 그의 삶이 갖는 가치를 증대시켜주는데, 심지어 그 박물학자 자신의 경험은 그런 성취로부터 (가령 그 성취에 대한 소식을 접하지 못했거나 자기 행위의 결과가 일어나기 전에 사망했기 때문에) 아무런 영향을 받지 않는다고 가정한다 해도 그렇다. 따라서 성취는 그 자체로 사람들에게 가치 있는 것이며, 바로 이 점이 왜 우리가 그러한 성취에 수반하는 경험을 가치 있는 것으로 간주하는지를 설명해준다.

그렇다면 모든 복지가치가 (그것이 즐겁든 아니든) 경험에만 있는 것은 아니며, 따라서 복지에 대한 경험이론은 거부되어야 한다는 것이 필자의 결론이다. 필자는 이 시점에서 현재 가장 광범위하게 받아들여지고 있는 복지이론을 제안하여 앞서 지적한 경험이론이 가진 많은 난점들을 풀어보고자 한다. 그 이론은 바로 복지에 대한 **욕구**(desire)이론이다. 앞에서 다루었던 '꿈꾸는 삶' 사례를 고려해보자. (각자의 입장에서 볼 때) 비나의 꿈꾸는 삶이 아메드의 삶보다 못한 이유는 비나의 경우에 더 적은 수의 욕구가 충족되기 때문이라고 주장될지도 모른다. 다른 사람들과 마찬가지로 비나도 꿈꾸는 삶 따위는 살고 싶어 하지 않을 것이다. 로버트 노직이 말했듯이 '우리는 어떤 것을 하기(do)를 원하지, 그저 그것을 하는 경험만 갖기를 원하지는 않는다.'(Nozick 1974: 43) 앞서 언급한 박물학자는 자연세계에 대한 인류의 지식을 증진시키고자 하는 강한 욕구를 가지고 있었을 것이다. 이 욕구가 충족되었다는 사실은, 그가 자신의 성공에 대해 알지 못한 경우에조차 그의 삶이 스스로에게 더 나아졌다고 우리가 생각하게 되는 이유를 설명해준다. 욕구이론은 또한 복지의 원천에 대해 통일된(uniform) 설명을 제공해줄 것으로 기대될 수 있다. 선언적 이론이 거부당할 때부터 이러한 설명을 제공하는 일은 꽤나 절박했다. 그 설명이란 다음과 같다. 즉, 어떤 경험, 즐거움, 활동, 또는 상태를 가치 있게 만들어주는 것은 바로 그것들이 사람들이 가진 욕구를 충족시켜 준다는 사실이라는 것이다. 밀도 때로는 욕구이론가로 해석되기도 하는데, 그 한 가지 이유는 그가 인지 선호 검사를 제시할 때에 선호 개넘을 통해 했던 작업 때문이다. 필자는 밀에 대한 이러한 해석을 받아들이지 않는데, 이런 해석에 반대할 만한 이유는 이어질 두 절에서 나올 필자의 논변이 보여줄 것이다. 욕구이론은 다음과 같은 이유로 좀 더 자세히 살펴볼 만한 가치가 있다. 즉, 첫째, 욕구이론은 쾌락주의에 대한 대안을 제시해줄 가능성이 크고, 둘째, 복지에 대한 현대적 논의의 맥락에서 밀의 견해를 조명해보려면 욕구이론에 대해 어느 정도 파악해둘 필요가 있으며, 마지막으로 욕구이론이 가진 결점은 우리로 하여금 밀 자신이 가던 방향으로 다시 돌아가도록 한다.

욕구이론

앞 장에서 쾌락주의에 대한 논의를 시작하면서 필자는 복지이론이 실질적 구성요소와 설명적 구성요소를 모두 갖는다는 점을 언급한 바 있다. 실질적 구성요소는 무엇이 당신을 잘 살도록 해주는지 말해준다. 예를 들어 밀은 다양한 종류의 유쾌한 경험을 겪음으로써 잘 살게 된다고 믿었으며, 바로 이 점 때문에 그는 쾌락주의자인 것이다. 복지이론의 설명적 구성요소는 과연 실질적 구성요소가 복지가치를 갖는다고 말하는 그 대상의 **어떤 점** 때문에 그것이 사람들에게 좋은 것인지를 말해줄 것이다. 우리가 살펴보았듯이 밀은 유쾌한 지적, 도덕적 경험이나 다른 즐거운 경험들은 그것들이 유쾌하거나 즐거운 한에서만 나의 복지에 기여하는 것이라고 생각했다. 즉, 그 경험들이 가치 있는 이유는 바로 그것이 쾌락을 준다는 점 때문이다. 바로 이 점이 밀을 완전한 쾌락주의자로 만든다.

설명적 구성요소에 관해서는 서로 의견을 달리하는 복지이론가들도 실질적 구성요소에 관해서는 동의할 수 있다. 예를 들어 어떤 욕구이론은 복지가 유쾌한 경험으로 이루어진다고 하는 쾌락주의의 한 형태일 수 있다. 그러나 이 욕구이론을 주장하는 사람은, 그런 경험이 그 주체에게 가치 있는 이유는 그것이 쾌락을 주기 때문이 아니라 그것이 욕구를 충족시켜주기 때문이라고 말할 것이다. 한편 또 다른 이론가는 복지가 욕구의 충족으로 이루어지는 것은 맞지만, 이 욕구 충족이 그 주체에게 가치 있는 이유는 그 충족이 유쾌하기 때문이라고 말할 수 있을지도 모른다. 이런 입장은 완전한 쾌락주의의 설명적 구성요소는 받아들이면서도 실질적 구성요소는 거부하는 입장이라고 할 수 있다. 필자는 이미 쾌락주의에 대해 논의한 바 있으며, 나중에는 욕구이론과 다소 겹치는 부분이 있는 제3의 복지이론에 대해 논의할 것이다. 따라서 나는 이제부터 완전한 욕구이론에만 논의를 한정할 것이다. 완전한 욕구이론에 따르면, 복지는 욕구의 충족으로 이루어지며, 삶에서 욕구의 대상이 되는 것들의 존재가 좋은 이유는 그것들이 욕구를 충족시켜주기 때문이다.

내가 현재 욕구(present desire) 이론이라고 부르는 이론은 완전한 욕구이론의 가장 명백한 버전일 것이다. 현재 욕구 이론에 따르면 한 사람의 복지는 현재 그 사람이 가진 욕구의 충족으로 이루어진다. 이 견해가 갖는 문제는 복지에 관한 판단이 특정한 시간에 대해 상대적이 되어버린다는 점이다. 딱히 비합리적인 사람이 아니라고 해도 인간은 종종 비합리적이 될 때가 있다. 예를 들어 알차고 다양한 삶을 사는 나름대로 양식 있는 사춘기 소녀를 고려해보자. 어느 날 저녁 어머니가 이 소녀의 나이트클럽 출입을 금지시킨다. 소녀는 격분해서 어머니의 침실로 달려가 침대 안에 숨겨진 권총을 집어 들어 권총을 자기 머리에 겨눈다. 이 시점에 이 소녀가 가진 유일한 욕구는 어머니에게 앙갚음하려는 욕구뿐이다.

이 시점에서는 죽는 것이 소녀가 가진 가장 강력한 욕구이므로, 현재 욕구 이론에 따르면, '이대로 계속 사느니 죽는 게 낫다'라는 판단은 적어도 이 시점에서는 이 소녀에 대해 참이다. 그러나 소녀의 어머니가 나이트클럽 출입을 금지하기 전까지만 해도 이 판단은 거짓이었을 것이다. 그때는 소녀가 가진 욕구도 현재와 달랐을 것이기 때문이다. 이는 현재 욕구 이론이 모순을 낳는다거나, 아니면 이 이론이 실제로는 복지에 관한 이론 — 즉, 한 사람의 삶을 어떻게 평가해야 하는지에 대한 이론 — 이 아니라 특정 시점에서의 복지에 관한 이론에 불과하다는 함축을 낳는다. 둘째, 이 소녀가 자기 머리에 총을 겨누고 있는 시점에서 이 이론이 이 상황에 대해 어떤 판단을 내놓든, 그 판단은 이치에 맞지 않아 보인다. 이 이론은 이 소녀가 방아쇠를 당길 경우에 자신의 복지를 증진시키게 될 것이라고 말해야 하기 때문이다.

포괄적(comprehensive) 욕구이론은 사람의 삶에 대해 훨씬 더 폭넓은 관점에서 접근한다. 이 이론에 따르면 복지는 한 주체의 삶 전체에 걸친 욕구들이 최대로 충족되는 데 있다. 포괄적 욕구이론의 가장 전형적인 버전은 각 욕구의 강도에 따라 그 비중을 결정한 후에 그 욕구들을 합산할 것이다. 그러므로 강도와 양이 서로 어떻게 교환될 것인지에 대한 판단이 가능하다는 가정하에, 나에게 가장 좋은 삶은 강도 높은 욕구들이 최대한 많이 충족되는 삶일 것이다. 이러한 순수 합산(purely summative) 이론이 갖는 문제는 다음 사례에서 드러나게 된다(Parfit 1984: 497에서 참조).

[중독] 나는 당신에게 매일 마약을 주사를 놓아줄 것을 제안한다. 매일 아침 당신은 마약에 향한 매우 강렬한 욕구를 가진 채 깨어날 것이고 나는 그 욕구를 충족시켜줄 것이다. 마약 주사의 효과는 즐겁지도 고통스럽지도 않을 것이다.

순수 합산 이론에 의하면 이 사례에서 당신은 나의 제안에 기뻐해야 한다. 왜냐하면 나는 아주 많은 수의 매우 강렬한 욕구를 충족시킬 기회를 당신에게 주는 것이기 때문이다. 그러나 나는 당신이 애초에 그런 욕구들을 갖지 않는 편이 더 낫다고 생각하여 이 제안을 거절할 것이라고 예상한다. 그렇다면 포괄적 이론의 광범위한(global) 버전이 더 설득력 있을 것 같다. 순수 합산 이론은 현재 욕구 이론과 마찬가지로 너무 좁은 범위에 초점을 둔다는 문제를 갖고 있다. 현재 욕구 이론은 어떤 사람의 복지에 대한 판단을 그 사람의 삶의 특정 시점에 대해 상대적인 것으로 만든다. 순수 합산 이론은 삶 전체에 대한 판단을 가능하게 하기는 하지만, 어떤 경우에는 그 판단 자체가 단기적 욕구에 근거한 것에 불과할 수도 있다. 광범위한 포괄적 이론은 사람들이 자신의 삶이 전체적으로 나아갈 방식에 대해서도 선호를 갖는다는 사실을 수용할 수 있다. 이는 나의 복지가 최대화되는 것은 내가 가장 선호하는 방식으로 살려는 욕구가 충족될 때라는 것을 나타낸다. 현재 실제로 살아가는 방식이 선호하는 삶의 방식에 부합될수록 나는 좋은 삶을 사는 것이다. 당신은 내가 제공하는 마약에 의존하는 삶을 선호하지는 않을 것이므로, 그런 삶은 당신에게 있어 그런 의존성이 없는 삶보다 덜 좋은 삶이 될 것이다.2)

그러나 이런 광범위한 이론에도 문제가 있다. 수도원 안에서만 자라서 바깥세상에 대해서는 전혀 모르는 고아 소년의 사례를 고려해보자. 이 소년은 수도사, 요리사, 정원사의 삶 중 하나를 선택할 수 있다. 그는 수도사의 삶을 선택한다. 그러나 그의 성격으로 미루어볼 때 만약 수도원 밖에서 어떤 삶들을 선택할 수 있는지 알았더라면 그는 수도사의 삶보다 바깥세상에서의 삶들을 훨씬 더 선호했을 것이다.

---

2) 광범위한 포괄적 이론이 합산 자체를 허용하지 않는 것은 아니며, 이 이론이 받아들이지 않는 것은 순수 합산 이론이 보여주는 특유의 합산 방식뿐이라는 점에 주목하라.

광범위한 욕구이론에 따르면, 이 소년의 복지는 삶을 아예 박탈당하거나 요리사나 정원사의 삶을 사느니 수도사의 삶을 살려는 욕구의 충족으로 이루어질 것이다. 이 점에 대해서는 우리도 동의할 수 있을지도 모른다. 그러나 이 소년은 수도원 밖에서 더 잘 살 수 있을 것이기 때문에, 이런 식으로 선택된 수도사로서의 삶은 그에게 있어 최선의 삶은 아닐 것이다. 어떤 사람이 자신에게 열려 있는 선택지에 대해 알지 못했기 때문에 생겨난 선호에 근거해서 그의 복지를 평가해서는 안 될 것이다. 인지 욕구(informed desire) 이론에 따르면, 최선의 삶이란 자신에게 열려 있는 다양한 선택지에 대한 정보를 완전히 인지하고 있는 경우에 욕구할 만한 삶이며, 그에게 최대의 복지는 바로 그 선호나 욕구가 충족되는 데 있다. 다시 말해서, 이러한 욕구의 충족이 이 삶을 그 주체에게 최선으로 만들어주는 것이다.

욕구와 이성

이제 우리는 모든 욕구이론이 공통적으로 갖고 있는 극복하기 힘든 문제에 도달하였다. 그 문제란 욕구이론이 스코틀랜드 철학자 데이비드 흄(David Hume, 1711-76)의 입장에 대한 특정한 해석에 기초한 어떤 견해에 의존하고 있다는 사실이다(예: Hume 1739-40: 3권, 1절; 1751: 부록 1 참조). 이 견해는 무엇이 좋은 것인지에 대해서는 참과 거짓을 논할 수 없기 때문에 욕구에 대해서는 이러한 논의에 기반한 합리적 비판이 불가능하다는 견해이다.3) 다시 말해 어떤 사람이 욕구하는 대상이 다른 대상에 비해 그 사람에게 덜 좋다고 비판할 수 있

---

3) '복지가 욕구 충족으로 이루어진다'는 명제 자체도 사실은 무엇이 좋은 것인지에 대해 참, 거짓을 논하는 주장에 해당되는 것은 아닌지 여부는 비록 중요한 문제이기는 하지만 여기서는 다루지 않겠다.

는 것은, 오직 그 사람이 실제로 가진 욕구나 특정한 조건하에 가졌을 욕구를 그 판단 기준으로 삼았을 경우뿐이다. 따라서 욕구이론은 우연성에 의해 좌우될 위험이 있다. 예를 들어, 자신에게 가능한 선택지들에 대해서 충분히 인지한 채로 자신이 억압받는 사람들에게 많은 도움을 주는 성공적인 정치가가 될 수 있다고 올바르게 판단하는 한 사람의 사례를 생각해보자. 그런데 그는 아동 성욕을 가졌기 때문에 성공한 정치가의 삶보다 성공적이지 못한 교사로서의 삶을 더욱 강력하게 원한다.

이 사례의 주인공은 가능한 선택지에 대해서 충분히 인지하고 있음에도 불구하고, 다른 사람들뿐 아니라 그 자신조차 자신에게 가능한 다른 삶들보다 훨씬 못한 삶이라고 판단할 법한 삶을 가장 강하게 욕구한다. 아무리 관련 정보를 모두 알고 있는 상태라고 해도 자신의 복지에 대해 스스로 내린 판단이 자기가 가장 원하는 것과 어긋날 수가 있는 것이다. 욕구이론의 옹호자는 이 시점에서, 어떤 것이 나의 삶을 더 좋게 만들어준다면 그 이유는 그것이 내가 실제로 가진 욕구를 충족시켜주기 때문이라는 요건을 포기할 수도 있다. 그 대신 복지는 만약 내가 (1) 합리적이고(즉, 강렬한 성욕과 같은 유혹에 넘어가지 않고) (2) 관련 정보에 대해 충분히 인지하고 있었더라면 내가 가졌을 광범위한 욕구들을 충족시켜줬을 법한 대상들로 이루어진다고 말할지도 모른다.

그러나 비록 이런 추가적 제약사항이 그러한 선호들과 복지에 대한 반성적 판단이 서로 일치할 가능성을 높여주기는 하지만, 반드시 그런 것만은 아니다. 어떤 사람의 합리적이고 정보에 입각한 광범위한 선호가 꽤나 이치에 맞지 않는 사례를 상상해볼 수 있기 때문이다(이 사례는 Rawls 1971: 432에서 가져온 것이다).

[잔디 세는 사람] 합리적이고 정보에 입각한 선택을 할 수 있는 상황에서, 카라는 훌륭한 성취를 이룩하고 우정, 사랑, 그리고 쾌락을 누리는 삶을 살 수 있음에도 불구하고 잔디 잎의 수를 세면서 사는 삶을 가장 강하게 욕구할 것이다.

인지 욕구 이론에 따르면 잔디를 세는 삶이 카라에게 더 나은 삶이라고 해야 할 것 같다. 이 사례에 대해서 인지 욕구 이론가가 카라는 일종의 정신 신경증을 앓고 있는 것이 틀림없다고 반박할지도 모르겠다. 그러나 이러한 반론은 필자가 앞에 제시한 논변에서 계속 언급했던 내용을 더욱 선명하게 보여줄 뿐이다. 즉, 이 반론은 특정한 욕구 이론에 대한 선택은 사람에게 무엇이 좋고 무엇이 나쁜지에 대한 선입견에 기반해서 이루어진다는 점을 보여준다.

우선 현재 욕구 이론이 거부된 이유는 무의미한 자살로 인해 마감되는 짧은 삶은 길고 행복한 삶보다 못하다는 우리의 판단 때문이었다. 합산 이론은 중독적 갈망의 만족에 사로잡히는 것은 좋을 게 없다는 판단 때문에 거부되었다. 광범위한 이론은 고아 소년이 수도원 밖에서 더 나은 삶을 살 수 있을 가능성이 있기 때문에 거부되었다. 합리성 요건을 포함하지 않은 첫 번째 인지 욕구 이론은, (특히 아동 성욕 때문에) 성공적이지 못한 교사로서 살아가는 것은 정의로운 정치가로서 살아가는 것보다 나을 수 없다는 이유로 거부되었다.

욕구이론가에게는 잔디 세는 사람의 사례가 최후의 보루였고, 이제는 포기해야 할 때가 온 것 같다. 누군가가 자신에게 최선인 무언가를 향한 것이 아닌 욕구를 갖는 경우는 종종 있을 수 있다. 나는 기차에서 낯선 사람을 만나 그가 장차 성공하기를 강하게 욕구할 수 있다. 내가 그를 잊은 후 오랜 뒤에 그가 성공하여 나의 욕구를 충족시켜줄 수도 있겠지만, 그의 성공은 나의 복지에 어떤 식으로도 기여하지 못할 것이다.4) 그리고 우리가 살펴보았듯이 당사자 자신의 삶에 더 직접적으로 관계된 욕구들조차도 그 사람의 복지에 부합되지 않을 수도 있다. 그렇다면 욕구이론은 앞서 다루었던 경험이론의 대안을 제공하는 데 실패하게 되는 것이다.5)

도대체 왜 욕구이론이 가장 널리 받아들여지는 복지이론이 된 것일까? 그 한 가지 이유는 아마도 자신의 복지에 대한 결정은 스스로 내려야 한다는 자유주의적 이념의 매력 때문인 것 같다(Scanlon 1993: 187-8). 선호 순서의 결정(preference-ranking)도 역시 복지의 대인 비교를 가능하게 해주는 것으로 여겨질 수도 있다. 그러나 또 한 가지 이유는 복지이론에 있어서 실질적 구성요소와 설명적 구성요소를 명확하게 구분하지 못한 것이다. 어떤 사람의 욕구의 충족이 그의 삶을 더 좋게 만들어준다는 의견은 일반적인 관점에서 볼 때 상당히 설득력 있다. 그 이유는 욕구가 좋은 것을 향해 있는 경우가 많기 때문이다. 실제로 우리는, 가령 진흙 한 접시(a saucer of mud)를 가지려는 욕구처럼, 추가적 설명 없이는 좋은 것을 향한 욕구로나 좋은 것을 얻는 수단을 향한 욕구로 보기 힘든 욕구는 잘 이해하거나 설명하기가

---

4) 이 사례는 Parfit 1984: 494에서 가져온 것이다. 이러한 욕구의 충족까지도 복지의 계산에 넣는 이론을 거부한다면, 그것도 역시 복지에 대한 선입견에 기반한 거부일 것이다.

5) 욕구이론가들은 복지에 대한 무반성적인 믿음이나 '직관'으로부터 '정합론적 (coherentist)'인 지지를 얻을 수 있고, 그런 믿음이나 직관을 통해 이론을 정제할 수 있다고 주장될 수도 있다. 그러나 필자의 요지는 그러한 믿음 자체가 욕구 충족이 복지의 유일한 구성요소가 아니라는 사실을 암시한다는 것이다. 복지에 관한 믿음의 경우에는 도덕의 경우보다 이념에 의해 왜곡될 가능성이 적기 때문에, 필자 역시 무반성적 믿음을 복지에 대한 지침으로 사용할 때는 도덕에 대한 지침으로 사용할 때보다 덜 주저하는 편이다. 복지에 대해서는 거짓 믿음을 갖기가 더 어렵고, 복지의 경우 사회적 통제도 덜 필요하다.

어렵다(Anscombe 1957: 70). 그런 욕구는 보통 갈망(cravings), 그것도 비합리적인 갈망이라고 일컬어진다.

그러나 욕구가 충족된다는 점 자체 때문에 욕구 충족이 그 주체에게 좋은 것이라는 생각은 전혀 설득력이 없다. 만약 이런 생각이 설득력이 있는 것이었다면, 우리가 진흙 접시 사례와 같은 경우를 보고 곧혹스러워하지도 않았을 것이다. 우리가 어떤 것을 욕구할 때는 보통 그것이 그 욕구와는 독립적인 어떤 의미에서 좋은 것이라고 생각해서 욕구하는 것이다(Williams 1973a: 261 참조).[6] 욕구를 충족시켜준다는 속성은 선-실현 속성이 아니며, 따라서 욕구이론과 더불어 욕구이론에 기반한 현대의 복지 경제학이나 여타 분야에 드러나 있는 많은 생각들은 잘못된 것이다.

이상

우리의 삶이 우리에게 좋은 이유는 그 삶이 우리에게 좋은 무언가를 가지고 있기 때문이며, 그 무언가는 그것을 좋은 것으로 만드는 특정한 속성을 실현하고 있기 때문에 좋은 것이다. 복지와 그 원천을 이해하는 가장 좋은 방법은 특정한 핵심 가치들에 대해 집중적으로 논의해보는 것이다. 여기서 핵심 가치란 가령 '성취'와 같이 개인의 삶에서 구체적으로 실현되는 추상적 개념을 의미한다. 이런 접근법은 고대 그리스 시대의 방법으로의 회귀가 될 것이다. 그리스 철학자들 사이에서 복지에 관한 논의는 복지를 구성한다고 여겨지는 하나 또는 그 이상의 가치들에 대해 의견을 제안하고 토론하는 방식으로 이루어

---

6) 이 점은 유능한 판단자가 갖는 증거로서의 지위와 관련이 있다. 즉, 유능한 판단자는 자신이 가진 (경험에 근거한) 믿음 때문에 저급 쾌락보다 고급 쾌락을 더 원하는 것이다.

지는 경우가 많았다. 아리스토텔레스는 자신의 스승인 플라톤을 따라 복지에 대한 올바른 이론은 더 발전할 수 없어야 한다는, 즉 완전해야 한다는 개념적 요건이 갖는 중요성을 강조하였다.7) 복지란 쾌락과 지식으로 이루어지는 것이라고 내가 당신에게 말했다고 생각해보라. 당신은 비록 이 가치들이 중요한 것은 분명하지만 우정 역시 복지에 포함되어야 한다고 생각할지도 모른다. 그렇다면 이런 식으로 좋은 것들과 가치들을 열거하는 복지관을 비판하는 데는 두 가지의 방식이 있는 것이다. 첫 번째는 주장된 특정한 가치가 복지의 구성요소 목록에서 빠져야 한다고 주장하는 것이고, 두 번째는 그 목록이 불완전하다고 주장하는 것이다.

복지의 구성요소 목록은 어떻게 결정되는가? 단지 자신의 믿음이나 (많은 철학자들이 부르듯이) '직관', 그리고 자신의 욕구에서 출발해서(욕구는 좋은 것을 향해 있으므로 욕구의 대상은 그 목록에 포함될 만한 후보가 될 수 있다), 그것들에 대해 계속해서 반성적으로 고찰하는 방법이 있다. 예를 들면 쾌락이 복지의 한 구성요소라는 믿음에서 출발할 수 있다. 쾌락이 하나의 가치라고 말할 때 나는 유쾌한 경험이 그 자체로 가질 만한 가치가 있다는 것을 의미하는 것이며, 여기서 더 나아가 유쾌한 경험은 그것이 쾌락을 주는 한에서 가치가 있는 것이라고 규정할 수도 있다. 이때 나는 그러한 경험으로만 이루어진 존재 상태는 그 주체에게 좋을 것이라고 말하는 것이다. 여기서 나는 아리스토텔레스의 완전성 요건에 더해서, 어떤 가치가 그 자체로 갖는 가치의 정도는 그것을 '고립시켜' 고찰함으로써 그것이 가진 모든 가치가 식별될 수 있도록 할 때 가장 잘 이해될 수 있다는 무어의 생각을

---

7) Aristotle *c.* 330 BC: 1097b14-20, 그리고 1172b23-34를 참조하라. 여기서 아리스토텔레스는 Plato *c.* 360 BC: 20e-22c, 60b-61a를 참조로 한다. Crisp 1994도 참조하라.

추가한 것이다(Moore 1903: 91). 완전성 요건과 고립화 방법, 이 두 가지 방법론적 수단은 복지이론을 구성하는 데 필요한 가장 중요한 도구들이다.

필자는 이 절의 제목을 무어의 책 마지막 장에서 따왔다. '이상(the ideal)'이란 올바르게 이해된 복지이며, 하나의 삶은 그것이 이 이상으로부터 가치들을 실현해내는 정도만큼 그 주체에게 좋을 것이다. 따라서 그 이상은 쾌락주의적일 수도 있다. 그리고 욕구이론을 오직 욕구 충족의 가치만을 포함하는 이상이론으로 간주할 수도 있다. 이상이라는 넓은 개념을 도입하는 이유는 쾌락주의적이지도 않고 욕구 충족으로만 이루어지지도 않은 가치들을 포함하는 이론의 가능성을 허용하기 위해서이다. 필자는 쾌락주의와 욕구이론을 넘어서는 이러한 이론을 폭넓은 이상(broad ideal)이론이라고 부를 것이다. 이 시점에서 우리는 다시 한 번 밀의 복지이론을 분명하게 살펴볼 수 있다. 필자는 이미 밀이 쾌락주의자라고 주장한 바 있으므로, 그는 폭넓은 이상이론가로 간주될 수 없다. 그러나 밀의 입장은 현대의 욕구이론보다는 폭넓은 이상이론에 훨씬 가깝다. 여기에는 두 가지 이유가 있다. 첫째, 설득력 있는 폭넓은 이상이론이라면, 유쾌한 경험이 적어도 삶을 살 만한 가치가 있는 것으로 만들어주는 무언가의 일부여야 하기 때문에 쾌락주의의 통찰을 받아들이면서도, 한편으로는 욕구 충족은 좋은 것이 아니라는 이유로 욕구이론으로부터는 거리를 둘 것이기 때문이다. 두 번째 이유는 제2장에서 보았듯이 밀은 쾌락주의를 넘어 폭넓은 이상이론으로 가까이 다가가기 때문이다. 만약 밀이 즐거움 요건에 대한 주장— 즉, 고귀함 등은 그것이 경험의 즐거움에 영향을 주는 한에서만 그 경험에 가치를 더해줄 수 있다는 주장— 만 포기했더라면 그는 이미 폭넓은 이상이론가였을 것이다. 어떤 의미로 이것은 작은 차이에 불과할 수 있다. 비록 밀에게는 이러한 주장이 벤담과 아버지

96

로부터 물려받은 쾌락주의의 유산과 거리를 두게 만드는 커다란 차이를 의미할지도 모르지만 말이다.

무어 자신은 이상에 대해 다음과 같은 관념을 갖고 있다: '우리가 알거나 상상할 수 있는 것 중에서, 가장 가치 있는 것은 단연 특정한 의식상태이다. 그 의식상태는 거칠게 말해 인간 상호간의 교류에서 오는 쾌락과 아름다운 대상의 감상에서 오는 즐거움이라고 할 수 있다.'(Moore 1903: 188) 무어가 이 입장을 뒷받침하기 위해 제시하는 논변을 잠시 살펴보도록 하자. 우리는 복지의 구성요소를 경험에만 제한하는 일이 바람직하지 못하다는 사실을 이미 보았으며, 그 주된 근거는 이 장의 초반부에 제시된 완전성 요건에 기초한 논변에서 찾을 수 있다. '이상'의 폭넓은 개념을 도입한 이유는 경험이 아닌 무언가를 복지에 포함시키기 위해서였다. 그러나 우리가 (친구가 나를 존중한다는 사실 등과 같은) 우정의 비경험적 측면이 포함되도록 하여 무어의 이론을 확장시킨다 해도, 이 이론에는 여전히 결함이 있다. 우정과 심미적 즐거움은 분명 복지의 중요한 구성요소인 것 같다. 그러나 좋은 삶에는 당연히 이 두 요소 외에 다른 요소도 있는 것이 아닐까?

예를 들어, 무어가 언급한 블룸스버리(Bloomsbury) 쾌락 외에도 다른 즐거움이 존재한다. 순전히 감각적인 쾌락, 지적 즐거움, 신체적 운동에서 오는 상쾌함 등이 모두 복지의 구성요소에 포함되어야 한다. 아마 '쾌락'을 더 넓게 사용하면 이런 것들을 포함할 수 있을 것 같다. 다음 작업은 어떤 종류의 쾌락이 어느 정도로, 그리고 어떤 이유로 포함되는지를 고려하는 일이 될 것이다(물론 이것은 밀이 『공리주의』 제2장에서 착수하는 작업이다). '사디즘적인(sadistic) 쾌락도 포함되는가?' '그 원천을 잘못 알아서 생기는 쾌락도 포함되는가?' 등의 질문들을 던질 수 있는 것이다.

존 피니스(John Finnis)는 그의 저서 『자연법과 자연권(*Natural Law and Natural Rights*)』에서 더욱 풍부한 복지 관념의 윤곽을 제시한다 (1980: 85-90). 그는 다음을 좋은 삶의 구성요소로 제시한다. 생명, 지식, 유희, 심미적 경험, 사교성(우정), 실천적 합당성(practical reasonableness), 그리고 종교. 미적 쾌락과 우정은 필자가 이미 포함시킨 바 있다. 종교가 복지가치에 해당되는지 여부는 신의 존재 여부에 달려 있을 것이다. 이 문제를 여기서 논하고 싶지는 않으므로 이 가치는 제쳐두기로 하겠다. 유희도 필자가 제시한 넓은 의미의 '쾌락'에 포함될 수 있을 것이다. 생명은 복지를 위한 조건에 불과하므로 배제하도록 하겠다. 생명 그 자체로는 좋지도 나쁘지도 않다. 극도로 원시적인 단세포생물을 생각해보자. 그것이 살아 있다는 사실만으로 그 존재의 복지가치에 조금이라도 보탬이 되겠는가?

이제 지식과 실천적 합당성을 고려해보자. 이 둘은 모두 중요한 가치이다. 어쩌면 지식은 '이해(understanding)'로 간주되는 편이 나을 것 같으며, 여기서 이해는 주로 **중요한** 것들에 관한 이해로 여겨져야 할 것이다. 기차 시간표를 달달 외워서 생긴 지식의 경우를 보면 알 수 있듯이, 단순한 지식은 그것을 익히고, 사용하고, 생각하는 일이 유희로서 쾌락을 줄 수 있다는 점 외에는 복지에 기여하기가 어렵다. 다른 사람들에 대한 이해, 우리가 속한 제도의 본질에 대한 이해, 온실효과나 마르크스의 저작 등에 대한 이해는 복지를 구성한다고 설득력 있게 주장될 수 있을 것 같다.

어쩌면 '실천이성(practical reason)'이라고 부르는 편이 나을지도 모르는 '실천적 합당성' 역시 폭넓은 이상에 포함될 만한 강력한 후보이다.8) 자신의 삶을 스스로 관장할 수 있도록 허용하고 장려하는 것,

---

8) 이 시점에서 밀의 『자유론』의 제3장의 제목, '복지의 한 요소로서의 개별성에 관하여'를 참조하라. 이 부분에 대해서는 제8장에서 좀 더 논의할 것이다.

즉 자신의 삶의 방식에 대해 자율적이고 정보에 입각한 비강제적 결정을 내릴 수 있도록 해주는 것은 인간에게 매우 중요하다. 이 가치가 갖는 한 측면은 도구적인 측면이다. 밀이 잘 알고 있었듯이, 자기 자신은 거의 언제나 어떤 것이 스스로에게 최선일지 여부에 대한 가장 좋은 판단자이다. 어떤 사람은 자신의 복지에 관해서 다소 잘못된 판단을 할 수도 있다. 그러나 그런 경우에도 그 사람 대신 결정을 내려주는 일은 오히려 그 사람에게 더 안 좋을 수도 있는데, 특히 그러한 대리 결정이 그 사람에 대한 달갑지 않은 간섭을 의미하는 경우에는 더욱 그렇다. 그러나 다음 사례에서 볼 수 있듯이, 실천이성은 그 자체로도 가치가 있다(Griffin 1986: 9에서 발췌; *SW* 4.20 참조).

[위원회] 당신이 22세가 되던 해, 친구와 가족으로 구성된 위원회가 당신에게 접근한다. 당신이 원하기만 하면 위원회에서 당신의 삶을 대신 관장해줄 것이라고 한 위원이 당신에게 제안한다. 위원회는 당신이 어떤 직업을 택해야 하는지, 어디에 살아야 하는지, 어떤 취미를 가져야 하는지 등을 결정할 것이다.

우선 당신은 아마도 그 위원회가 실제로 올바른 결정을 내리지 못할지도 모른다고 의심을 품을 수도 있다. 하지만 일단 그런 의심은 제쳐두도록 하자. 즉, 당신이 스스로 내렸던 결정들은 매우 형편없었던 반면, 그 위원회는 다른 사람들과의 성공 사례를 증거로 제시함으로써 그 판단 능력을 증명할 수 있다고 가정해보자. 그럼에도 불구하고 이런 식으로 당신 삶을 관장할 권한을 남에게 넘겨주는 것은 잘못이다. 삶을 살 만한 가치가 있는 것으로 만들어주는 조건들 중의 하나는 자신의 삶을 스스로 관장하는 것이다. 비록 위 사례의 위원회 같은 존재가 결정을 내리는 경우보다 스스로 결정을 내릴 경우에 더 많은 실수를 하게 된다 해도 말이다.

자신의 삶을 스스로 관장하는 것은 그 자체로 좋다. 따라서 피니스가 그의 복지가치 목록에 실천이성과 같은 것을 포함시킨 것은 옳은 판단이라 할 수 있다. 그러나 자신의 삶을 가지고 무엇을 하는지도 분명 중요한 문제이다. 무엇을 하는지의 문제는 성공적인 실천적 추론(practical reasoning)을 하는지에 관련된 문제이지만, 그것만이 전부는 아니다. 이러한 가치를 '성취(accomplishment)'라고 부르도록 하자(Griffin 1986: 색인, s.v.; 위 50-1 참조). 이해의 경우와 마찬가지로, 성취라는 가치를 명료화하는 데 있어서도 무엇이 중요한지에 관한 관념이 제 역할을 해주어야 한다. 단순히 성공만으로는 충분하지 않다. 잔디 세는 사람에게도 그런 성공은 가능하기 때문이다. 순수하게 연구에만 몰두하는 과정에서 운 좋게 에이즈 치료약을 발견하는 사람의 경우를 생각해보면, 특정한 것을 정확히 성취하려는 의도가 반드시 요구되는 것도 아니다. 성취는 탁월성(excellence)의 달성과 관련이 있어 보이며, 많은 경우 탁월성을 달성하는 일은 적어도 어느 정도는 운에 달려 있다. 필자는 도덕적, 지적, 혹은 신체적 능력 등이 높은 수준으로 실현된 그런 삶의 영역을 염두에 두고 있는 것이다.

권위주의, 자각, 다원성, 그리고 식물

다른 몇몇 철학자들이 제시한 이상을 살펴보고 난 뒤 이제 필자는 우정, (심미적 즐거움을 포함한) 쾌락, 이해, 실천이성, 그리고 성취 등의 복지가치들의 임시 목록을 갖게 되었다. 필자는 이런 가치들이 삶을 살 만한 것으로 만들어준다고 제안하고 있는 것이다. 그리고 이미 언급했듯 이 목록은 두 방향에서 비판받을 수 있다. 즉, 포함하지 말아야 할 것을 목록에 넣었다거나, 아니면 포함해야 할 가치를 넣지 않았다는 비판을 받을 수 있는 것이다. 필자가 제시한 목록은 전혀 완전한 것이 못 된다. 인간에게 가능한 가치 있는 삶의 형태가 얼마나 다양한지, 그리고 이런 삶들이 좋을 수 있는 방식은 또 얼마나 다양한지를 고려한다면(삶과 그 구성요소는 매력 있거나, 심오하거나, 재미있거나, 흥미를 유발하거나, 신나거나, 창조적이거나, 만족스럽거나, 독특하거나 할 수 있다), 이 목록이 얼마나 불완전한지를 더 분명하게 알 수 있다. 삶을 그 주체에게 좋은 것으로 만들어주는 속성들의 목록은 어마어마해서, 수천 년 동안 철학자들이 이 문제로 씨름해왔지만 우리는 아직도 이 목록을 이해하는 데 있어 그리 큰 진보를 이룩하지 못했다. 이 문제에 관해서 연구되어야 할 바가 아직 많이 남아 있으므로, 필자의 목록을 추가적으로 정당화하려 하기보다는 앞에서 제시했던 폭넓은 이상이론에 대한 몇 가지 일반적인 의문에 답하는 것으로 결론을 대신하겠다.

첫째는 권위주의(authoritarianism)에 대한 의문이다. 폭넓은 이상이론은 엘리트주의 또는 간섭주의(paternalism)라는 근거에서 비판을 받아온 바 있다. 밀 자신의 이론 역시 (필자가 이 이론을 쾌락주의적인 좁은 이상이론으로 간주했음에도 불구하고) 이러한 비판을 받는데, 그의 이론은 다양한 유쾌한 경험들이 갖는 가치의 정도를 그 경험 주체가 스스로 결정하도록 내버려두지 않기 때문이다. 많은 이상이론들은 삶의 주체에게서 자기 삶의 가치에 대한 최종 판정자로서의 지위를 박탈함으로써 주체 자신의 관점을 무시할 뿐 아니라 외부의 간섭을 받을 가능성을 열어둔다는 비판을 받는다.

이러한 비판에 대해서는 두 가지의 대답이 가능하다. 하나는 복지이론과 도덕이론 사이의 구분을 다시 한 번 강조하는 것이다. 삶의 주체보다도 다른 사람들이 그 삶을 더 잘 관장할 수도 있다는 사실을 받아들이는 것과, 어떤 식으로든 그 주체의 의지에 반해 간섭하거나 강요하는 것은 옳지 않다고 주장하는 것은 서로 양립이 가능하다. 그러나 이 시점에서 필자가 위에서 실천적 지혜의 복지가치에 대해 말한 내용을 다시 떠올려보면 권위주의에 관한 우려가 줄어들 수도 있다. 어떤 사람에게 간섭주의적 이유로 행하는 중대한 개입에 대한 정당화가 도대체 가능하기나 하려면, 애초에 그 사람은 자기 삶의 방식에 대한 중요한 결정을 하는 데 있어서 상당히 무능해야 할 것이기 때문이다.

폭넓은 이상이론에 대한 일반적 의문 중 두 번째는 자각(awareness)의 역할에 관계된 것이다. 예를 들어 경험이론가들은 좋은 것들에 대한 자각은 그 측면에 있어서 그 주체의 삶을 더 좋게 만들어준다고 주장함으로써 자신들의 입장을 뒷받침하려 할지도 모른다.

이 점에 대해서는 필자도 동의할 수 있다. 다시 한 번 자기도 모르게 자연세계에 대한 인류의 지식을 증대시킨 박물학자의 사례를 고려해보자. 필자는 비록 그는 자신의 성공을 자각하지 못하고 있었지만 그 성공은 그의 삶을 실제로 더 좋게 만들어줬다고 주장한 바 있다. 이제 우리는 그 이유가 성취가 갖는 가치 때문이라는 점을 알 수 있다. 그러나 이 주장은, 만약 그가 자신의 성공에 대해 자각하고 있었더라면 그의 삶은 더욱 나아졌을 것이라는 주장과 양립이 가능하다. 과연 이 주장은 '다다익선(多多益善, more is better)' 논변에 근거를 제공해주는가? 과연 필자는 복지가치의 목록에 '자각'을 추가해야 하는 것인가? 그렇지는 않다고 본다. 만약 그 박물학자가 향상된 연구에 대해 듣게 되었더라면 (적어도 어느 정도는) 기쁨을 느꼈을 것이고, 그 기쁨은 '쾌락'이라는 항목에 해당될 것이기 때문이다. 그는 또한 적어도 자신에게는 매우 중요한 사실, 즉 세상에서 자신의 삶이 차지하는 위치에 관한 사실을 더 잘 파악할 수 있게 되었을 것이다. 그리고 이 점은 분명 이해라는 항목의 중심적인 측면이다.

셋째, 복지가치가 그토록 다양하다면 실천이성이 도대체 어떻게 기능할 수 있는지 질문하는 사람이 있을 수도 있다. 서로 다른 가치 여섯 가지를 함께 고려해야 할 경우, 만약 서로 호환할 수 있는 공통 단위가 존재하지 않는다면 어떻게 이것들을 함께 계산할 수 있는가? (이 문제에 관해서는 Griffin 1986: 31-7, 5장과 7장을 참조하라.)

밀의 유능한 판단자에 대해 논할 때 필자는 앞에서 유형(type)으로서의 복지가치와 개별자(token)로서의 복지가치 사이의 구분, 즉 예를 들어 종류(kind)로서의 '우정(friendship)'과 한 종류의 개별 사례(individual instance)로서의 '교제(a friendship)' 사이의 구분을 명심해야 한다고 말한 바 있다. 유형 수준에서 복지가치들의 순위를 정하는 것은 불가능하므로, 예를 들어 우정이 이해보다 더 가치 있다고 말하는 것은 이치에 맞지 않을 것이다. 그러나 어떤 사람이 실천적 추론을 할 때 그가 관계하는 것은 개별적 우정 또는 이해를 증진시킬 개별적 기회이므로 유형 간의 순위 결정은 필요하지 않다. 예를 들어 내가 다른 나라 대학의 철학과에서 교수직을 제안받는다면, 나는 그 철학과의 교수들이 비슷한 연구 관심사를 갖고 있으므로 나의 철학적 이해가 증진될 것이라고 믿을지도 모른다. 그러나 동시에 그 때문에 현재의 동료들과의 교류를 끊어야 한다면 그것은 너무 큰 기회비용이 될 것이라고 생각할 수도 있다. 어째서 이러한 추론을 하는 데 있어서 가치들을 호환 가능한 공통 단위로 환원시킬 필요가 없는지, 그 이유에 주목하라. 유능한 판단자를 다룬 절에서도 살펴보았듯이 실천적 지혜는 실천이성의 중요한 구성요소이다. 특정한 선택지가 자신의 복지에 어떤 기여를 할 것인지에 대한 판단력은 실천적 지혜의 일부를 이루며, 복지 그 자체가 여러 가지 환원 불가능한 가치로 구성되어 있다는 가정하에서도 이러한 실천적 지혜의 개념은 어렵지 않게 생각해낼 수 있다.

마지막으로 식물에 관련된 의문을 살펴보자. 어떤 복지이론이 난초의 삶이 그 난초에게 좋은 것이라는 함축을 갖는다면, 많은 사람들은 이 이론이 이치에 맞지 않는다고 여길 것이다. 그러나 어떤 경험이론가는 필자가 복지와 의식적 경험 사이에는 연관성이 없다고 주장하므로 난초의 삶이 난초에게 좋다고 말하는 이론을 지지해야 할 것이라고 말할지도 모른다. 만약 박물학자가 자신의 성공을 자각하지 못할 때조차 그 성공이 그의 복지에 영향을 준다고 말할 수 있다면, 왜 난초에 주는 비료 또한 그 난초의 복지에 기여한다고 말할 수 없는가?

우리가 비료가 '난초에게 좋은(good for)' 것이라고 말한다는 사실은 인정해야 하겠다. 그러나 비료가 난초에게 좋다는 말의 의미는, 1930년대의 경제적 불황이 독일의 나치당에게 좋은 것이었다고 말할 때, 또는 비위생적인 환경이 콜레라를 일으키는 박테리아에게 좋은 것이라고 말할 때의 의미와 비슷한 것이다. 그러므로 무언가가 어떤 대상에게 좋다는 의미는, 그것이 그 대상으로 하여금 그 종류(kind)에 해당하는 것으로서 잘 기능하게 하거나 '번영(flourish)'하게 해준다는 의미이다.

그러나 성취가 그 주체에게 좋은 것이라고 말할 때는 위와 같은 의미에서 말하는 것이 아니다. 가령 박테리아의 삶에는 그 삶을 '박테리아에게' 좋은 것으로 만들어주는 것이 없기 때문이다. 필자의 주장은 성취가 하나의 복지가치이며, 하나의 삶에서 실현된 이 가치는 그 정도만큼 그 삶을 그 주체에게 좋은 것으로 만들어준다는 것이다. 이제 필자는 식물의 삶도 우리의 삶이나 많은 다른 동물들의 삶이 복지가치를 실현하는 것과 같은 방식으로 복지가치를 실현할 수 있는 가능성을 열어둘 뿐이라는 사실을 알 수 있다. 그러나 실제로 이것이 참인지 여부는 어떤 가치의 목록을 가지고 이야기하는지에 따라 좌우될 것이다. 필자가 보기에는 필자의 목록에 들어 있는 어떤 가치도 난초의 삶에서 실현될 수 없으며, 결국 결론은 식물의 삶은 그 식물에게 좋지도 나쁘지도 않다는 것이다.

이 장에서 필자는 밀의 이론의 흐름을 따라갔으며, 또한 그와는 달리 쾌락주의를 넘어서서 논의를 진행하였다. 필자는 욕구 충족에 기반한 현대의 복지이론 대부분은 실패하며 우리는 이상 복지이론으로 회귀해야 함을 보여주었다. 그러나 밀은 공리주의의 한 구성요소로서의 쾌락주의를 증명할 수 있다고 생각했으며, 따라서 복지에 대한 우리의 논의는 바로 이 증명을 살펴보기 전까지는 완전하다고 할 수 없을 것이다. 이것이 바로 다음 장의 주제가 될 것이다.

더 읽을거리

경험과 복지에 대해서 살펴보려면 제2장의 끝 부분에서 언급한 저작들 외에도 다음을 참조하라. Smart 1973: 3절; Nozick 1974: 42-5; Glover 1984: 7-8장. 욕구이론에 대해서는 Ayer 1965: 11장; Brandt 1979: 13장; Sen and Williams 1982: 서론; Goodin 1991; Scanlon 1993을 참조하라. 폭넓은 이상이론에 대해서는 Moore 1903: 6장; Rashdall 1907: 1권 7장; 2권 2장; Raz 1986: 12장; Hurka 1993: 4장을 참조하라. 복지의 측정에 대해서는 Griffin 1986: 5-7장을 참조하라. 서로 다른 범주에 속하는 복지이론들을 결합하려는 시도를 살펴보려면 Parfit 1984: 부록 I; Sen 1980-1을 참조하라.

제4장 공리주의의 증명과 제재

도덕이론과 방법론

도덕이론이란 무엇이 행위를 옳은 것으로 만들고 또 무엇이 옳지 않은 것으로 만드는지에 대한 체계적인 설명이다. 밀은 그의 '신조 (creed)' 또는 도덕이론을 2.2에서 간략히 진술하고 있다. '행위는 행복을 산출하는 경향에 비례해서 옳은 것이고, 행복의 반대를 산출하는 경향에 비례해서 옳지 않은 것이다.'

이 말은 과연 무엇을 의미하는가? 이 질문에 답하기 위해서는 다소 논의가 필요할 것이다(제5장 참조). 그러나 지금은 우선 밀이 『공리주의』의 첫 문단에서 언급한 '옳고 그름의 기준'에 의하면 옳은 행위란 전체적으로 볼 때 고통 대비 최대의 쾌락(the greatest overall balance of pleasure over pain)을 산출하는 행위라는 점만 언급하도록 하겠다. 이것이 공리주의, 아니 더 정확히 말하면 공리주의의 한 형태이다.

다른 도덕이론에는 어떤 것들이 있을까? 예시와 비교를 위해 두 도덕이론을 언급하도록 하겠다. 첫 번째는 독일 철학자인 임마누엘 칸트(Immanuel Kant, 1724-1804)의 도덕이론이다(Kant 1785 참조). 밀은 칸트의 도덕이론을 이렇게 진술한다. '당신의 행위가 따르는 규칙이 모든 이성적 존재에 의해 법칙으로 받아들여질 수 있도록 그렇게 행위하라.'(1.4)

이대로 놓고 본다면, 만약 공리주의 원리가 유일한 합리적 법칙이라고 할 경우 칸트의 이 입장도 실제로는 공리주의와 양립이 가능할지도 모른다. 그러나 칸트는 공리주의자가 아니었다. 예를 들어 그는 자신의 이론이 제대로 발전한다면, 아무리 거짓말을 하는 것이 진실을 말하는 것보다 더 큰 행복을 산출하는 경우라 해도, 진실을 말하는 데 대해서 합리적인 존재들이 받아들일 법칙은 거짓말을 금지할 것이므로, 절대로 거짓말을 해서는 안 된다는 것을 보여준다고 믿었다. 어쨌든 공리주의와 칸트주의가 갖는 실천적 함의가 동일하다 하더라도 이 둘은 여전히 서로 다른 이론이라는 사실을 지적해야 하겠다. 이 두 이론이 특정한 행위를 해야 하는 이유로 제시하는 근거들이 서로 크게 다를 것이기 때문이다. 필자가 제2장에서 제시했던 복지이론의 설명적 구성요소와 실질적 구성요소 사이의 구분이 여기에도 적용될 수 있다. 공리주의자와 칸트주의자는 모두 특정한 거짓말을 도덕적으로 비난할 수 있을 것이다. 그러나 그 행위가 옳지 않은 이유에 관해서 공리주의자는 그것이 효용을 극대화하는 데 실패하기 때문이라고 할 것인 반면, 칸트주의자는 그 행위가 보편적 의지의 대상이 될 만한 법칙에 부합되지 않기 때문이라고 할 것이다.

'덕윤리(virtue ethics)'는 최근에 부상한 제3의 도덕이론이다. 덕윤리는 아리스토텔레스의 저작들에서 그 기원을 찾을 수 있는데, 그 중심에는 '최대 행복' 개념도 아니고 합리적 도덕 법칙 개념도 아닌, 유덕한 사람(virtuous person)의 개념이 자리 잡고 있다(Aristotle *c.* 330 BC 참조). 즉, 우리는 유덕한 사람이 행위할 만한 방식대로 행위해야 하는 것이다. 그런데 엄밀히 말해서, 유덕한 사람이 최대 행복을 산출하는 방식으로 행위할 것이라고 규정한다면, 덕윤리도 실천적인 측면에서는 공리주의와 다를 바 없는 이론이 될 수 있다. 그러나 덕윤리학자들은 덕이 요구하는 바를 행하다 보면 행복의 극대화와 어긋나게 되는 경우도 있다고 주장하면서 이를 거부한다.

몇 가지 의문들이 이 이론들의 지위에 대해 즉각적으로 떠오른다. 한 가지 바로 떠오르는 의문은 이 이론들이나 다른 어떤 도덕이론이라도 과연 참이 될 수가 있는지 여부이다. 그러나 이 질문은 도덕과 도덕이론에 대한(about) 것이지 도덕의 범위 내부의(within) 질문이 아니며, 밀이『공리주의』에서 주로 관심을 두고 있는 문제도 아니다. 따라서 이 문제는 제쳐두도록 하겠다.[1] 밀은 사람들 사이에 도덕이론에 관한 의견의 불일치가 활발히 나타나던 맥락 속에서『공리주의』를 집필했으며, 그의 주된 방법론적 의문은 서로 다른 여러 이론들 중에서 어떻게 선택을 해야 하는지에 관한 의문이었다. 여기에 두 가지 서로 다른 쟁점이 있다는 점에 주목하라. 첫째는 어떻게 이론들 중에서 하나를 선택할 것인지에 관한 문제이고, 둘째는 어떤 이론으로 결정할 것인지의 문제이다. 밀은 이 두 문제가 서로 밀접하게 연결되어 있다고 보았다.

도덕이론 말고도, 아예 도덕이론 중에서 어떻게 선택을 해야 하는지에 대한 이론들도 존재한다. (사실 이론이라고 부르기도 애매하지만) 밀은 1.3에서 그런 범주에 해당하는 이론 하나를 경멸적으로 거부한다. 이 이론은 우리가 각 개별 상황에서 무엇이 옳은 것인지를 식별해낼 수 있도록 해주는 도덕감(moral sense)을 지니고 있다고 주장한다. 보편원리는 존재하지 않지만 도덕적 딜레마에 맞닥뜨렸을 때 어

---

1) 도덕판단의 특성과 지위에 관한 밀의 입장에 대한 흥미로운 논의는 Berger 1984: 1장에서 볼 수 있다.

떻게 해야 할지를 양심이 말해준다는 것이다. 밀은 직관(intuitive)이론은 이보다 좀 더 진지하게 다룬다. 이 이론 역시 우리가 도덕본능(moral instinct)을 가지고 있다고 말하지만, 이 본능이 가능하게 해주는 것은 개별적인 도덕판단이 아니라 일반적 도덕원리의 인식이라고 부연한다. 밀은 3.7에서 직관이론은 공리주의와 양립 가능하며 공리주의를 거부하는 직관주의자조차도 '도덕의 상당 부분(portion)이 우리와 함께 살아가는 존재들의 이해관심에 대한 고려에 의해 좌우된다'는 점은 받아들일 것이라고 지적한다.

밀은 자신이 옳고 그름의 문제는 '관찰과 경험'(1.3)의 문제라고 주장하는 귀납(inductive)학파에 속한다고 믿는다. 밀은 세계에 대한 우리의 이해가 궁극적으로는 전적으로 우리 감각의 증거에 기초해야 한다고 믿는 경험주의자였다. 이것이 그가 도덕감 이론을 그토록 경멸했던 이유이다. 도덕감이란 것이 있다면 그것은 신체적 상관물을 가진 다른 어떤 감각들과도 다른 성격의 감각이어야 할 것이다. 그런데 윤리에 관한 의견의 불일치가 널리 퍼져 있고 또 깊게 뿌리 박혀 있다는 사실을 고려하면, 우리 감각이 제시하는 증거는 그 자체로 이미 도덕감 이론을 반박하고 있는 것이나 다름없다. 밀의 경험주의는 세계가 궁극적으로는 자연과학의 원리를 통해 완전히 설명될 수 있다고 주장하는 그의 자연주의와 나란히 간다. (아마 밀은 자연과학에 심리학도 포함시켰을 것이다.) 밀은 우리가 가진 다른 지식과 마찬가지로 자연과학도 궁극적으로 우리 경험의 내용에 대한 관찰에 근거해 있다고 믿었다. 따라서 밀이 여러 도덕이론들 중에서 선택을 하는 경우에 있어서도, 고려할 가치가 있는 이론이라면 마찬가지의 근거를 가지고 있어야 한다고 말한다는 점은 그리 놀라운 일이 아니다.

직관학파에 대한 밀의 반론은 두 부분으로 이루어져 있다. 첫째, 직관학파는 우리가 사용하는 단어를 이해하는 순간 이해할 수 있는, 그리고 아무런 경험적 관찰의 뒷받침도 필요로 하지 않는 소위 '자명한' 원리들에 호소하는 비과학적 입장을 가지고 있다는 것이다. 둘째, 밀에 의하면 직관학파의 도덕이론가들은 이러한 원리들의 목록을 제시하는 경우가 거의 없으며, 이 원리들을 하나의 제일 원리로 환원함으로써 체계화하는 경우는 더더욱 없다는 것이다. 그 대신 그들은 상식에 의존하는 일상의 도덕 그 자체를 근거로 내세우거나, 아니면 상식 도덕의 근거를 제시하려는 의도로 일반 원리들의 집합을 제시하는데, 이 원리들은 도덕 그 자체보다도 더 받아들이기 어려운 것이다.

밀은 직관에 근거한 공리주의에도 만족하지 못할 것이다. 그가 생각하기에 도덕에는 제일 원리가 있어야 하는데 이 원리는 자명할 수 없다. 만약 이 원리가 자명하다고 한다면 이는 실제로는 우리에게 없는 어떤 특별히 타고난 도덕적 능력이 있음을 함축하는 것이기 때문이다. 그러나 이것이 공리주의가 연역적으로 증명될 수 있다는 주장은 아니다. 밀의 공리주의에 의하면, 유일한 선(good) 또는 궁극적 목적은 행복이며, 궁극적 목적은 증명될 수 없다.

그러나 그 [원칙(formula)의] 수용이나 거부가 맹목적 충동이나 자의적 선택에 의해 결정되어야 한다고 볼 이유는 없다. 증명(proof)이라는 단어에는 더 넓은 의미가 있으며, 이런 넓은 의미에서 보면 이 문제는 논쟁의 대상이 되는 다른 철학적 문제들만큼이나 증명 가능한 문제이다. 그 주제가 되는 대상은 합리적 능력의 인식 대상이 될 수 있으며, 이 능력이 직관을 통해서만 그 대상을 다루는 것도 아니다. 숙고를 통해 얻은 고려사항들은 지성이 특정한 학설에 대해 동의하거나 거부할 수 있도록 결정할 수 있을 텐데, 이는 곧 증명이나 다름없다고 할 수 있다. (1.5)

바꿔 말하면, 공리주의 원리가 그것을 제대로 이해하기만 하면 명백하게 드러나는 원리로서 제시될 수는 없다는 것이다. 그렇다고 이 원리가 가령 건강이 좋은 것이라는 가정하에 의약품이 건강에 대한 수단으로서 좋은 것이라고 증명할 때처럼 연역적으로 증명될 수 있는 것도 아니다. 밀은 비록 대부분의 사람들은 공리주의 원리를 인식하지 못하고 있다 하더라도, 상식도덕이 대체로 이 원리에 의해 형성되었다는 사실을 보여주는 일은 간단한 문제일 것이라고 믿는다(1.4). 이것이 공리주의 원리가 옳다는 것을 보여주지는 않을 것이다. 그럼에도 불구하고 밀은 공리주의 원리에 의약품에 대한 주장만큼이나 단단한 합리적 기초를 제공하는 논변들을 제시할 수 있다고 말한다. 밀은 제4장에서 바로 이러한 논변들을 제시하려고 하는 것이다.

비록 『공리주의』의 제4장이 밀의 '증명'이 실려 있는 장이라고 (상당히 적절하게) 이야기되기도 하지만, 사실 이 장의 제목은 '공리의 원리를 입증해줄 수 있는 증명의 종류에 관하여'이다. 밀은 1.5에서 발췌한 위의 인용문에서는 어떤 종류의 고려사항들이 공리주의에 대한 증거로 제시될 수 있는지 우리에게 말해주지 않는다. 제4장에서의 밀의 목적 중 하나는 제시할 수 있는 고려사항의 종류를 살펴보는 것이고, 또 다른 목적은 밀 스스로가 그러한 고려사항을 실제로 제시하는 것이다. 여기서도 그의 작업이 방법론적인 단계와 구체적인 도덕 이론 단계의 두 단계로 나누어져 있음을 볼 수 있다.

밀은 궁극적 목적은 증명될 수 없다는 첫 번째 장에서의 주장을 상기하면서 제4장의 문을 연다. 지식의 제일 원리 역시 '사실상' 증명될 수 없다고 그는 말한다. 그러나 사실의 경우에는 사실에 대해 판단하는 능력들, 즉 감각이나 내면의식 등에 호소할 수 있다. 우리가 커튼이 닫혀 있는 방 안에 있다고 상상해보자. 밖에 비가 내리고 있다는 것을 내가 당신에게 연역적으로 증명할 수는 없을 것이다. 그러나 당신을 창가 쪽으로 데려가 커튼을 열고 비가 내리고 있는 장면을 보여줄 수는 있다. 경험주의자에게 있어서 이것은 만약 증명이 아니라 해도 어쨌든 증명이나 다름없는 것이다. 보통 상황이라면 당신은 여기서 더 이상 의문을 제기하지 못할 것이다.

4.1의 끝 부분에서 밀은 우리가 행동에 관한 첫 번째 전제의 경우에도 감각이나 어떤 다른 능력에 호소할 수 있는지 묻는다. 이 장의 두 번째 문단에서 그는 다른 질문을 던진다. 공리주의적 입장은 행복이야말로 목적으로서 바람직한 유일한 것이라는 주장이며 따라서 '직접적으로' 증명될 수 없음을 생각한다면, 공리주의를 받아들이기 전에 과연 어떤 조건이 충족되어야 하는가? 이 장의 나머지 부분에서 밀은 이러한 질문들에 대해 답변한다. 우리는 욕구라는 능력에 호소할 수 있다(4.3). 그리고 충족되어야 할 조건은 (1) 행복이 욕구되어야 한다는 것과 (2) 그 밖에 다른 어떤 것도 욕구되어서는 안 된다는 것이다.

밀은 악명 높은 세 번째 문단에서 조건 (1)을 논의한다. 조건 (2)는 3-8문단에서 더욱 길게 논의한다. 9문단에서는 논변들이 요약되며, 증명 자체(밀 스스로 이 단어를 4.9에서 사용함)는 10문단에 제시된다. 이 증명은 앞서 제시된 논변들을 고려하도록 독자들에게 호소하는 것이기 때문에, 밀의 논변의 두 노선, 즉 요구되는 고려사항의 종류에 대해 논하는 작업과 실제 그 고려사항들을 제시하는 작업은 서로 협력관계에 있다. 그렇다면 이 증명은 세 단계를 가지고 있다고 말할 수 있겠다. 그리고 그 첫 번째와 세 번째 단계는 위에 제시된 두 고려사항에 각각 대응한다. 3문단에서 밀은 다음을 보여주려고 시도한다.

1. 행복은 바람직하다(desirable).
2. 일반 행복(general happiness)은 바람직하다.

그리고 나서 밀은 이어지는 다섯 문단에서 다음을 증명하려고 한다.

3. 행복 외에는 그 어떤 것도 바람직하지 않다.

이것이 밀의 공리주의 증명의 세 단계이며, 각 단계마다 문제가 존재한다.

제1단계: '가시적인'과 '바람직한'

　어떤 대상이 가시적(visible)이라는 사실에 대한 유일한 증명은 사람들이 그것을 실제로 보는 것이다. 어떤 소리가 가청적(audible)이라는 사실에 대한 유일한 증명은 사람들이 그것을 듣는 것이다. 그리고 이는 우리 경험의 다른 원천들에 대해서도 적용된다. 마찬가지로, 내가 이해하기에 어떤 것이 바람직하다(desirable)는 사실에 대해서 제시될 수 있는 유일한 증명은 사람들이 실제로 그것을 바란다(desire)는 것이다. 만약 공리주의 학설이 스스로에게 제시하는 목적이 이론적으로나 실천적으로나 목적으로서 인정받지 못한다면, 그것이 목적이라는 것을 그 누구에게도 설득시킬 수 없을 것이다. 일반 행복이 어째서 바람직한지에 대해서는, 각각의 사람들이, 그것이 달성 가능하다고 믿는 한에서, 그것을 욕구한다는 사실 외에 다른 어떤 이유도 주어질 수 없다. 그러나 이것은 사실이므로, 우리는 행복이 좋은 것이라는 명제에 대해서 이 문제 자체가 허용하는 모든 증명들과 더불어 요구될 수 있는 모든 증명들을 가진 것이다. 즉 우리는 각자의 행복은 각자에게 선이고, 따라서 일반 행복은 모든 사람들의 집단에게 선이라는 명제에 대한 증명을 손에 넣은 것이다. 행복은 행위의 목적 중 하나로서, 따라서 도덕의 기준 중 하나로서 그 입지를 굳혀온 것이다. (4.3)

이 문단이 밀의 저작 중에서 가장 악명 높은 부분이라는 점은 그리 놀라운 사실이 아니다. 왜냐하면 다음 절에서 보겠지만 여기서 밀은 단 한 문단 안에서 공리주의 원리를 증명해내려고 하는 것처럼 보이기 때문이다. 이 절에서는 각자의 행복 — 즉, 각자의 유쾌한 경험 — 이 그 사람에게 선이라는 것을 보이려는 밀의 시도만을 논의하도록 하겠다. 쾌락이 바람직하다는 제안은 받아들이기 어려운 것이 아니며, 밀이 왜 굳이 이 명제를 뒷받침해주는 논변을 제시해야 할 필요가 있다고 생각했는지 궁금해하는 것도 이해가 간다. 그 답은 3문단 뒤에 이어지는 문단들에 나와 있다. 밀은 그보다 훨씬 설득력 없는 주장, 즉 우리가 행복이나 쾌락 말고는 아무것도 욕구하지 않는다는 주장을 입증하기 위해 같은 종류의 논변을 사용한다.

밀의 논변에 대한 가장 유명하고 영향력 있는 비판은 G. E. 무어가 『윤리학 원리(*Principia Ethica*)』(1903)에서 제시한 비판이다. 4.3을 인용한 뒤 무어는 그의 맹렬한 비판을 시작한다.

여기서는 그것으로 족하다. 이것이 나의 첫 번째 요지이다. 밀은 생각할 수 있는 가장 순진하고도 엉성한 자연주의적 오류(naturalistic fallacy)를 범했다. 밀은 우리에게 '좋다'는 곧 '바람직하다(desirable)'를 의미하며, 무엇이 바람직한 것인지는 오직 실제로 욕구되는 것이 무엇인지를 발견함으로써만 알 수 있는 것이라고 말한다. ··· 윤리학에서 중요한 단계가 지금 내디뎌졌다. 즉, 그 중요한 단계는 '좋다'가 '욕구되다(desired)'를 의미한다고 증명하는 것처럼 보여주려는 단계이다. 이 단계에서의 오류는 너무나 명백해서 어떻게 밀이 이 오류를 발견하지 못했는지 궁금해질 정도이다. '가시적인(visible)'이 '보일 수 있는(able to be seen)'을 의미하는 것처럼 '바람직한(desirable)'이 '욕구될 수 있는(able to be seen)'을 의미하는 것은 아니다. 바람직한 것이란 단지 욕구되어야 할 것(what ought to be desired) 또는 욕구되어 마땅한 것을 의미한다. 증오할 만한 것이 증오될 수 있는 것이 아닌 증오되어야 할 것을 의미하고 저주할 만한 것이 저주해 마땅한 것을 의미하듯이 말이다. (Moore 1903: 66-7)

'자연주의적 오류'는 무어가 사용하는 전문용어이며 그는 이 용어를 가지고 여러 가지를 의미했던 것 같다. 여기서는 밀에 대한 무어의 반론은 밀이 '좋다'는 단어를 '욕구된다'로 정의(define)한다는 것이다. 이러한 정의 방식에 대한 무어의 불만은 '열린 질문(open question) 논변'이라고 알려져 있는 논변에 근거하고 있다. 무어의 주장에 의하면 어떤 정의가 받아들여지려면 그 정의는 열린 질문의 여지를 남겨 놓지 않아야 한다. 예를 들어 '삼각형'을 '세 직선으로 둘러싸인 평면 도형'이라고 정의한다면, 이 정의는 성공한 것이다. 왜냐하면 삼각형이 세 직선으로 둘러싸인 평면 도형인지 아닌지 여부에 대한 물음은 이 문제를 더 이상 논의하는 것 자체가 무의미하다는 점에서 열린 질문이 아니기 때문이다. 그러나 '좋다'를 '욕구된다'로 정의하는 것은 이 검사를 통과하지 못하는데, 이는 욕구되는 대상이 좋은 것인지 여부는 명백히 열려 있는 질문에 해당되기 때문이다.

열린 질문 논변이 아무리 대단한 위력을 지니고 있다 해도, 밀에 대한 무어의 비판은 그 표적을 빗나갔다. 사실은 무어가 왜 4.3을 그런 식으로 읽었는지도 이해가 잘 안 간다. 이 문단에 대해서 여러 다른 해석이 가능하다는 점에는 의심할 여지가 없으며, 이 절의 끝 부분에서 필자는 그중 한 가지 해석을 제시할 것이다. 그러나 무어 자신의 해석은 다소 특이한 데가 있다. 무어가 논하는 종류의 정의는 무어 자신도 그랬듯 통상적으로 따옴표(' ')를 사용하여 표시한다.『공리주의』제4장에는 따옴표가 없다. 밀은 단어를 정의하는 데는 관심이 없었던 것이다.[2] 밀은 행복이 좋고, 바람직하며, 목적이라는 점을 말하고자 했으며 여기서 그의 기획은 무어 자신이『윤리학 원리』의 마지막 장에서 했던 기획과 유사하다. 이 마지막 장에서 무어는, 제3장에서 필

---

2) 밀은 5.36에 대한 각주에서 '동의(synonymy)'를 언급하는데 이는 표현의 애매함(looseness) 탓으로 돌릴 수 있을 것이다.

자가 언급했듯이, 좋은 것이란 우정과 심미적 향유에서 오는 쾌락이라고 주장한다.

자연주의적 오류에 대한 또 다른 개념에 의하면, 전적으로 가치평가적이지 않은(non-evaluative) 전제로부터 가치평가적인(evaluative) 결론을 도출하려고 할 때 이 오류를 범하게 된다. 밀이 이런 오류를 범한 것도 아니라는 점은 거의 확실하다. 첫째, 만약 그랬다면 밀이 그 가능성을 그토록 부인했던, 일종의 '직접적인' 증명을 하는 셈이 될 것이기 때문이고, 둘째, 밀 자신도 역시 초창기에 바로 이런 종류의 실수를 혹독하게 비판한 바 있기 때문이다(S 8.949-50).

때때로 무어는 '좋다'에 대해 빗나간 정의를 내리거나 암묵적인 도출을 하는 것보다도, 그가 '비자연적(non-natural)'(즉, 과학적 연구 대상의 범주에서 벗어나는) 속성으로 간주하는 '좋음'을 자연적 속성과 동등하게 취급하는 것을 더욱 우려했던 것 같다. 밀도 좋음이 욕구 대상과 동일하다고 주장하지는 않았다. 그뿐만 아니라 그것은 제2장에 나온 내용과도 맞지 않는다. 제2장에서 밀은 많은 사람들의 욕구가 잘못된 방향으로 향하고 있으며 그 욕구가 그들이 고급 쾌락을 내버려두고 저급 쾌락을 추구하도록 만들었다는 점을 인정한다. 밀은 욕구가 어떤 것이 좋은 것이라는 유일한 증거를 제시해준다는 말을 했을 뿐이다.

자연주의에 대한 밀과 무어의 입장 사이에 실제로 차이가 존재하는 것은 분명하며, 여기서는 밀의 입장보다 무어의 입장이 더 선호할 만하다. 올바르게 이해된 자연주의라면, 세계가 궁극적으로 과학의 언어로 설명될 수 있다는 명제를 주장해야 한다. 그러나 '좋음'과 '옳음'은 우리가 알고 있는 자연과학이 다룰 수 있는 속성이 아니며, 따라서 자연주의는 가치평가적 속성을 가치평가적이지 않은 속성으로 환원할 수 있다고 믿으므로 윤리학이 자율적으로 성립될 수 있는 가능성을 인정하지 않는다. 그러나 이 두 철학자 사이의 이견이 제4장의 중심 논점의 맥락에서 부각될 필요는 없다. 왜냐하면 넓은 의미의 경험주의는 자연주의적일 필요가 없기 때문이다. 우리가 경험할 수 있는 유일한 속성은 자연적 속성이라는 입장에 얽매이지 않고서도, 지식의 원천으로서의 사람들의 경험에 호소할 수는 있는 것이다.

그러나 4.3에 오해의 소지가 있다는 사실만큼은 인정해야 한다. 밀이 '가시적인'과 '바람직한'이라는 말 사이의 유사성을 매우 수사적으로 활용하기 때문에, 몇몇 독자들은 그가 제시하는 유비가 갖는 어떤 측면을 오해할 수밖에 없을 것이다. '가시적인'이 '보일 수 있는'을 의미하는 것처럼 '바람직한'이 '욕구될 수 있는'을 의미하지는 않는다는 점을 지적한 점에서는 물론 무어가 옳았다. '바람직한'은 '마땅히 욕구할 만한'과 같은 것을 의미한다. 그러나 밀도 틀림없이 이 점을 알고 있었으며, 우리는 그가 분명 충분히 유능하게 영어를 사용하는 사람이었다는 점뿐만 아니라 그가 『논리의 체계』의 끝 부분에서 '이다(is)'와 '해야 한다(ought)' 사이의 혼동을 비판했다는 점 또한 기억해야 한다. 4.3에서의 밀의 논변은 사실에 관한 문제와 행위의 궁극적 목적 사이의 유비에 의존하며, 그는 이 유비를 통해 이 장 자체를 소개한다.

커튼을 젖혀 당신의 시각에 호소함으로써 당신에게 밖에 비가 오고 있다는 사실을 증명하려 했던 앞의 시도를 다시 떠올려보자. 이제 우리 둘이서 래드클리프 관측소가 내 방 창문을 통해 보이는지 여부를 두고 논쟁하고 있다고 상상해보자. 내가 '직접적인' 또는 연역적인 증명을 사용해서 당신을 설득할 수는 없을 것이다. 우리는 창 밖을 관찰해야 할 것이며, 만약 당신이 관측소를 보게 된다면 그것만으로도 이 관측소는 가시적이라고 당신을 설득하기에 충분할 것이다.

사실의 경우에 당신의 시각에 호소할 수 있듯이 궁극적 목적의 경우에는 당신의 욕구 능력에 호소할 수 있다는 것이 밀의 생각이다. 대부분의 경우, 우리가 어떤 대상을 욕구하는 이유는 그것이 어떤 점에서든 가치 있거나 바람직하다고 믿기 때문이다.3) 만약 당신에게 왜 휴가 여행을 알래스카로 가고 싶어 하느냐고 묻는다면, 당신은 아마 '그냥'이라고 대답하지는 않을 것이다. 당신은 그곳의 아름다운 풍경에서 당신이 겪을 즐거움이나 그 장소의 호젓함 등, 알래스카로 여행을 가는 것을 뒷받침할 수 있는 고려사항들, 즉 이 여행을 바람직한 것으로 만들기 위해 당신이 염두에 두는 고려사항들에 대해 말해줄 것이다. 우리가 스스로의 욕구를 잘 살펴본다면, 쾌락이 적어도 우리가 바라는 것들 중 하나에 속하며 우리가 쾌락을 바람직한 어떤 것으로 간주한다는 사실을 틀림없이 발견할 것이다. 위에서 말한 바와 같이 밀은 마찬가지로 행복이 바람직하다는 대담한 주장도 충분히 할 수 있었을 것이며, 그의 독자들도 대부분 그에 동의할 것이다. 그러나 그는 논변의 마지막 단계에서는 바라는 것(desiring)과 바람직함(desirability) 사이의 연관성을 사용하고자 했다.

이 시점에서, 우리의 욕구는 실수를 저지를 수 있다는 점을 지적하는 사람이 있을지도 모르겠다. 물론 욕구의 대상이 좋지 않을 수도 있고 심지어 나쁠 가능성도 있다. 게다가 바람직하지만 욕구되지 않는 대상도 있을 수 있으며, 바로 이 점이 오직 행복만이 바람직하다고 말하는 밀의 증명의 마지막 단계에 대해 의구심을 불러일으킨다. 밀은 아마도 이런 지적들을 받아들였을 것이다. 제2장에서 보았듯이, 2.7에서 밀은 어떤 사람들은 저급 쾌락만을 욕구할 수도 있다는 사실을 인정하는데, 그렇다면 만약 그들이 제4장에 나온 밀의 방법론을 받아들일 경우, 그들은 행복이 오직 저급 쾌락으로만 이루어진다고 생각하

---

3) 제3장 57 참조.

게 되었을 것이다. 욕구가 잘못된 곳으로 향할 수도 있고, 밀이 말하듯 공리주의에 대한 완벽한 증명은 불가능하다. 그가 할 수 있는 일이라고는 그의 독자들의 지성이 결정할 수 있도록 해주는 고려사항들을 제공하는 것뿐이다. 그러한 결정이야말로 이 장에서 밀이 가진 주된 관심사임은 틀림없다. 그가 4.1에서는 '호소(an appeal)'에 대해서 이야기하고, 4.2에서는 공리주의가 '받아들여질 자격(claim to be believed)'에 대해서, 4.3에서는 증명을 제공하는 것(giving), 증거를 만들어내는 것(producing), 목적으로서의 행복에 대한 승인(acknowledgement), 그리고 이 점에 대해 사람을 설득하는 것(convincing)에 대해 이야기한다는 점을 생각하면 이는 더욱 분명해진다. 제4장의 마지막 문장은 독자 스스로가 결정할 수 있도록 여지를 남겨둔다. 밀은 어떤 자명하거나 직관적인 명제에 호소하기보다는 그의 독자를 비롯한 모든 인간이 욕구하는 대상에 대한 자연적 사실에 호소함으로써, 행복이 바람직하다는 사실을 독자들이 받아들이도록 할 만한 훌륭한 철학적 이유를 제공했다고 믿는다.

제4장에 나온 논증의 첫 단계의 결론, 즉 쾌락이 좋고, 바람직하며, 또 궁극적 목적이라는 결론에는 분명 설득력이 있다. 그러나 욕구에 대한 밀의 강조에 대해서만큼은 의구심을 가질 수 있다. 밀의 논증은 우리가 우리 욕구의 대상을 좋은 것으로 인식(recognize)할 것을 요구하는데, 이러한 인식 그 자체는 욕구라기보다는 오히려 어떤 것을 좋거나 바람직한 것으로 만들어주는 가치평가적 속성에 대한 감수성(sensitivity)에 가깝다고 할 수 있다. 밀이 궁극적 목적으로서의 행복을 증명하는 데 있어서 욕구의 역할을 과장했던 것은 어쩌면 가치평가적 속성에 대한 언급을 꺼리던 그의 자연주의적 신중함과 '직관주의'라는 비판을 피하고 싶었던 그의 바람 때문인지도 모른다.

제2단계: 각자의 행복에서 모두의 행복으로

4.3의 결론 문장을 다시 떠올려보자. 밀은 일반 행복—즉, 최대의 전체적 쾌락—이 바람직하다는 것을 보여주기 위해 제공할 수 있는 유일한 이유는 각자가 자기 자신의 행복을 욕구한다는 것밖에 없다고 말한다. 각자가 실제로 자신의 행복을 욕구한다는 것은 사실이므로, 우리는 '행복은 선이라는 것, 다시 말해 각자의 행복은 각자에게 선이며, 따라서 일반 행복은 사람들의 집단에게 선이라는 것'을 보이는 데 필요한 모든 증명을 가진 셈이다.

그토록 많은 해석자들이 밀의 논변 중에서도 특히 이 부분에 오랫동안 매달려왔던 이유를 찾는 일은 그리 어렵지 않다. 그것은 이기주의적 쾌락주의(당신 스스로 자신의 최대 행복을 추구하는 것은 당신에게 합리적이라는 입장)와 보편주의적 쾌락주의(당신은 모두의 최대 행복을 추구해야 한다는 공리주의적 입장) 사이의 간극은 매우 큰데도 불구하고 밀이 그 간극을 단번에 뛰어넘고 있는 것처럼 보이기 때문이다. 밀은 분명히 이 두 입장 사이의 차이는 인식하고 있었지만(예를 들어 SD 10.71 참조), 이 차이가 갖는 중요성은 알아채지 못했던 것으로 보인다.[4]

밀에게는 최대 행복이야말로 이성적인 또는 합리적인 행위의 목적—사실, 유일한 목적—이라는 결론이 필요하다. 그래서 4.3의 끝 부분에 제시된 밀의 주장은 특히나 당황스럽다. 여기서 일반 행복은 각

---

4) 예를 들면 『공리주의』의 가장 첫 문단에서는 플라톤의 대화편 『프로타고라스』에 나타난 소크라테스가 공리주의자로 묘사된다. 비록 밀도 잘 알고 있었듯이 소크라테스는 쾌락주의의 이기주의적 버전, 즉 각자는 자기 자신의 행복을 추구할 가장 강력한 이유를 갖고 있다는 입장을 옹호하고 있었는데도 말이다.

개인이 아닌 모든 개인들의 '집단'의 목적인 것으로 암시되어 있기 때문이다. 과연 밀은 실제로 일반 행복이 각 개인의 목적이라는 것을 의미하는 것일까? 헨리 존스(Henry Jones)는 그렇다고 생각했다. 그러나 밀은 1868년에 쓴 편지에서 존스의 제안에 대해 반박한 바 있다:

> 자네가 나의 『공리주의』에서 인용한 문장, 즉 일반 행복은 모든 사람들의 집단에게 선이라고 언급한 부분에 관해서 말인데, 나는 각 사람의 행복이 모든 타인에게 선이라는 뜻으로 말한 것이 아니네. 사회와 교육이 바로잡힌 상태에서라면 그럴 것이라고 생각하지만 말일세. 나는 이 문장을 통해서 A의 행복도 선이고, B의 행복도 선이고, C의 행복도 선이고 다른 행복의 경우도 마찬가지이므로 이러한 선들의 합도 선이 되어야 한다는 것을 주장하려 했을 뿐이네. (16.1414)

'각 사람의 행복이 모든 타인에게 선'이라는 표현이 '모든 개별적 행복의 합(즉, 최대 행복)이 각 사람에게 선'이라는 표현과 같은 의미로 쓰였음이 거의 확실하다. 엄밀하게 말하자면, 여기서 밀의 마지막 문장은 논리적 오류를 저지르고 있다고 할 수 있는데, 이 오류는 많은 독자들이 4.3의 마지막에서 두 번째 문장에서 발견하는 것과 같은 종류의 오류이다. 그것은 이른바 합성의 오류(fallacy of composition)인데, 한 집합의 원소에 대해 참인 것이 그 집합에 대해서도 참이라고 주장하는 오류이다. 커다란 사람이 세 명 있다고 할 때, 이 세 사람의 집합도 커다란 것은 아니다.

그러나 이러한 주장이 항상 잘못된 것은 아니다. 가령 p가 일정량의 버터이고, q도 일정량의 버터이고, 또 r도 일정량의 버터라면, $p + q + r$ 역시 일정량의 버터이다. 그렇다면 우리는 밀이 무엇을 의미했는지 알 수 있다. 즉 그것은 두 사람의 (동등한) 선은 다른 조건이 같다면 그것을 하나씩 고려했을 때의 두 배에 해당하는 좋음을 갖는다는 의미에서 선이 누적적이라는 것이다. 그러나 공리주의를 증명하는 밀의 논증이 필요로 하는 것은, 바로 이 편지에서 밀 스스로가 부정하는 내용이다. 왜냐하면 이기주의자들은 선이 누적적이라는 밀의 가정에는 동의하면서도, 선이 직접적으로 목적의 합리성으로 해석될 수 있다는 데는 동의하지 않을 수 있기 때문이다. 즉, 그들이 특정한 방식으로 행위함으로써 최대의 선을 산출할 수 있다고 하더라도, 이것이 목적으로서 가장 그들에게 바람직한(desirable for them) 것은 아니라고 주장할 수도 있다. 오히려 그들에게 가장 바람직한 것은 그들 자신의 개인적 최대 행복일 것이다. 밀에게는 공평성(impartiality)을 뒷받침할 논증이 필요하다.

밀이 정말로 큰 실수를 한 것이 아니라면, 그가 제4장에서 제시한 논증의 이면에는 몇 가지 숨은 가정이 있어야 한다. 4.3의 끝 부분에서 밀은 공리주의 원리가 올바르다는 점에 대해 독자를 설득하기에 충분할 정도로 말을 했다고 믿는다. 하지만 독자가 왜 설득되어야 하는가? 밀의 첫 번째 가정(이를 도덕성 가정(moral assumption)이라 부르겠다)은 독자가 이미 도덕을 진지하게 받아들이고 있다는 것이다. 『공리주의』는 이기주의자들을 주요 독자로 염두에 두고 쓰인 책이 아니다. 이 책은 도덕철학에 있어서 밀의 대립자들인 직관주의자들을 염두에 두고 쓰였으며, 직관주의자들이나 아니면 이 책에 설득될 가능성이 있는 사람이라면 누구라도 '옳음과 그름의 기준'이 존재한다는 사실은 이미 받아들이고 있다는 것이 가정되어 있다(1.1). 밀은 도덕이 존재하는지 여부에 대한 논쟁이 아니라, 도덕이 존재한다고 가정한다면 과연 그것이 무엇을 요구할지에 대한 논쟁에 관여하고 있다고 스스로 생각했다.

그렇다면 독자는 도덕가로서 행복은 선이라는 이유로 타인의 행복을 중요하게 여길 것이라고 기대될 수도 있을지 모른다. 도덕이 타인에 대한 관심을 요구하지 않는다면, 도대체 도덕이 무엇이란 말인가? 그렇지만 도덕가인 독자가, 가령 도덕이 요구하는 것은 최대 행복보다 적은 행복을 산출하게 되는 한이 있더라도 행복을 최대한 평등하게 분배하는 것이라고 결론 내리지 못할 이유는 또 무엇인가?

이 질문에 대한 밀의 대답은 비록 제4장에는 안 나오지만 제5장에 나온 공평성에 대한 논의에 암시되어 있다. 밀은 일상의 사법적, 도덕적 실천 속에서 우리가 마땅히 받을 자격이 있다고 믿는 몫을 배분하는 데 있어서, 공평성의 의무 자체가 공리주의에 직접적으로 근거해 있다고 믿는다.

> [공평성의 의무는] 공리라는 말 자체의 의미나 최대 행복 원리 안에 포함되어 있다. (종류를 적절하게 참작했을 때) 정도에 있어서 동등한 한 사람의 행복이 다른 사람들의 행복과 정확히 동등한 정도로 중요하다고 간주되지 않는다면, 이 원리는 아무런 이성적 의미가 없는 텅 빈 단어의 나열에 지나지 않을 것이다. 이러한 조건이 충족된다면 '사람들은 누구나 평등하게 계산의 대상에 포함되어야 한다(everybody to count for one, nobody for more than one)'는 벤담의 언명이 공리의 원리를 설명하는 주석으로 쓰일 수도 있을 것이다. (5.36)

밀은 이 문단에 대한 각주에서 허버트 스펜서(Herbert Spencer)의 반론에 대해 다룬다. 이 반론은 공리주의 원리가 공평성의 원리에 의존한다면 도덕의 제일 원리가 될 수 없고 주장한다. 왜냐하면 그럴 경우 공리주의 원리는 모두가 행복에 대한 동등한 권리를 갖는다는 원리를 미리 가정하고 있는 셈이기 때문이다. 이에 대한 반박으로 밀은 이렇게 말한다.

> [스펜서가 제시하는 원리는] 동등한 양의 행복은, 그것을 동일한 사

람이 느끼든 다른 사람이 느끼든, 동등한 정도로 바람직하다고 가정하는 원리라고 서술되는 편이 더 정확할 것 같다. 그러나 이것은 미리 가정된 것(presupposition)이 아니다. 즉, 공리의 원리를 뒷받침하기 위해 필요한 전제가 아니라, 바로 원리 그 자체이다. 왜냐하면 공리의 원리란 곧 '행복'과 '바람직한'이 동의어라고 말하는 원리나 다름없기 때문이다. 만약 어떤 선행 원리가 존재한다면, 그것은 산술적 진리가 측정 가능한 다른 모든 양의 경우와 마찬가지로 행복의 측정에도 적용될 수 있다는 원리 이외에 다른 것일 수 없을 것이다. (5.36, 각주 2)

그렇다면 우리는 여기서 제4장에 제시된 밀의 논증의 일부로서 실제로 역할을 하는 두 가지 가정을 찾아낸 것이다. 가정들은 독자층의 성격에 관한 가정과 달리 단지 그 구조를 설명하기만 하는 것이 아니다. 4.3에서 이미 발견된 합산성 가정(aggregative assumption)에 따르면, 행복은 합산되거나 합계될 수 있는 선이다. 그리고 공평성 가정(impartiality assumption)에 의하면, 행복을 합산하는 데 있어서 사람들 사이의 구별(distinction)은 무관하다. 전체 행복이 더 커질수록 선도 더욱 커지는 것이다.5) 아마도 책의 마지막 부분의 주석에 포함된 이 문단이야말로 『공리주의』에서 이기주의에 대한 반박으로서 제시되기에 가장 적절한 문단일지도 모른다.6)

---

5) 필자는 여기서 밀이 이해한 공평성이 극대화를 함축한다고 가정하고 있다. 추가되는 쾌락은 다른 모든 쾌락과 마찬가지로 동등하게 계산되며, 따라서 가령 '충분히 좋은' 양의 행복을 추구하는 만족화(satisficing)의 경우는 공평성에 의해 배제될 것이다. 왜냐하면 만족화에 의하면 충분성 역치(threshold of sufficiency)를 넘어서 추가되는 쾌락은 할인되어 계산될 것이기 때문이다.

6) 이기주의에 반대하는 밀의 입장은 그의 경험주의적 입장에 특정한 문제를 야기한다. 왜냐하면 이기주의자가 자신의 경험은 자기 자신의 쾌락이 존재한다는 증거만을 제공할 뿐이라고 말할 수도 있기 때문이다. 여기서 밀은 타인의 마음의 존재에 대해 경험주의적 논증을 제시해야 한다. E(9.205-6)의 부

도덕이 궁극적으로 특정한 목적에 근거해 있다고 믿는다는 점에서 밀의 도덕관은 목적론적(teleological)이라고 할 수 있다(telos 는 그리스어로 '목적'이라는 뜻이다). 1.2에서 과학과 도덕을 비교하는 부분에서 밀은 이렇게 주장한다.

모든 행위는 어떤 목적을 위한 것이며, 따라서 행위 규칙도 추구하는 목적에 따라 그 특성과 색깔이 규정된다고 가정하는 편이 자연스러울 것이다. 우리가 어떤 것을 추구할 때는 무엇을 추구하고 있는지에 대해 뚜렷하고도 정확한 관념을 갖는 것이 가장 중요하다.7)

그렇다면 목적성 가정(teleological assumption)은 도덕 규칙은 어떤 목적이나 선을 증진시키는 정도만큼 정당화된다고 하는 가정이다.

이 가정들을 명시적으로 고려해보면, 우리는 밀의 공리주의 증명이 어떻게 기능하도록 의도된 것인지 이해할 수 있다. 밀은 자기 자신, 자신의 반대자, 그리고 그가 설득하고자 했던 독자들이 모두 인간의 모든 행위에 근거를 제공해줄 궁극적 목적을 찾는 과정에 참여하고 있는 것이라고 생각했다. 도덕과 타인에 대한 관심은 분명 중요하게 여겨져야 할 문제이다(도덕성 가정). 도덕 자체는 오직 선의 증진에만 근거를 둘 것이다(목적성 가정). 제4장에 제시된 증명은 행복이 바로 그러한 목적이자 유일한 목적임을 보여주기 위한 것이다. 이제 행복이 유일한 목적이라면, 합산성 가정과 공평성 가정을 받아들일 경우 우리는 공리주의, 즉 도덕은 전체 행복을 극대화하도록 각 행위자에게 합리적으로 요구한다는 입장에 도달하게 된다. 앞으로 보겠지만,

---

록에서 밀은 그러한 논증을 제시하는데, 이 논증은 경험과 신체적 조건 사이의 상관성에 근거를 두고 있다. Skorupski 1989: 239-40 참조.

7) 이 인용문의 첫 구절은 아리스토텔레스의 『니코마코스 윤리학』의 첫 문장을 강하게 상기시킨다.

공평성 가정이 실천적 합리성 일반에 대한 밀의 입장을 지배하고 있기 때문에, 도덕원리를 포함한 그 어떤 원리도 공리주의와 경쟁할 수 없다. 단지 도덕적 합리성이 아닌 합리성 자체(*tout court*)가 효용을 극대화하도록 각 사람에게 요구하는 것이다. 이 점은 제4장에 암시되어 있는데, 여기서 밀이 증명하려고 하는 공리주의 원리는 단지 도덕원리가 아닌, 인간 행위 전반을 관장하는 유일한 원리로서 제시된다 (4.9; 4.3 참조).

밀에 대한 이러한 해석은, 밀 자신의 입장에서 보아도 '어떤 것이 바람직하다는 유일한 증거는 사람들이 실제로 그것을 욕구한다는 사실'(4.3)이라고 했던 주장에는 좀 과장된 측면이 있음을 보여준다. 마지막 몇 문단은 순전히 욕구에 대한 호소가 아닌 논증으로 구성되어 있기 때문이다. 그러나 그것은 분명 밀에게는 행운이었다. 그 이유는 만약 우리가 이 제약을 진지하게 받아들인다면 밀이 일반 행복이 바람직하다는 것을 보여줄 수 있는 것은 사람들이 실제로 일반 행복을 욕구할 경우뿐이기 때문이다. 그리고 그의 '증명'은 사실상 공리주의를 이미 받아들이고 있는 사람들에게만 설득력이 있을 것이므로, 이 증명은 기껏해야 헛도는 바퀴와 같았을 것이다. 우리가 그의 복지이론에 대해서 이 제약을 그대로 적용하는 경우에도 밀은 비슷한 난점에 직면하게 될 것이다. 그러나 이 이론은 분명 단지 인간이 실제로 가진 욕구에 대한 호소에 불과하다기보다는, '이성적 능력'과 '지성'에 근거해서 그러한 욕구 중 상당수에 대해 제기하는 비판으로서의 측면이 강하다고 할 수 있다(1.5).

물론 각 가정은 그에 의존하는 각 증명에 문제를 가져온다. 첫째, 이기주의자라면 도덕이 중요하다는 밀의 가정에 대해 콧방귀를 뀔지도 모른다. 둘째, 행복이 과연 합산될 수 있는 것인지, 만약 그렇다면 어떻게 합산될 수 있는지도 분명하지 않다. 셋째, 순수한 공평성의 가정은 이기주의자, 그리고 자기 이익에 적어도 어느 정도의 합리적 비중을 두는 사람들뿐만 아니라, 밀의 목적론적 도덕관에 동조하는 사람들조차 설득하지 못할지도 모른다. 후자에 해당하는 사람들은 가령 정의처럼 행복 말고도 특정 상황에서는 전체적 선을 증진시키지 말아야 할 이유가 될 만한 다른 목적들도 존재한다고 주장할 수도 있다. 마지막으로, 인간의 행위가 목적에 의해서 뿐만 아니라 가령 살인이나 거짓말을 금지하는 규칙처럼 독립적인 도덕 규칙에 의해서도 관장되어야 한다고 믿는 사람들은 밀의 목적론적 도덕관에 대해 이의를 제기할 수도 있다.

이 책의 끝 부분에서 필자는 공평성 가정이 밀에게 특히 문제가 된다는 점을 보일 것이다. 밀은 부당하게도 자기 이익 추구의 합리성을 무시할 뿐만 아니라 공정성(fairness)과 같은 다른 분배적 목적 역시 무시한다. 하지만 이 절에서는 밀이 결국은 직관주의자라는 제안으로 끝을 맺으려 한다. 위에 나온 가정들이 자세히 해명된다면 밀의 증명에 설득력이 더해질 것이다. 그리고 각각의 가정은 본문 내에 드러나 있다. 도덕성 가정과 목적성 가정은 책의 첫 두 단락에 암시되어 있으며, 합산성 가정은 4.3에도 나와 있고 공평성 가정이 나와 있는 5.36에 대한 각주에서도 찾아볼 수 있다. 도덕성 가정과 목적성 가정은 어쩌면 방법론적 준칙(methodological maxims)으로 간주될 수 있으며, 합산성 가정은 경험주의 심리학의 기술적 원칙(technical axiom)으로 간주될 수도 있겠다. 그러나 (밀과 그의 철학적 반대자들 사이에 벌어지는 논쟁의 핵심 중 하나인) 공평성 가정은 여느 직관적 원리와 마찬가지로 '선험적(a priori)'이다. 이미 언급했듯이 밀은 직관주의가 공리주의를 지지할 수 있다는 점을 잘 알고 있었다(3.7). '직관'이란 더 이상의 근거를 찾을 수 없는 믿음이나 다를 바 없는 것이다. 이미 보았듯이 밀은 사실과 선에 대해서 그러한 종류의 믿음을 기꺼이 받아들였다. 밀은 자신의 자연주의 때문에, 그리고 휴웰(Whewell) 같은 저술가들의 철학에서 보았던 형이상학과 보수주의에 대한 반감 때문에, 자신과 반대자 사이에 벌어졌던 논쟁은 '직관주의 그 자체'에 대한 것이 아니라 '어떤 직관을 받아들일 것인지'에 대한 것이었다는 사실을 간과하게 되었던 것이다.

제3단계: 오직 행복만이 바람직하다

그렇다면 본문의 다른 부분에 드러난 가정들을 끌어오긴 했지만 밀은 4.3의 끝 부분에서 증명의 처음 두 단계를 완료한 셈이다. 밀은 욕구가 바람직함의 증거이며 따라서 우리는 행복이 바람직하다는 사실을 받아들여야 한다고 제안하였다. 그는 또한 최대의 전체 행복이 우리 행위의 목적으로서 받아들여져야 한다고 주장했다. 이 입장이 갖는 한 가지 문제는, 행복이 하나의 목적으로서 받아들일 만하다고 해도 사실 그 외의 다른 목적들도 존재한다는 것이다. 바람직함 여부를 알아보기 위해 밀 자신이 제시하는 검사를 사용하여 우리가 행복 외에 다른 것들에 대해 가지고 있는 욕구를 보임으로써 이 반론을 뒷받침할 수 있을지도 모른다.

따라서 행복만이 바람직하다는 주장을 증명하려면 밀은 이 반론을 잘 다루어야 할 것이다. 밀에 반대하는 직관주의자가 행복 외의 다른 목적으로 제시할 만한 후보에는 덕(virtue)이 있다. 밀은 덕이 목적이 될 수 있다는 사실을 받아들이며 사람들이 실제로 덕을 욕구한다는 것도 인정한다(4.4). 밀 자신이 사용하는 바람직함의 기준은 목적에 대한 욕구인데, 그는 사람들이 덕을 행복에 대한 수단으로서만 욕구하는 것이라고 주장하는 전략을 채택했을 수도 있다.

밀이 이 전략을 택하지 않고 사람들이 덕을 '그 자체로 바람직한 무언가'(4.5)로서 욕구한다는 점을 받아들였다는 것은 얼핏 보기에 놀라운 일일 수 있다. 밀이 스스로 언급하듯이, 덕은 '상식적인 언어에서 … 행복과 명백하게 구분되는 것'(4.4)이며, 따라서 밀은 자기 입장을 표명하는 과정에서 본의 아니게 그 입장에 대한 완벽한 반례를 제시하고 있는 것처럼 보인다. 그러나 밀은 이런 위험성을 분명히 인식하고 이렇게 주장한다. '나의 의견은 행복 원리에서 조금도 벗어나지 않았다. 행복의 요소는 매우 다양하며, 각 요소는 그것이 단지 집단에 기여하는 것으로 간주될 때만 바람직한 것이 아니라 그 자체로도 바람직한 것이다.'(4.5)

밀은 사람들이 목적으로서 욕구하는 것은 오직 행복뿐이라는 점을 보여주어야 한다는 사실을 상기해보자. 밀에게 행복이란 쾌락 또는 즐거운 경험을 의미한다. 행복이 이렇게 이해된다면 덕이 행복의 '요소' 중 하나라는 그의 주장은 과연 무엇을 의미하는 것일까?

밀이 그런 결론에 도달할 수 있는 한 가지 방법은 덕이 실제로 즐거운 경험이라고 주장하는 것이다. 밀의 욕구 기준은 어떤 대상이 바람직한지 여부를 정하기 위해 도입된 것이다. 만약 우리가 욕구하는 모든 것이 실제로 즐거운 경험으로 드러난다면, 우리가 비록 덕이 즐겁다는 점과는 상관없이 덕을 욕구한다 해도, 여전히 밀은 오직 즐거운 경험만이 바람직하다고 주장할 수 있다.

이 해석은 틀렸다. 밀은 그 자체로 욕구될 수 있는 것의 첫 번째 사례로 돈을 제시하는데, 이 사례에 방금 제시된 해석을 적용할 경우 그의 논증은 무어가 말한 '경멸할 만한 헛소리(contemptible nonsense)'가 되어버리고 만다는 문제가 발생한다. 무어는 이 논증을 이렇게 이해했다.

밀은 과연 정말로 자신이 그 자체로 욕구되는 것으로 간주하는 '돈',

즉 실제 화폐가 쾌락이나 고통의 부재의 일부라고 말하려는 것일까? 과연 밀이 그 화폐 자체가 우리의 마음속에 있고, 실제로 나의 유쾌한 경험의 일부라고 주장할까? 만약 그가 이런 것을 말하려고 했던 것이라면, 어떤 말도 무의미하다. 그 어떤 것도 다른 것으로부터 구별될 수가 없는 것이다. (Moore 1903: 71-2)

그렇다고 밀이 덕을 욕구하는 각 사람이 덕과 행복이 동일하다고 믿는다고 말하려 했던 것도 아닌 듯하다. 왜냐하면 이 해석은 자기 욕구를 통해서 밀의 입장을 뒷받침하는 증거를 제시해줘야 할 사람들이 (적어도 돈 사례의 경우) 뭔가 이치에 안 맞는 믿음을 갖고 있다는 것을 함축하기 때문이다.

하지만 밀이 유쾌한 것은 돈의 소유와 유덕한 행위라고 주장하는 것으로 간주하면 좀 더 설득력이 생기는 것 같다. 그러나 밀은 '덕'이 즐거운 경험이라고 생각하지 않는다. 제4장의 마지막에서 두 번째 문단 중 습관과 의지를 논하는 부분에서, 밀은 유덕한 행위가 반드시 유쾌한 것은 아니며 유쾌하기는커녕 고통스럽기까지 할 수 있다는 점을 받아들인다.

밀의 견해에 또 다른 해석을 제시하기 위해 이 문단들의 배경에 깔려 있는 연합주의(associationism)를 언급하는 사람이 있을지도 모르겠다.[8] 연합주의는 밀이 어린 시절부터 접해온 심리학 이론으로서, 이 이론에 따르면 심리학의 역할은 우리의 심적 상태의 연속적 흐름을 관장하는 법칙을 기술하는 것이다. 연합주의자들에 의하면 마음이란 태어나면서부터 경험들이 '적히기' 시작하는 한 장의 백지와도 같다. 경험들이 서로 어떻게 연결되는지를 일단 알게 되면, 우리는 마치 그 연유를 파악함으로써 종이 위에 적힌 글을 이해할 때와 마찬가지

---

8) 제1장 참조.

로 마음의 작용도 이해할 수 있게 될 것이다. 밀은 『논리의 체계』에서 '제2연합 법칙'을 다음과 같이 요약한다. '두 개의 인상이 동시적으로든 연속적으로든 높은 빈도로 경험(또는 생각)되는 경우, 두 인상 중 하나가 떠오르거나 아니면 그 인상에 대한 관념이 떠올랐을 때, 그 인상이나 관념은 다른 한 인상에 대한 관념을 불러일으키는 경향을 갖는다.'(8.852) 만약 당신이 보아왔던 불이 언제나 뜨거웠다면, 당신은 불을 보거나 불에 대해 생각하면 열을 떠올리게 되는 경향을 가질 것이다.

원래는 행복을 위한 수단이었던 어떤 것이 어떻게 해서 그 자체로 욕구되기에 이르는지를 설명할 때 밀은 이러한 관점을 염두에 두고 있었던 것이 분명하다. 밀은 이러한 대상들과 행복 사이에 이루어지는 연합에 대해 자주 언급하면서, 덕에 대해서는 예를 들어 그것이 '그렇게 형성된 연합을 통해 그 자체로 좋은 것으로 느껴질 수도 있으며'(4.7), '덕을 그 자체를 위해 욕구하는 사람들은 덕을 의식하는 것이 유쾌하거나 덕의 부재를 의식하는 것이 고통스럽기 때문에 그것을 욕구한다'(4.8)고 말한다.

이것은 목적으로서의 덕을 원하는 욕구에 대한 인과적 주장이다. 우리는 처음에는 덕을 단지 어떤 다른, 아마도 '원초적인(primitive)'(4.6) 욕구를 충족하기 위한 수단으로서 욕구한다. 예를 들어 나는 당신이 나중에 내게 큰 기쁨을 주는 선물을 하여 보답하리라는 사실을 알기 때문에 통이 큰 사람이 되기를 원할 수도 있다. 그러나 내 마음 속에서 덕과 쾌락 사이의 연합이 발달되면 나는 덕을 그저 수단이 아닌 목적 그 자체로서 욕구하기 시작한다.

이 인과적 주장은 이 장에서 밀이 제기하는 논증의 끝 부분에서 제기하는 또 다른 주장, 즉 '어떤 것에 대한 욕구는 그것에 대한 관념이 주는 쾌락에 비례해서만 발생하며 그 외의 방식으로 욕구하는 것은 물리적으로도 형이상학적으로도 불가능하다'는 주장과 관련이 있다 (4.10). 밀이 '형이상학적'이라는 말로 '심리학적'을 의미하는 것이 거의 틀림없으며(4.9; Mandelbaum 1968: 39 참조), 어떤 목적을 향한 욕구의 강도는 그 목적에 대한 관념이 욕구 주체에게 쾌락을 주는 정도에 비례한다는 주장을 하고 있는 것으로 보인다.9)

밀이 제4장에서 이러한 인과적 주장을 하고 있다는 점에는 의심의 여지가 없다. 그러나 오직 행복만이 목적으로서 욕구된다는 그의 결론을 정당화하기에는 이러한 주장들로도 불충분하다. 덕과 돈이 어떻게 그 자체로 욕구되기에 이르는지에 대한 밀의 연합주의 설명을 받아들인다 해도, 그 자체로 유쾌한 경험이 아닌 이런 대상들의 사례가 오직 행복만이 욕구된다는 그의 주장에 대한 반례가 되는 것은 여전히 사실이다. 그리고 이러한 대상들이 그에 대한 관념이 쾌락을 줄 경우에만 욕구될 수 있다는 사실을 받아들인다 해도 이 대상들은 여전히 반례로 남는다.

사실 밀이 자신의 결론을 도출할 수 있도록 그의 논증을 해석하는 방식은 단 한 가지밖에 없다. 그리고 이 해석을 따른다 해도, 밀이 덕이나 다른 어떤 것을 그 자체로 욕구한다고 이야기할 때 그리 엄밀하게 말하고 있는 것은 아니라는 사실을 받아들여야 할 것이다. 그러나 밀이 그의 결론에 도달하는 데 실패한다고 보기보다는 그가 엄밀하지

---

9) 욕구를 쾌락의 추구로 보는 밀의 입장은 오직 유쾌한 것만이 욕구된다고 하는 그의 주장을 선험적으로 논증할 방법을 제공해준다고 필자에게 말해준 사람이 있다. 그러나 밀이 4.10에서 한 말을 살펴보면, 어떤 것을 욕구하는 것과 그것을 유쾌하다고 보는 것을 동일시하는 일은, 사실 자신의 경험에 대한 반성을 거쳐서야 도달할 수 있는 후험적(a posteriori)인 것임을 볼 수 있다. 다시 말해서 우리가 쾌락을 주지 않는 무언가를 욕구해야 한다고 생각하는 것이 가능(conceivable)하긴 하지만 실제로 우리는 그렇게 생각하지 않는다는 것이 밀의 입장이다.

않은 방식으로 이야기하고 있는 것이라고 보는 편이 어쩌면 더 관대한 해석인지도 모른다.

밀은 '일반 언어에서 행복과는 분명하게 구별되는'(4.4) 목적을 향한 욕구가 존재한다는 점을 받아들인다. 따라서 그는 상식적 관점을 부정하고 있는 것으로 해석되어야 한다. 우리가 오직 행복만을 욕구한다고 말할 수 있으려면, 덕을 행복의 구성요소로서 욕구할 때 우리는 유덕한 상태나 유덕한 행위에 수반되는 즐거운 경험을 욕구하는 것이어야 한다. 인간의 심리에 비추어볼 때, 욕구는 '궁극적으로 항상 쾌락이나 고통의 면제를 향할 수밖에 없다.'(4.11) 밀은 우리가 스스로의 마음의 내용을 살펴보면 덕을 욕구함에 있어서 실제로 욕구하는 것은 사실 행복이므로 우리도 밀을 따라 상식적 관점을 부정하고 있다는 사실을 깨닫게 되리라고 예상한 것이 틀림없다.

이러한 해석이 나오게 된 것은 밀이 4.5에서 '행복의 구성요소'의 개념에 대해 다음과 같이 설명하기 때문이다:

> 공리의 원리는 어떤 특정 쾌락(이를테면 음악)이나 고통의 면제(이를테면 건강)가 행복이라 불리는 어떤 집합체를 위한 수단으로 간주되고 또 그러한 것으로서 욕구되어야 한다고 주장하지 않는다. 그런 것들은 그 자체로 욕구되고 또 그 자체로 바람직한 것이다. 그것들은 수단이기도 하지만 동시에 목적의 일부를 구성하기도 하는 것이다. (4.5)

그렇다면 밀이 음악에 대해 말할 때는 음악이 주는 쾌락을 의미한 것이고, 덕에 대해 말할 때는 덕이 주는 쾌락을 의미한 것이다. 밀은 '행복'을 경험주체에게 쾌락을 주는 경험들로 이해하며, 그가 고급 쾌락에 대해 논하는 데서 예상할 수 있듯이 그런 경험들은 매우 다양할 수 있다. 이 설명에서도 여전히 연합주의가 한몫을 한다. 관대함이란 덕목이 목적으로서 욕구되기에 이르는 것은 저급 쾌락과의 최초의 연합을 통해서임이 분명하다(4.6). 그러나 엄밀하게 말해서 내 욕구의 대상은 관대함이 아니라 관대한 상태에 수반되는 즐거운 경험, 즉 관대함의 '쾌락'이라는 점을 알아채야 한다. 이 쾌락은 나의 행복에 대한 수단이 될 뿐만 아니라 그 구성요소이기도 하다. 나의 행복은 '어떤 집합체(collective something)'(4.5)가 아니라 그것을 구성하는 즐거운 경험들에 지나지 않는다.

이 점은 복지와 윤리에 대한 밀의 입장이 받은 아리스토텔레스의 영향을 보여주는 또 다른 한 측면일 가능성이 크다. 우리는 제2장에서 아리스토텔레스가 인간 행복에 대한 개념은 '완전(complete)'해야 한다고 요구하는 방식을 살펴본 바 있다. 즉, 그는 인간 선(human goods)의 목록이라면 반드시 인간의 삶을 특징짓는 비도구적(non-instrumental) 선을 모두 포함해야 한다고 했다. 아리스토텔레스에 의하면 한 사람의 행복은 행복을 구성하는 선들로 이루어진다. 행복은 곧 그러한 선들이며, 그것들 너머에 있는 어떤 '추상적 관념'(4.6)이 아니다. 아리스토텔레스가 행복은 덕의 발휘로만 구성된다고 믿었다는 사실 또한 잊어서는 안 된다. 밀은 그 정도까지 나아가진 않았지만 덕이 행복의 한 구성요소가 될 수 있음을 받아들였다는 점에서 고대의 전통을 따른 것이다.

완전한 쾌락주의는 복지가 유쾌한 또는 즐거운 경험들로 구성된다는 주장과 이러한 경험들은 쾌락을 주기 때문에 가치가 있다는 주장을 둘 다 필요로 한다는 사실을 다시 떠올려보자. 이 논증에서 밀은 욕구되는 것은 오직 유쾌한 경험밖에 없다고 말하려는 것뿐이기 때문에, 여기서 그가 필요로 하는 것은 첫 번째 주장뿐이다. 그러나 어떤 대상이 바람직하다고 생각하는 것과 그 대상이 유쾌하다고 생각하는 것이 서로 같은 것이라는 밀의 주장(4.10)을 생각해보면 그가 완전한 쾌락주의를 견지하고 있다는 사실을 쉽게 알 수 있다.

심리학과 윤리학

밀의 증명이 인간 심리에 대한 그의 입장과 밀접하게 관련되어 있다는 점은 분명하다. 밀은 특히 두 가지 심리학적 입장을 가진 것으로 자주 이야기된다. 한 가지는 심리적 쾌락주의이고 다른 한 가지는 심리적 이기주의이다.

심리적 쾌락주의(psychological hedonism)란 인간은 오직 쾌락을 위해서만 행위한다는 입장으로 일반적으로 간주된다. 밀은 이 입장을 지지하지 않았다. 4.11에서 그는 의지(will)가 지각된 쾌락 없이도 독립적으로 행위를 촉발할 수 있다고 말하기 때문이다. 그러나 그가 좀 더 정밀하고 수정된 버전의 심리적 쾌락주의를 견지하고 있는 것 같기는 하다. 이 버전에 따르면 인간은 궁극적으로 오직 쾌락만을 욕구한다. 따라서 욕구에 의해 촉발된 행위라면 모두 쾌락을 향할 것이다.[10]

심리적 이기주의(psychological egoism)는 인간은 오직 자기 자신의 선이라고 간주하는 것을 증진시키기 위해서만 행위한다는, 순전히 서술적인(descriptive) 입장으로 일반적으로 이해된다. 밀은 분명 이런 의미에서의 심리적 이기주의자도 아니다. 그는 사람이 남을 위해 자신의 행복을 희생할 수 있음을 인정한다(2.15-6). 그러나 밀은 심리적 쾌락주의의 경우와 마찬가지로 제한된 욕구의 영역에서는 심리적 이

---

10) 의지와 욕구 사이의 관계에 대한 밀의 견해는 전 생애를 거쳐 변화되었다 (Berger 1984: 16-7; 특히 302-3, 각주 20 참조). 그러나 밀은 여기서 능동적 현상인 의지를 수동적 감수성인 욕구로부터 구분한다. 게다가 필자가 이해하는 한에서 이 구분은 여기서 그의 논변을 위해 필요한 것이기도 하다.

기주의의 한 가지 버전을 받아들인다. 인간이 욕구하는 것은 유쾌한 대상이 아니라 단지 자기 자신에게 유쾌한 대상이다(4.10).

심리적 이기주의에 대해 제시되는 고전적인 반례는 동료를 구하기 위해 수류탄에 자신의 몸을 던지는 군인의 사례이다. 각자가 자기 자신의 행복만을 욕구한다면 과연 이런 사례는 어떻게 설명될 수 있는가? 이 군인은 남의 행복을 위해 자신의 행복을 희생하는 것 아닌가?

앞서 말했듯이 밀은 이런 사례들의 가능성을 인정하며, 사실 공리주의는 행위자가 자신의 행복과 남의 행복에 대해 엄격하게 공평무사할 것을 요구한다고 말한다. 밀이 제시하는 이상사회에서라면 내가 성취할 수 있는 나 자신의 선과 최대의 전체 선 사이에는 간극이 존재하지 않을 것이다. 공리주의 도덕이 내게 요구하는 일을 하는 것은 사실 내가 나의 이익을 위해 가장 하고 싶어 하는 일을 하는 것이 된다. 수류탄 사례는 여전히 문젯거리로 남을 테지만 적어도 일관적인 설명이 가능해지기는 한다. 아리스토텔레스의 유덕한 사람과 마찬가지로, 이 군인도 '장기간의 가벼운 쾌락보다는 단 기간의 강렬한 쾌락을 선택한다.'(Aristotle *c.* 330 BC: 1169a22-3) 그러나 이상적이지 못한 세계에서 '자기 몫의 행복을 … 모두 포기할 수 있는' 영웅의 행동은 어떻게 설명할 수 있는가? 그런 사람은 욕구로부터 행위하는 것이 아니라 습관을 통해 생겨난 의지로부터 행위하는 것이라고 말해야 할 것이다(4.11). 하지만 심리적 이기주의의 가정하에서 실천적인 측면에서 공리주의자가 되고자 하는 욕구나 습관적 의지를 결여한 사람에게 공리주의를 권하는 것은 과연 어떻게 이해되어야 하는가? 이것은 여전히 큰 문제로 남아 있으며, 필자는 이 점에 대해 이 장의 마지막 절에서 추가적으로 설명하도록 하겠다.

심리적 쾌락주의에 대해서도 마찬가지로 심각한 문제가 있다. 헨리 시지윅이 말했듯이 먹는 것과 같은 즐거운 경험에 대한 단순한 욕구의 경우에도 '굶주림에는 먹는 쾌락에 대한 예상이 빈번하고도 자연스럽게 동반된다. 그러나 잘 검토해보면 이 둘이 불가분의 관계에 있는 것은 아닌 것 같다.'(Sidgwick 1907: 45)[11] 다시 말해서, 내 앞에 놓인 파이를 향한 나의 욕구는 그 파이를 먹는 쾌락에 대한 욕구로부터 구분될 수 있다는 것이다. 그리고 파이를 향한 나의 욕구를, 먹는 쾌락이라는 목적에 대한 수단을 향한 욕구로 격하시킬 이유는 어디에도 없다.

게다가 이 책의 제3장에서 보았듯이, 경험과 별개이면서 그 자체로 욕구되는 선들이 존재하는 듯하다. 다음의 선택에 직면한 한 여성의 경우를 고려해보자. (1) 그녀의 아이들은 성공할 수 있지만, 정작 본인은 아이들이 실패할까 봐 노심초사하느라 스트레스를 받게 될 것이다. 아니면 (2) 아이들은 실제로 실패할 테지만, 본인은 아이들이 성공했다고 생각하는 데서 오는 쾌락을 얻게 될 것이다(이 사례는 Parfit 1984: 부록 I에서 따왔다). 이런 여성은 자녀들의 성공 쪽을 선택할 것이다.

이것은 밀의 증명에 걸림돌이 된다. 제3단계에서 심리적 이기주의를 빼고 재구성해서 인간은 그것이 자기 것이든 남의 것이든 어쨌든 행복을 욕구한다는 주장만 할 수도 있을 것이다. 그러나 여전히 문제는 남는다. 행복과 별개이지만 그 자체로 욕구되는 선들이 있는 것으로 보이기 때문이다. 밀의 책 제4장의 대부분은 공리주의의 증명이 아니라 특정한 효용 관념에 대한 증명과 관련되어 있다. 이 증명은 결국 성공적이지 못하다. 게다가 필자가 재구성한 밀의 공리주의 원리에 대한 증명은, 제5장의 각주에 나온 공리주의적 공평성의 직관적

---

11) 시지윅은 조셉 버틀러(Joseph Butler, 1692-1752), 프랜시스 허치슨(Francis Hutcheson, 1694-1746/7), 그리고 데이비드 흄에게서 쾌락을 주는 대상에 대한 욕구가 항상 쾌락에 대한 욕구인 것은 아니라는 입장을 발견한다.

호소력에 의존하고 있다. 이러한 호소가 공리주의를 정당화하기에 충분한지 여부는 나중에 논의하도록 하겠다.

제재

『공리주의』의 제3장— '공리의 원리의 궁극적 제재에 관하여' — 은 고급 쾌락과 저급 쾌락과 부차적 원리들을 다루는 제2장과 공리주의 증명을 논하는 제4장 사이에 나오기 때문에 연구가 비교적 덜 이루어져왔다. 제3장은 흥미로운 내용을 많이 담고 있으므로 이는 유감스러운 일이라 할 수 있다. 이 부분에 나오는 내용 중 일부는 현재의 논의와도 관련이 있다.

필자는 앞의 절에서, 밀은 과연 무엇이 그의 독자들로 하여금 공리주의 원리에 따라 행위하도록 동기를 부여할 수 있을 것이라고 생각했을지 물었던 바 있다. 이것은 3.1에서 언급했듯 당시의 밀 자신에게도 제기되었던 질문이다. 관습적 도덕에 대해서는 이미 구속력을 느끼기 마련이다. 당신이 오늘 오후에 나를 돕기로 약속했다는 사실을 상기시킨다면, 당신의 의무감만으로도 당신이 나를 돕도록 동기 부여하기에 충분한 경우가 많을 것이다. 그러나 이 의무감은 공리주의 원리에 부속된 것이 아니다. 밀은 여기서 단지 심리학적인 질문만 던지고 있는 것이 아니다. 즉, 그는 무엇이 실제로 사람들이 공리주의자가 되도록 동기 부여할 수 있는지 뿐만 아니라 도대체 왜 공리주의에 따라 행위해야 한다는 의무감을 느껴야 하는지도 역시 묻고 있는 것이다.

밀은 이런 문제는 관습적 도덕과 일치하지 않는 도덕이론이라면 모두 공통적으로 직면하는 문제라고 지적하며, 나아가 그는 이것이 공리주의가 다양한 도덕의 '제재(sanctions)'를 적절히 사용할 수 있을 정도로 도덕교육이 발전될 때까지 공리주의가 짊어져야 할 실천적 문제로 남을 것이라고도 이야기한다(3.1-2).

'제재'란 18, 19세기 윤리학의 전문 용어로서, 벤담은 제재를 사람들이 행위하도록 동기를 부여하는 쾌락과 고통의 원천이라고 정의하였다(Bentham 1789: 3장; B 10.97 참조). 만약 밥을 먹지 않으면 나는 굶주림의 고통에 시달릴 것이고 이 고통의 원천은 육체적 제재에 있는 것이다. 그렇다면 밀에게 도덕적 제재란 무엇일까?

밀은 도덕적 제재를 외적 제재와 내적 제재의 두 가지로 나눈다(3.3-5). 외적 제재는 타인의 호의에 대한 희망, 타인의 분노에 대한 두려움, 타인에 대한 공감(sympathy) 등을 포함하므로 문자 그대로 개인의 외부에 있는 것은 아니다. 그러나 외적 제재는 내적 제재와 달리 타인에 의해 직접적으로 좌우된다. 내적 제재는 개인 자신의 양심 또는 의무감이다. 여기서 밀은 칸트와 버틀러에게서 받은 영향을 보여준다(Butler 1726: 설교 2-3; Kant 1785: 12-4 참조). 내적 제재는 비록 교육 등을 통한 타인의 영향에 그 기원을 두지만, 타자에 대한 동기나 관심에 의존하지 않는 도덕적 동기와 관심을 제공하며 그 나름의 독립적인 존재를 갖는다. 양심은 타고난 것이든 획득된 것이든(밀은 획득되는 것이라 생각했다), 공리주의에 부속될 수 있다(3.6-8).

그러나 우리는 왜 외적 제재와 내적 제재가 공리주의로 이끄는 방향으로 이루어질 수 있도록 도덕교육을 설계해야 하는지를 아직 듣지 못했다. 이 질문에 대한 밀의 대답은 제3장의 매우 중요하면서도 감동적인 마지막 두 단락에서 볼 수 있다. 밀은 인간은 본성적으로 서로 조화롭게 살기를 바라는 사회적 동물이라고 주장한다. 이 본성적 감정의 기초는 '사람들이 어떻게 공리주의에 기초해서 행위하도록 동기를 부여받을 수 있는가?'라는 심리학적 질문에 대한 답변을 제시할 수 있다. 외적 제재와 내적 제재는 모두 확고한 토대에 근거할 수 있는 것이다. 실제로 3.10에는 공리주의가 각 사람이 자신의 행복을 더도 말고 덜도 말고 꼭 다른 사람의 행복만큼만 중요하다고 여길 것을 요구하는 종교가 될 수도 있다고 나와 있다. 그렇지만 도대체 왜 공리주의의 근거를 이런 식으로 찾아야 하는가? 그것은 우리의 본성 때문에 공리주의에 따라 사는 삶에서 최대의 행복을 찾기 때문이다. 우리는 자기 이익과 타인의 이익 사이의 조화를 향한 강렬한 욕구, 그리고 갈등에 대한 본성적인 반감을 갖고 있다(3.11). 그리고 이렇듯 조화를 바라는 사람들은 조화란 '결여될 경우 그들 스스로에게 좋지 않은' 어떤 것이라고 여긴다.

이 점은 고급 쾌락에 대한 논의와 직접적인 관련이 있다. 밀이 2.4와 그 외의 부분에서 언급하는 도덕 감정의 쾌락은 분명 그가 제3장의 끝 부분에서 언급했던 것들이기 때문이다. 밀의 논증이 갖는 함축은, 사람들이 좀 더 공평무사해지도록 교육을 받음에 따라 — 역설적이게도 — 자신의 삶이 자기 자신에게 점점 더 좋아진다는 것을 알게 된다는 것이다.

따라서 밀은 공리주의를 위한 두 가지 논증을 갖고 있다. 하나는 제4장에 나온 논증인데, 이 논증은 본문의 다른 부분에 나온 가정들에 의해 뒷받침된다. 이 논증은 공평성 가정에 상당한 정도로 의존하고 있는데, 이 논증이 어느 정도 설득력을 갖는다는 점은 분명하다. 그러나 밀은 또한 자신의 공감을 확장시키고 이기적 관심을 초월할수록 삶이 자기 자신에게 더 좋아진다는 믿음에 근거해서, 자기 이익에 기반하여 공리주의를 옹호하는 논변을 펼치기도 한다. 제6장과 제7장에서 필자가 말할 테지만, 밀은 두 논증 모두에서 공평성 쪽으로 너무 멀리까지 나아간다. 첫째, (제4장의 논증에 관련하여) 얼마나 많은 복지가 존재하는지 뿐만 아니라 누가 그 복지를 누리는지도 역시 중요하다. 둘째, (제3장의 논증에 관련하여) 공평성의 요구를 관철시키기 위해서는 자기 이익을 크게 양보해야 하는 상황이 생길 수도 있다.

그 구성원들의 의무감이 아주 강해서 실제로 각 구성원의 이해관심이 공평무사한, 그런 사회의 실현이 어쩌면 가능할지도 모른다. 그러나 그런 사회에서 자란 각 구성원이 각자에게 가능한 최고의 삶을 살게 될 것이라는 주장은 설득력이 없다. 그럴 경우 공리주의 사회를 실현해야 한다고 주장하는 밀의 논증은 전적으로 자기 이익에만 의존할수 없게 되며, 제4장의 증명에 호소해야 할 것이다. 그런데 이 증명에는 문제가 있다.

그럼에도 불구하고 제3장의 마지막 두 단락에 나온 논증은 적어도 얼마간의 설득력은 갖는다. 만약 우리가 이기적 관심을 덜 갖고 타인의 이익을 증진시키는 데 더 강한 동기를 갖도록 길러졌다면, 우리들중 상당수의 삶은 더욱 향상되었을 것이라고 본다. 이 점은 우리가 어떤 방향으로 우리 자신과 우리 아이들의 품성을 길러나가야 할지에대해 시사하는 바가 있다.

이 장은 앞의 두 장과 뒤에 나올 장들 사이에 걸쳐 있었다. 제2장과 제3장은 특히 복지에 중점을 두었고, 『공리주의』 제4장에 나온 밀의논증을 부분적으로는 쾌락주의를 증명하려는 시도로 볼 수 있는 이유를 살펴보았다. 그러나 그는 효용이 극대화되어야 한다고 주장하는공리주의에 대해서도 역시 증명을 시도하였다. 복지와 도덕을 잘 구분하고, 공리주의는 행위자가 복지를 극대화하도록 그에게 도덕적으로 요구한다는 점을 인식하기만 한다면, 공리주의의 기본 구조를 이해하는 일은 어렵지 않다. 그러나 공리주의의 중요성과 이 이론이 가질 수 있는 설득력은 그 세부적 내용을 어떻게 이해하는지에 달려 있다. 따라서 다음 장은 이러한 세부적 내용들, 특히 밀 자신의 공리주의에 대한 세부 사항들을 자세히 설명하는 데 중점을 둘 것이다.

더 읽을거리

밀의 증명에 관해서는 방대한 양의 학술적 저작들이 존재한다. Seth 1908은 훌륭한 초기의 분석과 옹호를 보여준다. 그 외에 중요한 저작들로는 Moore 1903: 3장; Hall 1949; Prior 1949: 1장; Raphael 1955; Atkinson 1957; Mandelbaum 1968; Cooper 1969; Dryer 1969; West 1982; Berger 1984: 1-2장; Skorupski 1989: 9장 등이 있다. 자연주의적 오류를 더 살펴보려면 무어의 저작 외에도 Putnam 1981: 9장을 참조하라. 밀의 연합주의를 살펴보려면 Spence 1968을 참조하라. Crisp 1996a에서 필자는 밀의 증명의 제3단계에 대한 베르거(Berger)와 스코루프스키(Skorupski)의 해석에 반대하며 필자의 해석을 옹호한다. 제재에 관해서는 주로 밀에게 영향을 준 다음의 저작들을 참조하라. Plato *c*. 380 BC: 1, 2, 4권; Aristotle *c*. 330 BC: 1권; Butler 1726: 설교 2-3; Hume 1751: 9절; Smith 1759: 1부 1절; Kant 1785. Prichard 1912와 Williams 1973a도 참조하라.

제5장 공리주의란 무엇인가

옳음과 초점

효용 또는 최대 행복 원리를 도덕의 기초로 삼고 있는 이 신조는, 행위는 그것이 행복을 증진시키는 경향에 비례하여 옳고, 행복의 반대를 산출하는 경향에 비례하여 옳지 않다고 주장한다. (2.2)

이 단락은 『공리주의』에 나온 밀의 도덕이론에 대한 가장 명확한 진술이다. 밀은 1.5에서 이미 『공리주의』의 두 가지 주요 목표를 언급했다. 하나는 공리주의에 대한 설명을 제시하는 것이고, 다른 하나는 가능하면 그것을 증명해내는 일이다. 제2장에는 '공리주의란 무엇인가'라는 제목이 붙어 있고 위에 제시된 인용문은 그에 대한 밀 자신의 입장을 요약해준다. 밀은 '도덕의 기초'에 관련된 '신조(creed)' 또는 이론에 대해 말하고 있으므로 '옳다'라는 단어는 '도덕적으로 옳다'라는 의미를 가진 것으로 보아야 한다. 그렇다면 밀은 행위가 행복을 늘리는 만큼 옳고, 불행을 늘려 행복을 줄이는 만큼 옳지 않다고 믿는 것이다.

여기서 한 가지 이상한 점이 눈에 띈다. 밀은 옳음과 그름이 정도의 문제이며, 또한 이 두 성질이 동일한 행위 속에 동시에 존재할 수 있다고 믿는 것처럼 보인다. 행복과 불행을 모두 증진시키는 행위는 그것이 행복을 증진시키는 만큼 옳고, 불행을 증진시키는 만큼 옳지 않을 것이다.

옳고 그름에 대한 우리의 일상적인 이해를 생각해보면 밀의 주장이 어느 정도 이해가 가기도 한다. 수백만 원이 들어 있는 지갑을 내가 주웠다고 상상해보라. 우리 대부분은 그 지갑을 경찰서에 가져다주는 것이 옳은 행위라고 생각할 것이다. 그러나 내가 몇 십 만원 정도 챙기기로 결심했다고 상상해보라. 이 행위는 분명 옳지 않은 것이지만 지갑을 통째로 챙기는 행위만큼 도덕적으로 나쁜 것은 아니다. 옳은 행위란 도덕적으로 최선인 행위라고 이해되거나 규정될 수 있는 것이다.1) 다른 모든 행위는 옳지 않은 것이 되겠지만, 우리는 '도덕적으로 나쁨'이라는 개념을 사용함으로써 혼동 없이 옳음과 그름의 정도를 이야기할 수 있는 것이다.2)

위에 제시된 인용문에 바로 이어서 밀은 이렇게 말한다. '행복은 쾌락, 그리고 고통의 부재를 말하며, 불행은 고통, 그리고 쾌락의 박탈을 일컫는다.' 이 조건은 매우 중요하다. 이 조건이 없다면 우리는 옳은 행위란 최대의 전체적 행복 또는 쾌락을 산출하는 행위라고 생각하고 싶어질지도 모른다. 그러나 물론 이 행위가 엄청난 양의 고통도

---

1) 여기서 '도덕적으로 최선'이 '공리주의적 관점에서 도덕적으로 최선'을 의미할 필요는 없다. 필자가 주장하는 바는 일상적 또는 '관습적' 도덕이 우리가 행위들을 도덕적으로 비교할 수 있도록 해준다는 것이다.
2) 여기서 어느 정도의(pro tanto) 옳고 그름과 전체적 옳고 그름 사이의 구분을 사용할 수도 있다.

함께 산출해서, 쾌락은 조금 덜 산출하지만 고통 대비 쾌락의 **총합** (balance)이 더 높은 대안적 행위가 더 선호할 만한 행위가 될 수도 있다. 옳은 (도덕적으로 최선인) 행위는 고통 대비 최대의 쾌락 총합을 낳거나, 만약 그것이 불가능할 경우, 쾌락 대비 최소의 고통 총합을 낳는 행위가 될 것이다. 다음에 제시되는 항목들이 나의 유일한 선택지라고 상상해보고, 논변의 진행을 위해 일단 쾌락과 고통은 측정될 수 있는 것이라고 가정해보자:

행위 A : 쾌락 20단위 + 고통 6단위
행위 B : 쾌락 15단위 + 고통 2단위
행위 C : 쾌락 15단위 + 고통 0단위

고통 대비 쾌락의 총합은 쾌락의 단위 수에서 고통의 단위 수를 감하여 계산된다. 따라서 행위 A의 총합은 14이므로 그 총합이 13인 행위 B보다 도덕적으로 선호할 만하다. 그러나 행위 C는 그 총합이 15에 달하므로 행위 A보다 선호할 만하다. 따라서 여기서 (유일하게) 옳은 행위는 C이다.

공리주의의 매력 중 하나는 그 단순성에 있다고 사람들은 말한다. 확실히 밀이 여기서 하는 말은 명쾌해 보인다. 즉, 그는 복지나 행복, 즉, 고통 대비 쾌락의 총합을 극대화하도록 행위해야 한다고 말하고 있는 것이다. 그러나 서로 다른 여러 형태의 공리주의 이론들 사이에는 사실 크고 작은 차이가 많이 존재한다.

먼저 밀의 이론이 어디에 **초점**을 두는지, 즉 이 이론이 결국 무엇에 대한 이론인지를 고려해보자(Crisp 1992 참조). 공리주의자들을 포함한 대부분의 현대 도덕이론가들과 마찬가지로 밀 역시 행위(actions)에 초점을 둔다. 그는 본질적으로 '과연 무엇이 옳은 행위인가?'라는 질문에 대답하려고 하는 것이다. 그러나 그는 가령 품성과 같은 다른 개념에 초점을 두었을 수도 있다. 만약 그랬다면 그의 첫 번째 질문은 '과연 어떤 품성을 가져야 하는가?'였을 것이다.

이 질문에 대한 밀의 대답은 행복을 극대화하는 행위를 하게 되는 결과를 낳는 품성을 가져야 한다는 것이었을지도 모른다. 이러한 견해는 그가 『공리주의』에서 제시하는 견해와 일관적이다. 그렇지만 (그 자체로) 행복을 극대화하는 품성을 가져야 한다고 말했을지도 모를 일이다. 이 견해는 『공리주의』에 나온 견해와 미묘하게 다르다. 왜냐하면 특정한 품성의 소유에는 (이를테면 그 품성이 그 소유자에게 주는 행복처럼) 독특한 특징이 있어서, 행복을 극대화하는 품성이 꼭 행복을 극대화하는 행위를 산출하는 품성은 아니라는 것일 수도 있기 때문이다(Adams 1976 참조). 그러나 이런 품성들 자체도 타인이나 자신의 행위를 통해 생겨나므로, 이 이론들이 제시하는 실천적 조언들은 서로 크게 다르지 않을 것이다. 특정한 품성의 소유가 그 소유자에게 행복을 준다면, 그 행복은 소유자가 그 품성을 갖도록 야기하는 행위들의 결과가 될 것이기 때문이다.

그러나 이는 밀이 행위의 중요성을 과장했다는 것을 암시한다. 왜냐하면, 다른 품성이 야기하는 행위들보다 행복을 덜 산출하는 행위들을 하게 만들지만, 그것을 소유하면 실제로 행복을 극대화시켜주는 품성이 내 안에 형성되도록 당신이 행위한다면, 당신은 옳은 행위를 한 셈이 될 것이기 때문이다. 넓은 공리주의적 관점에서 볼 때, 나의 삶은 내가 가장 유용한 행위들을 할 때보다 이 품성을 지녔을 때 더 나은 삶이 될 것이다. 행위에 초점을 두면 이런 점을 놓치게 될 수도 있다. 그러면 공리주의자들은 과연 품성에 초점을 두어야 하는 것인가? 그렇지 않다. 그럴 경우에는 동일한 문제에 부딪히게 되기 때문이다. 도덕이론은 가능한 한 초점을 넓혀서 행위, 품성, 동기, 규칙 준수

등, 즉 전체로서의 삶을 포괄할 수 있도록 해야 한다. 바꿔 말해 공리주의자의 주요 질문은 소크라테스가 던졌던 질문, 즉 '어떻게 살아야 하는가?'(Plato *c*. 390 BC: 500c2-4)여야 한다. 집단과 단체에 관한 질문, 즉 우리가 어떻게 살아야 할지에 대한 질문의 중요성 또한 잊지 말아야 한다. 그럼에도 불구하고, 실천적 관점에서 '내가' 어떻게 살아야 하는지 묻든, '우리가' 어떻게 살아야 하는지 묻든, 결국 나는 항상 올바른 이론에 비추어서 무엇을 **행할** 것인지, 즉 어떤 행위를 할 것인지에 관심을 갖고 있을 것이다.

이 점은 세계의 역사라는 관점에서 또 다른 방식으로 서술될 수도 있다. 밀의 이론과 같은 공리주의의 형태 뒤에는 다음과 같은 원리가 작용하고 있는지도 모른다.

P1 : 가능한 최선의 세계의 역사는 고통 대비 쾌락의 총합이 가장 큰 역사이다.

우리의 삶에 적용하면 이 원리는 다음의 유비를 갖는다.

P2 : 나에게 최선인 삶을 포함한, 우리에게 최선인 삶들은, 가능한 최선의 역사 속에 나타나는 삶들이다.

이를 행위에 적용하면,

P3 : 최선의 행위는 가능한 최선의 역사 속에 나타나는 행위이다.

따라서 나의 현재 관점에서 미래를 향해 바라보면, 지금으로부터 가능한 최선의 역사는 고통 대비 쾌락의 총합이 전체적으로 가장 큰 역사일 것이며, 그 역사가 나의 행위에 의해 직접 생겨나든 아니면 품성, 규칙 준수 등의 중개를 통해 생겨나든, 나는 이제 그런 역사를 만들어내도록 행위해야 하는 것이다.

현실주의와 확률주의

이제 밀 자신의 공리주의로 다시 돌아가보자. 필자는 지금까지 밀에게 옳은 행위란 고통 대비 쾌락의 총합을 실제로 가장 많이 산출해내는 행위를 의미한다고 간주해왔다. 그러나 다음의 사례를 고려해보자.

[무모한 의사] 당신은 심각한 병을 앓고 있으며, 이 병을 치료할 수 있는 방법에는 두 가지가 있다. 첫 번째 치료법은 당신을 50에 해당하는 높은 복지 수준에 놓을 것이고 두 번째 치료법은 25라는 꽤나 낮은 복지 수준에 놓을 것이다. 그러나 첫 번째 치료법의 성공률은 1퍼센트에 불과하며, 이 치료가 실패하면 당신은 죽게 될 것이다. 반면 두 번째 치료법은 확실히 성공할 것이다. 당신의 의사는 결국 첫 번째 치료법을 선택했으며, 그 치료는 성공적이었다.

이 사례를 논하기 위해 일단 복지가 적어도 대략적으로는 측정될 수 있다고 가정하자. 2.2에 나온 밀의 공리주의에 따르면, 엄밀하게 말해 당신의 주치의는 잘못한 것이 없다. 이 의사가 한 행위는 고통 대비 쾌락의 총합을 실제로 최대한으로 산출한 행위이기 때문이다. 그리고 보통은 그것이 어떤 사례인지 우리가 잘 모르기는 하지만, 이와 유사하게 안전한 치료법을 선택한 신중한 의사가 만약 위험한 치료를 했더라면 성공했을 그런 사례들도 있을 것이다. 밀에 의하면 이런 의사들은 옳지 않은 행위를 한 셈이다.

밀의 입장은 현실에서 일어난 사태만을 고려하므로 현실주의(actualism)라고 부를 수 있을 것이다. 어떤 환경에서든 옳은 행위란 실제로 고통 대비 쾌락의 총합을 최대로 산출하는 행위인 것이다.

이에 대한 대안은 확률을 계산에 넣는 버전의 공리주의, 즉 확률주의(probabilism)일 것이다. 이 버전은 행위 시점에 행위자가 정당하게 가질 수 있는 믿음의 측면에서 옳음을 설명하는 수많은 도덕이론들 중 하나이다. 위에 제시된 사례에서 첫 번째 치료법은 좋은 결과를 낳을 확률이 매우 낮았다는 사실을 기억하라. 확률주의자는 그런 사실이 옳음과 그름을 평가하는 데 매우 중요한 관련이 있다고 말할 것이며, 또한 일련의 행위들이 옳은지 그른지를 평가하는 데 있어서 복지 수준을 나타내는 숫자들은 각각의 행위가 성공할 확률로 곱해져야 하므로 그 무모한 의사는 잘못된 행위를 한 것이라고 주장할 것이다. 계산은 다음과 같이 이루어진다.

위험한 치료법 : $50 \times 0.01 = 0.5$
안전한 치료법 : $25 \times 1.000 = 25$

확률주의적 관점에서 보면, 여기서는 명백히 안전한 치료법이 더 선호할 만하다.

밀은 현실주의와 확률주의의 차이에 별 신경을 쓰지 않았던 것으로 보인다. 밀은 2.2에서는 현실주의적인 입장을 보이는 반면, 다른 곳에서는 행위의 도덕성이 그 행위의 '예상되는 결과'에 의해 좌우된다는 입장을 암시한다(B 10.112). 후자의 주장은 2.19의 각주에서 밀이 했던 주장, 즉 행위의 도덕성은 행위자의 의도에 의해 좌우된다는 주장과 동일하다. 왜냐하면 밀은 의도란 결과에 대한 예상이라고 믿었기 때문이다(*AP* 31.253). 여기서 헨리 시지윅이 제시했던 '객관적' 옳음과 '주관적' 옳음 사이의 구분에서 도움을 구할 수도 있겠다(Sidgwick 1907: 207-8). 객관적인 관점에서 보면 위 사례에 나온 의사의 행위는 전체적 행복을 극대화한 행위였으므로 그는 옳은 일을 한 것이다. 그러나 이 의사는 자신의 행위가 성공할 것이라고 믿을 만한 좋은 이유를 갖고 있지 않았으며, 따라서 주관적 옳음의 관점에서는 비판을 받을 소지가 있는 것이다. 그렇다면 객관적 옳음은 전체적 행복을 극대화하는 데 있는 것인 반면 주관적 옳음은 예상되는 전체적 행복을 극대화하는 데 있는 것이다. 이 객관/주관 구분은 객관적 차원에서는 현실주의를, 주관적 차원에서는 확률주의를 받아들일 수 있도록 해준다.

이 두 가지 모두 **옳음**에 관한 이론이라는 사실을 기억해야 한다. 둘중 어떤 이론도 우리가 특정한 상황에서 옳은 행위를 하는 것에 대해 어떻게 **생각해야** 하는 것인지의 문제에 대해서는 어떠한 직접적인 함축도 갖고 있지 않다. 가령 방금 제시된 객관적 옳음과 주관적 옳음에 대한 설명을 받아들이면서도, 의사가 환자를 치료할 때는 주관적 옳음이나 객관적 옳음에 관해서 심각하게 고민하지 말아야 한다고 제안하는 사람이 있을 수도 있다. 그는 대신 의사는 확률을 계산하는 주먹구구식 방법을 사용하면서 의대에서 배운 좋은 치료에 대한 표준적 규범을 따라야 한다고 말할 수도 있다. 공리주의에 의하면 칭찬과 비난 자체에도 옳음의 원리가 적용되기 때문에 칭찬이나 비난이 행복을 극대화하면 객관적으로 옳고, 예상되는 행복을 극대화하면 주관적으로 옳은 것이다. 예를 들어 어떤 사람이 객관적으로나 주관적으로 옳지 않은 일을 한 경우에도 반드시 비난이 적절한 것은 아니다. 이 점에 관해서는 이 절의 뒷부분에서 더 자세히 다룰 것이다.

밀이 공리주의에 대해 제기되는 일견 치명적인 반론에 대해 답변하는 데 있어서 주관적 옳음의 개념이 도움을 줄 수 있을 것이다. 행위의 결과는 무한정적으로 미래로 뻗어나가기 때문에, 과연 어디까지가 우리가 하는 행위의 결과가 될지는 절대 확실히 알 수가 없다. 따라서 공리주의에 대한 현실주의적 해석에 따르다가는 어떻게 행위해야 할지 절대 알 수 없다. 그러나 만약 우리가 확률주의를 실제 행위에 적용하면, 예상치 못한 좋은 결과와 예상치 못한 나쁜 결과는 우리의 계산 속에서 서로를 상쇄시켜버릴 것이다. 따라서 만약 내가 아무 이유 없이 당신의 코에 한 방 날린다면, 나의 이 가격이 가령 거리를 더 안전하게 하는 캠페인에 당신이 나서도록 하는 원인이 되었다는 점에서 최선의 행위로 드러날지도 모른다는 말로 스스로를 변호할 수는 없을 것이다. 왜냐하면 여기서는 확률이 거의 알려져 있지 않기 때문이다. 당시에 내가 알고 있던 것이라고는 당신을 때리는 행위가 거의 백 퍼센트에 가까운 확률로 당신에게 상당한 고통을 줄 것이라는 사실뿐이었다. 그렇다면 확률주의에 의하면 나는 그 행위를 하지 말았어야 하며, 실제로 그 캠페인이 벌어지는지 여부와 상관없이 나는 비난받아 마땅한 것이다.[3]

---

3) 밀은 행위가 산출하는 복지나 행복의 관점에서 볼 때 행위의 결과가 어딘가에서는 끝난다고 가정해야 한다. 왜냐하면 그러지 않을 경우 그는 극대화를 해나가야 할 무한한 시간에 직면하게 될 것이고, 나아가 어떠한 행위도 전체적인 행복(또는 예상되는 행복)을 극대화하는 행위라고 이야기될 수 없기 때문에 어떤 행위든 다 허용해야 하게 될 것이기 때문이다(이 논점에 대해서는 Nelson 1991과 Vallentyne 1993 참조). 하지만 우리의 태양도 결국에는 소멸될 것이고 우리는 아마도 우주의 다른 곳에 있는 생명체들에 아무런 영향을 주지 못할 것이므로, 도덕은 오직 지구 위의 삶만을 관장한다고 밀이 가정해도 된다면 이 점은 실천적으로 볼 때 그에게 있어 그리 심각한 난점이 못 된다. 밀은 어째서 그런 제약을 적용할 권한을 갖는가? 설마 우리는 우주의 모든 생명체의 복지에 관심을 가져야 하는 것인가? 만약 그럴 경우 공리주의는 복지를 누릴 능력이 있는 생명체는 유한하다고 정말로 가정해야 할 것이다. 여기서도 확률주의가 해답을 제시해준다. 즉, 공리주의자는 그러한 생명체는 유한할 수도 있으며 따라서 복지 극대화 개념이 적용될 수도 있을

행위와 규칙

이제 많은 밀 연구자들이 주목했던 공리주의의 유형들 사이의 또 다른 중요한 구분을 살펴보도록 하겠다. 앞서 밀에 따르면 옳은 행위란 행복을 극대화하는 행위라는 것을 보았다.[4] 이것이 행위 공리주의(act utilitarianism)이다. 행위 공리주의는 **직접** 도덕이론에 해당하는데, 이는 이론의 중심에 있는 개념, 즉 극대화 원리가 직접적으로 행위에 적용되기 때문이다.

최근 몇몇 학자들은 밀의 입장을 **간접** 이론, 좀 더 구체적으로 말하자면 **규칙** 공리주의(rule utilitarianism)의 한 버전으로 해석한 바 있다. 규칙 공리주의자들의 이론도 역시 행위에 초점을 둔다. 그러나 이 이론에서는 행위가 행복을 극대화하는지 여부에 의해 그 행위의 옳고 그름이 직접적으로 결정되는 것이 아니라, 어떤 규칙, 즉 대부분 또는 모든 사람들이 받아들일 경우에 행복을 극대화하게 될 그런 규칙에 의해 결정된다. 밀에 대한 규칙 공리주의적 해석 중 가장 영향력 있는 버전으로는 J. O. 엄슨(J. O. Urmson)의 해석이 있다(Urmson 1953). 이 논문은 매우 큰 주목을 받았으므로, 이 논문에 대한 필자의 논지가 다른 규칙 공리주의적 해석에 대해서도 적용되기를 바라는 마음으로 지금부터 이 논문을 논의하도록 하겠다.

밀이 가지고 있는 입장이라고 엄슨이 주장하는 입장들 중 가장 중요한 것들은 다음과 같다.

지도 모른다고 가정해야 하는 것이다.

4) 필자는 논증을 위해 반드시 필요한 경우를 제외하고는 객관/주관 또는 현실주의/확률주의를 구분 짓지 않을 것이다. 따라서 여기서 '행복'은 (객관적 차원의) 행복과 (주관적 차원의) 예상되는 행복을 지칭하는 것으로 이해될 수 있다.

A. 개별적 행위는 그것이 특정한 도덕 규칙을 따른다는 것을 보임으로써 옳은 행위로서 정당화될 수 있다. 또한 개별적 행위는 그것이 특정한 도덕 규칙을 위반함을 보임으로써 그것이 옳지 않은 행위임을 보여줄 수 있다.

B. 특정한 도덕 규칙은 그 규칙의 승인이 궁극적 목적을 증진시킨다는 것을 보여줌으로써 그 규칙이 올바르다는 것을 입증할 수 있다.

이렇게 해석된 밀의 입장과 행위 공리주의 사이에는 어떤 차이가 있을까? 약속의 경우를 고려해보자. 만약 내가 당신에게 어떤 약속을 했는데, 어쩌다 보니 그 약속을 파기해야 효용이 극대화되는 상황이 발생했다면, 행위 공리주의는 그 약속을 위반할 것을 요구할 것이다. 엄슨이 지적하듯 이런 주장은 우리의 일상적 믿음과 어긋난다. 우리는 약속을 했다는 단지 그 이유만으로 약속한 바를 지켜야 할 의무를 갖는다고 믿는 경향이 있기 때문이다. 수정된 입장에 따르면 밀은 이 주장에 동의할 수 있다. 밀은 사람들에게 약속을 지키도록 요구하는 규칙이 일반적으로 받아들여질 경우 그 규칙은 가능한 한 최대로 행복을 증진시킬 수 있다고 주장할 수도 있다. 왜냐하면 이는 서로에 대한 신뢰를 필요로 하는 모든 종류의 가치 있는 계약과 협정을 가능하게 해주기 때문이다. 따라서 약속 위반은 도덕적으로 정당화된 규칙에 의해 금지될 것이므로 이 특정한 경우에서의 나의 약속 위반은 정당화되지 않을 것이다.

이제 엄슨이 자신의 해석을 뒷받침하기 위해 제시한 논변들을 요약해서 간략히 살펴보자. 이 중 몇몇 논변은 이 장의 뒷부분에서 본격적으로 다룰 것이다.

(1) 엄슨은 1.3에 나오는 밀의 주장, 즉 직관주의 학파와 귀납주의 학파는 둘 다 행위의 도덕성이 개별 사례에 일반적 법칙을 적용하는 문제라고 본다는 주장을 인용한다.

밀은 실제로 자신을 도덕철학의 기초를 '관찰과 경험'에 두는 귀납주의 학파의 일원으로 간주한다. 따라서 우리는 밀 자신도 행위의 도덕성은 일반적 법칙 또는 규칙을 개별 사례에 적용하는 문제라고 생각한다고 가정해야 한다. 그러나 정작 밀이 옹호하는 일반적 법칙은 행위 공리주의 원리이다.

(2) 엄슨은 2.2가 행위 공리주의적으로 해석될 수 있다는 사실은 인정하지만, 그렇게 해석하는 것은 행복이나 불행을 산출하는 행위의 '경향'에 대한 밀의 언급을 무시하는 처사가 될 것이라고 주장한다.

엄밀하게 보면 어떤 행위가 특정한 결과를 산출하는 경향이 있다고 말할 수 있는 것은 개별 행위가 아닌 행위 유형에 대해 이야기할 때뿐이라는 사실에 주목하라. 음주는 들뜬 기분을 야기하는 경향을 갖고 있지만, 바로 이 특정한 잔으로 하는 나의 음주는 그런 기분을 야기할 수도 있고 안 할 수도 있다. 그렇다면 밀은 여기서 도덕 규칙이 행위의 유형에 대해서 금지나 명령을 내린다고 간주하고 있는 것으로, 즉 사실상 옳은 도덕 규칙은 궁극적 목적을 증진시키는 규칙이라고 말하는 것으로 해석될 수 있는 것 같다(필자의 B에 해당). (Urmson 1953: 37)

엄슨은 밀이 B를 견지했다는 그의 주장을 뒷받침하기 위해 2.2를 언급한다. 필자는 밀이 B를 믿었다는 것은 인정하지만, 밀이 B를 믿었다는 사실을 이 단락이 보여주는 것은 아니다. 개별 행위의 경향을 두고 이야기하는 것은 공리주의 전통에서 일반적인 일이었다. 예를 들어 밀에게 너무나도 익숙했을 저작인 제레미 벤담의 『도덕과 입법의 원리 서설』(1789)의 두 번째 문단만 보아도 다음과 같은 내용을 찾을 수 있다.

공리의 원리란 행위가 가진 것으로 보이는, 이해 당사자의 행복을 증대시키거나 감소시키는 경향, 즉 그 행복을 증진시키거나 방해하는 경향에 비추어서 모든 행위를 승인하거나 불승인하는 원리를 말한다.

여기서 벤담이 '모든 행위'라는 말로 '모든 유형의 행위'를 의미하고 있는 것으로 볼 수 있을지도 모른다. 그러나 이 단락을 그렇게 에둘러 해석할 필요는 없어 보인다. 왜냐하면 다른 곳에서 벤담은 어떤 행위가 경향을 갖는 것을 어떤 사건(event)이 경향을 갖는 것과 유사한 것처럼 아무런 거리낌이 없이 말하고 있으며(1789: 4.3), 그런 단락에서 그가 사건의 유형을 언급하고 있는 것으로 이해되어야 한다는 주장은 특히나 설득력이 없어 보이기 때문이다.[5]

그렇다면 오직 행위 유형만 경향을 가질 수 있다고 볼 필요는 없다. 만약 내가 지금 즐기는 술을 마시는 행위가 나의 행복을 증진시킨다면, 바로 그 정도만큼은 그 행위가 내 행복을 증진시키는 경향을 갖는

---

5) 여기에 설득되지 않는 사람들은 4.5에 나오는 '행위의 일반적 경향'을 어떻게 평가해야 하는지에 대한 벤담의 논의를 읽어볼 것을 권한다. 이 논의는 분명 개별 행위의 도덕성을 어떻게 평가해야 하는지에 대한 논의로서 의도된 것이다. 이와 다르게 생각하는 사람은 벤담이 '어떤 사람이라도', '그 개별적 인간' 등을 언급할 때도 인간의 유형을 언급하고 있던 것으로 간주해야 할 것이다. '경향'이라는 용어를 사용할 때 밀이 부여하는 특수한 의미의 용법을 명확하게 보려면 이 장의 뒷부분에 나오는 존 벤에게 보낸 편지를 보라('존 벤에게 보내는 편지(Letter to John Venn)'(1872) 17.1881). 그렇다고 이 단어를 사용하는 벤담과 밀의 특수한 용법이 잘못된 것도 아니다. 일상 언어에서도 가령 '저 배는 우측으로 가려는 두드러진 경향이 있다'라고 할 때처럼, 개별 사물도 경향을 가질 수 있는 것이다.

것이다. 그리고 그 음주 행위가 내게 몇 시간 뒤에 머리가 쪼개질 듯한 두통을 주어서 불행을 증진시키는 바로 그 정도만큼 이 행위는 불행을 증진시키는 경향을 갖는 것이다. 이 음주의 전체적인 경향은 불행 대비 행복의 총합, 혹은 그 반대가 될 것이다. 밀은 이러한 사용법을 물려받아 쓰고 있으며 '경향' 개념은 그의 공리주의에 대한 정의에서 아무런 특별한 역할도 하고 있지 않다. 행위는 그것이 행복을 증진시키는 경향에 비례해서 옳다는 그의 주장은, 행위는 그것이 행복을 증진시키는 정도만큼 옳다는 주장과 다를 게 없는 것이다.

(3) 2.24에서 밀은 부차적 도덕원리가 있을 수 있다는 점을 인정한다. 엄슨은 이러한 부차적 원리가 자신이 A에서 서술한 것과 같은 역할을 하는 것으로 보며, 따라서 행위는 그러한 규칙에 부합될 경우에 옳다고 본다. 엄슨은 2.24에 나오는 것과 같은 주장들이 규칙을 단지 극대화를 위한 보조적 역할만 하는 것처럼 보게 만들 수도 있다는 점을 받아들인다. 그러나 특정한 유형의 행위의 일반적 결과를 알게 됨으로써 규칙에 도달하게 된 것이라는 점을 받아들인다고 해도, '규칙이 일단 만들어졌다면 그것이 규칙이 아닌 다른 어떤 것이라고 해석해야 할 필요는 없다'고 엄슨은 말한다(Urmson 1953: 38).

이 마지막 주장은 참이지만 그 규칙의 지위에 대해서는 의문이 남는다. 이 장의 다음 절에서 이 규칙의 지위에 대한 엄슨의 이해가 잘못되었으며, 따라서 밀이 A를 견지했다는 그의 주장 또한 잘못되었음을 보일 것이다. 엄슨이 인용한 제2장의 마지막 두 문장에 대해서도 같은 대답을 할 수 있는데, 이 인용문에서 밀은 오직 부차적 원리들이 서로 상충될 경우에만 일차적 원리에 호소해야 한다고 말한다.

(4) 밀 자신이 옳고 그름은 도덕 규칙으로부터 '도출된다'고 5.14에서 분명히 밝혔다고 엄슨은 주장한다.

최근 다른 비-행위 공리주의적 해석자들에 의해 널리 인용되어왔던 이 난해한 단락은 이 장의 마지막 절과 제7장에서 논의될 것이다.

지금까지 밀에 대한 행위 공리주의적 해석에 반대하여 규칙 공리주의적 해석을 옹호하는 엄슨의 논증 중 몇 가지를 살펴보았다. 다음 절에서는 엄슨이 인용한 단락들이 밀이 실제로 도덕 규칙을 어떻게 보았는지에 대해 과연 무엇을 알려주는지 살펴볼 것이다. 필자는 이 논의를 통해 밀이 규칙 공리주의자가 아니었다는 사실이 충분히 드러날 수 있기를 바란다.

도덕적 사고의 차원들

밀은 옳은 행위란 복지를 극대화하는 행위라고 생각한다. 그 때문에 그가 항상 의식적, 의도적으로 복지를 극대화하려고 노력(try)하고 그것을 유일한 목적으로 삼으라고 우리에게 조언할 것이라 예상하는 사람이 있을 수도 있다. 그러나 서로 다른 유형의 공리주의 이론들 사이에 존재하는 또 하나의 중요한 차이점을 알아챈다면 이러한 예상은 하지 않을 것이다.

행위 공리주의자는 어떤 행위가 복지를 극대화한다는 사실이 그 행위를 옳게 만들어준다고 말한다. 제4장에서 보았듯이 이것은 밀이 1.1에서 옳은 행위의 기준(criterion)이라고 부르는 것이다. 행위 공리주의자는 오직 옳은 행위의 기준에 대한 이론일 뿐이라는 사실에 주목하라. 이 이론만 가지고는 우리가 일상적 삶에서 어떻게 행위할 것인지에 대해 어떻게 생각해야 하는지에 관해서는 아무것도 알 수 없다.

그러나 행위 공리주의자가 우리가 기회가 있을 때마다 복지를 극대화하려고 항상 의식적으로 노력해야 한다고 주장하지 못할 이유는 없다. 이런 이론은 일차원적(single-level) 행위 공리주의라고 부를 수 있을 것이다. 이 이론의 지지자는 도덕적 행위자가 오직 단일한 '차원'에서 생각하는 것, 즉 자신의 사고가 행위 공리주의 자체에 의해 끊임없이 지배당하도록 놔둘 것을 권장하기 때문이다.

일차원적 행위 공리주의가 퍼져 있는 사회의 삶의 모습이란 과연 어떨지 상상해보라. 아무래도 인간이기에 맛있는 음식을 먹는 것 같은 경험은 즐기지 않고는 못 배기겠지만, 당신을 포함한 모든 사람들은 복지의 극대화 이외에는 아무런 목적도 채택하지 않을 것이다. 당신은 살인, 상해, 거짓말 등과 같은 행위를 하는 데 있어서도 아무런 거리낌이 없을 것이다.

필자는 인간에게 그런 사회가 과연 가능하기나 한지 의심스럽다. 일차원적 의사 결정 절차로서의 행위 공리주의는, 사람들(혹은 그들의 효용)에 대해 전적으로 공평무사할 것, 그리고 이 이론이 합리적으로 적용될 수 있는 수준까지 교육을 받아야 할 것, 이 두 가지를 요구한다. 이 두 요건은 서로 충돌한다. 아이들은 전통과 문화 속에서 길러지는데, 지금까지 인간 사이에서 발달된 모든 전통과 문화는 편향성(partiality)을 담고 있다. 부모, 선생님, 그리고 사회의 다른 구성원들은 아이들과 특별한 관계를 맺는데, 바로 이러한 관계가 아이들이 합리적인 존재로 자라날 수 있도록 해준다. 이러한 편향성에 의존하지 않은 교육 체계를 상상하는 것도, 일단 합리적으로 생각할 수 있는 능력이 갖추어진 이후에 편향성이나 애착이 포기될 수 있다고 상상하는 것도 어려운 일이라 할 수 있다.6)

---

6) 이 점은 아마도 나중의 경험이 이전의 경험과 연결될 가능성이 높다고 믿는 연합주의자에게는 특히 더 큰 문제가 될 수 있다(제1장 참조). 밀은 관습적

일차원적 행위 공리주의자는 이 점을 받아들이면서, 그래도 자라면서 생겨난 편향성의 심리적 제약 속에서 가능한 한 공평무사해야 한다고 주장할지도 모른다. 철학자들이 말하듯 '당위(ought)'는 '능력(can)'을 함축한다. 이는 그런 입장이 과연 '일차원적' 이론이라고 불려도 되는지에 대한 문제를 제기한다. 일차원적 이론가들은 도덕적인 사고를 하는 행위자라면 누구나 행위 공리주의적인 행위자가 될 수밖에 없다고 제안할지도 모른다. 그러나 이런 주장은 편향성의 발달 그 자체에 도덕이 담겨 있다는 사실을 간과하는 것이다. 인간의 양육은 항상 비공리주의적인 실천적 도덕과 서로 복잡하게 얽혀왔다. 아이들은 아주 어린 시절부터 자기 자신, 형제자매, 그리고 친구들에게 가해지는 불공정함에 대해서 비공리주의적인 도덕적 분노를 느낀다. 자연스러워 보이는 이런 반응을 비롯해 아이들의 양육에 중요한 역할을 하는 많은 반응들이 순전히 문화적으로만 발생되는 것인지 여부는 분명하지 않다. 만약 그런 반응들이 순전히 문화적 산물이 아니라면 일차원적 행위 공리주의는 무너져버리고 만다. 왜냐하면 그럴 경우 도덕적 영역 속에서 인간의 삶이 순수하게 공리주의적이 되는 것은 심리적으로 불가능한 일일 것이기 때문이다. 이는 일차원적 행위 공리주의가 사회에 적용되기 불가능할 뿐만 아니라, 어떤 사회에 속한 어떤 개인이라 해도 수용할 수 없다는 것을 시사한다.

물론 이것은 경험적으로 검증되어야 할 문제이지만 무시무시한 실험을 하지 않는 바에야 어떻게 이 문제가 해결될 수 있는지 상상하기 어렵다. 사실은 일차원적 행위 공리주의에 반박하여 밀이 제시하는 강력한 논증이 있다. 어떤 일차원적 행위 공리주의자에게 어째서 효용을 극대화하려고 지속적인 노력을 해야 한다고 주장하는지 묻는다

도덕을 가능하게 하는 것이 바로 이러한 연합이라고 믿었을 것이다.

면, 그는 행위 공리주의자로서 이런 방식의 도덕적 사고야말로 전체적 복지를 증진시키기에 가장 적절하기 때문이라고 말해야 할 것이다. 그러나 이것이 사실일 가능성은 극히 낮아 보인다.

우선 매 순간 가능한 다양한 행위 경로들이 가진 복지가치를 계산하기 위해 일차원적 행위 공리주의 사회의 사람들이 얼마나 많은 시간을 할애해야 할 것인지 생각해보라. 사실 그들의 실천적 사고에 지침을 제공해줄 몇 가지의 규칙이라도 존재하지 않는다면, 그들은 절대 계산을 멈출 수 없으며 결국엔 아무것도 성취되지 못할 것이다. 계산에 얼마나 많은 시간을 써야 하는지에 대한 규칙과 밀이 '관습도덕'(3.1)이라고 부르는 규칙 사이에는 사실 그렇게 큰 차이도 없다. 밀은 도덕이론으로서의 행위 공리주의를 받아들인다고 해서 행위 공리주의를 일차원적 의사 결정 절차로 채택해야 한다고 생각할 필요는 없다는 사실을 명확하게 인식하고 있었다. 행위 경로가 일반 행복에 어떤 결과를 미칠지 그 모든 영향을 계산할 시간 따위는 없다는, 공리주의를 겨냥한 반론에 대해 밀은 다음과 같이 반박한다.

그동안 충분한 시간이 흘렀다. 즉 인류의 지난 과거 전체의 시간이 있었다. 이 기나긴 시간 동안 인류는 경험을 통해 행위의 경향에 대해 배워왔다.[7] 바로 이 경험이 삶의 모든 도덕과 모든 실천적 지혜의 기초가 되는 것이다. … 만약 인류가 효용을 잣대로 하여 도덕성을 판단하는 데 동의한다면 그들은 과연 무엇이 유용한 것인지에 대해 조금도 합의하지 못할 것이고 또 이 문제에 관한 그들의 생각을 젊은 세대에게 가르치거나 법과 여론을 통해 시행할 방도가 없을 것이라는 주장은 참으로 터무니없다고 하지 않을 수 없다. … 이 시점쯤 됐으면 인류는 특정한 행위들이 자신의 행복에 미치는 영향에 관해서 나름의 확고한

---

7) 여기서 밀은 '경향'이라는 말을 일상적이고 비전문적인 용어로 쓰고 있으며 이것을 행위의 종류에 적용하고 있다.

믿음을 확립했어야 한다. 그리고 그렇게 해서 전해 내려온 믿음은 보통 사람들에게 도덕 규칙에 해당되고, 스스로 더 나은 규칙을 발견할 때까지는 철학자에게도 마찬가지로 도덕 규칙인 것이다. (2.24)

밀에 의하면 우리 대부분은 가령 살인이나 도둑질을 금지하는 도덕 원리들의 집합인 관습도덕을 받아들이도록 길러졌는데, 이 관습도덕은 '인식되지 않은 기준의 암묵적 영향 때문에'(1.4) 생겨난 것이라고 한다. 인간은 본성상 자신의 행복에 관심을 갖는데, 이 관심은 타인에게로 확대되어 우리가 그것을 완전히 알아채기도 전에 대부분 공리의 원리에 기초한 관습도덕이 발달되도록 만들었던 것이다. 도덕 규칙은 자신의 궁극적 목적지를 이미 알고 있는 여행자가 이용하는 '지표와 표지판'이나 항해 중에 선원이 사용하는 항해력과 유사하다(2.24). 지표나 항해력을 참고하여 나아가는 일은 그것이 목적지에 더 가까이 가게 해주지 않는 한 아무런 의미가 없다. 그 일들이 일반적으로 그런 기능을 한다는 바로 그 사실이 이러한 일들을 정당화해주는 것이다. 밀은 일차원적 행위 공리주의자가 된 채로 성공적으로 사는 것은 항해술의 도움 없이 복잡한 항해를 해나가는 것만큼이나 불가능한 일이라는 사실을 인식하고 있었다(2.24).

따라서 관습도덕의 규칙은 간단히 말해서 (오해의 소지가 있는 표현이지만) '주먹구구식 지침(rules of thumb)'이다. 그런 규칙은 시간을 절약해주는 데다가 시대를 거친 인류의 경험에 근거해 있어 신뢰성을 갖지만, 행위에 대한 궁극적 정당화와는 관련이 없다. 이 정당화는 오직 행위가 행복을 증진시켜주는 정도에 의해서만 이루어질 수 있기 때문이다. 엄슨이 지적하듯이, 이 규칙은 도덕적 행위의 기준에 대한 밀의 이론에서 아무런 역할도 하지 않는다. 그러나 여기서 한 가지 의문이 생긴다. 밀은 일차원적 행위 공리주의자가 아니며 관습도덕의 규칙을 우리의 도덕적 사고에 적용하도록 허용한다. 그렇다면 밀은 공리주의가 비록 행위의 옳음에 관한 올바른 이론이라고 해도 실제 도덕 행위자의 도덕적 사고에서는 어떠한 역할도 절대 하지 말아야 한다고 말하고 있는 것일까? 즉, 밀은 의사 결정 절차에 있어서 행위 공리주의 이론을 절대로 참고하지 말아야 할 행위 공리주의적인 이유가 있다고 주장하는 자겸적(自謙的, self-effacing) 버전의 행위 공리주의를 제시하고 있는 것인가(Parfit 1984: 40-3 참조)?

사실 밀은 일차원적 이론가도 아니고 자겸적 이론가도 아니다. 밀은 특별히 섬세한 유형의 다차원적(multi-level) 입장을 갖고 있다 (Hare 1981: 25-8). 때로는 살인을 하지 말라거나 도둑질을 하지 말라는 등 우리 대부분이 배우며 자란 일상적인 관습도덕을 우리는 그저 따라야 한다. 이 관습도덕의 성격을 잘 살펴보면, 왜 관습도덕이 '주먹구구식 지침'이라는 표현에 오해의 소지가 있는지를 알 수 있다. 관습도덕을 주먹구구식 지침의 집합으로 간주하는 어떤 행위 공리주의자가 다음과 같이 생각한다고 상상해보라. '내 상사를 죽여버려야 하나? 음, 근데 예로부터 살인은 효용을 산출하지 못하는 것으로 드러났기 때문에 관습도덕에는 살인을 하면 안 된다는 주먹구구식 지침이 포함되어 있어. 그러니까 그를 죽여서는 안 되는 것 같군.' 이런 사고의 흐름은 우리에게 참으로 낯선 것이며 밀에게도 마찬가지였을 것이다. 우리가 무엇을 생각할지, 어떻게 생각할지, 또 어떤 선택지를 진지하게 고려해야 할지에 대해 윤곽을 제시해주는 것도 관습도덕의 기능이다. 관습도덕은 우리 내면에 깊숙이 뿌리를 내리고 있기 때문에 대부분의 상황에서는 남을 죽여야 할지 말지에 대해서 질문조차 하지 않을 것이다. 즉, 밀은 아이들에게 도둑질하지 말라고 진심으로 타이르고, 거짓말하고 싶은 유혹에 저항하고, 거짓말하는 데 대해 양심의 가책을 느끼는 등, 기존의 관습도덕 대부분을 있는 그대로 계속 따르라고 제안하고 있던 것이다. 이런 의미에서 밀은 일종의 도덕적 보수주의자였다고 할 수 있다. 그러나 이런 분야에서는 보수주의를 택하는 것이 거의 유일한 선택지인지도 모른다.

그러나 관습도덕 자체에도 행위 공리주의적인 공평무사한 선의의 원리가 들어 있다(혹은, 밀에 의하면, 들어 있어야 한다). 가령 관습도덕 내의 비-행위 공리주의적 원리들 사이의 해결할 수 없는 갈등이 생길 때 이 원리가 사용되어야 한다. 다음의 사례를 생각해보자. 당신은 친구와 오후 4시에 차를 마시기로 약속을 했는데, 상사가 다른 직원의 복지에 대해 의논하자며 당신을 급히 호출한다. 만약 관습도덕의 비-행위 공리주의적인 부분이 이 딜레마를 해결할 수 없다면, 당신은 행위 공리주의 원리를 사용할 수 있다:

제일 원리에 호소할 필요가 있는 것은 오직 부차적 원리들이 상충할 경우뿐이라는 사실을 명심해야 한다. 부차적 원리가 아예 관계되지 않은 도덕적 의무 따위는 존재하지 않는다. 만약 부차적 원리가 단 하나뿐이라면, 원리 자체를 파악한 사람의 마음속에서는 그 원리가 어느 원리인지에 대해서 의심할 여지가 거의 없을 것이다. (2.25)

그렇다면 밀은 여기서 일상적인 삶에서 두 개의 비공리주의적 원리들이 상충할 경우를 제외하고는 공리의 원리를 참고하지 말아야 한다고 주장하고 있는 것이다.[8] 관습도덕은 두 차원에서 작용하거나, 혹은 그렇게 작용하도록 만들어져야 한다. 하나는 비-행위 공리주의적인 차원이고 다른 하나는 행위 공리주의적 차원이다. '작용하도록 만들어져야 한다'라고 말한 이유는, 관습도덕이 암묵적으로 공리의 원리에

---

8) 이제 곧 살펴볼 테지만, 여기서는 밀이 조금 과장되게 말한 면이 있다. 왜냐하면 그는 이상적인 관습도덕이 전체 행복을 증진시키려는 행위 공리주의적 원리에 의한 순수한 동기 역시 허용한다고 믿었기 때문이다.

의존하고 있다는 그의 주장을 생각해보면 알 수 있듯이, 밀은 이 원리가 현재로서는 우리에게 의무적인 것으로 느껴지지 않는다는 점을 인정하기 때문이다(3.1). 이는 현재의 관습도덕이 도덕적 의무감에 근거를 두고 있는 것과는 대조적이다. 우리는 현재 관습도덕 규칙에 관해서는 그것을 따라야 할 도덕적 의무가 있다고 느끼며, 물론 이런 점에서는 관습도덕 규칙과 항해 중에 발견되는 규칙 사이의 차이가 나타난다. 그러나 밀은 다음과 같은 결과가 나올 수 있도록 교육과 여론을 활용해야 한다고 말한다.

> [교육과 여론은 각 개인이] 공공의 선에 반하는 행위를 하면서 자기 자신의 행복을 도모하는 일은 상상도 못하도록 해야 할 뿐만 아니라, 공공의 선을 증진시키려는 직접적인 충동이 각 개인의 습관적인 행위의 동기 중 하나가 되게 만들고, 그와 관계된 감정이 모든 인간의 의식 속에 크게 자리 잡도록 해야 한다. (2.18; 필자의 강조; 3.1-5, 10-1도 참조하라)

밀은 '우리 동포와 화합하고자 하는 욕구'가 인간의 강한 본성이며 이러한 욕구는 문화의 진화에 의해 더욱 강화되어왔다고 받아들인다. 그리고 그는 이런 화합의 감정을 가르치는 일을 종교로, 즉 공리주의적 의무감을 근저에 심어주는 방식으로 간주한다(3.10; 제4장 참조).

그러나 밀에게는 일상적인 도덕적 사고의 비-행위 공리주의적 차원이나 행위 공리주의적 차원과는 별개인 또 다른 도덕적 사고의 차원이 존재한다. 그것은 바로 철학 자체의 차원이다.

즉, 밀은 여러 형태의 담론에 참여할 준비가 되어 있으며, 그는 우리도 그런 준비가 되어 있어야 한다고 주장한다. 만약 밀이 사용하는 도덕 언어를 들어보면 그는 아마 다음의 세 차원 중 한 차원에서 이야기하고 있을지도 모른다. (1) 관습도덕의 비-행위 공리주의적 차원(예: '그것은 용기 있는 일이었다.'), (2) 관습도덕의 행위 공리주의적 차원(예: 차를 마시는데 상사가 불러내는 갈등 사례), (3) 철학적인 행위 공리주의적 차원(예: 『공리주의』의 2.2 참조).9) 밀이 어떤 아이에게 도둑질은 옳지 않다고 말한다 해도 그리 놀랄 것은 없다. 밀의 저작에는 그가 관습도덕의 관점에서 말하고 생각할 준비가 되어 있었다는 사실을 분명히 보여주는 증거가 있다. 그러나 밀이 진정한 도덕철학을 하고 있을 때는, 즉 무엇이 행위를 진정으로 옳거나 그르게 만드는지에 대한 주장을 할 때는, 행위가 단지 관습도덕에 위배되기 때문에 옳지 않다는 생각에 반대했을 것이다. 행위는 오직 그것이 행복이나 불행을 증진시키는 한에서 옳거나 그른 것이다.

그렇기 때문에, 밀이 행위 공리주의 원리를 관습도덕 내의 갈등 해결에만 제한한다고 해서 그것이 관습도덕 자체에 대한 반성이나 그 반성으로 인해 생기는 관습도덕의 변화조차 금지할 정도로 보수적인 면모를 보여주는 것이라고 생각해서는 안 된다. 그는 관습도덕에 내재적인 중요성을 부여하지 않는다. '널리 받아들여진 윤리의 규준이 신성한 권리를 가진 것은 전혀 아니다. 행위들이 일반적 행복에 미치는 영향에 대해 인류는 아직도 배울 것이 많다는 점을 나는 인정한다, 아니, 진심으로 주장한다.'(2.24) 그는 관습도덕을 실천하는 삶으로부터 분리된 작업으로서의 철학적 반성을 하는 동안에는, 공리의 원리에 대한 참고를 배제시키지 않는다. 밀은 철학자들이 관습도덕을 밝

---

9) 이 점은 밀의 저작에 대한 해석을 특히 난해하게 만든다. 만약 밀이 아서 헬프스(Arthur Helps)에게 1847년에 보낸 편지에서 했던 제안과 같이 언뜻 보기에 공리주의와 일관되지 않은 주장을 한다면, 그가 철학적 이론의 차원에서 말하는 것인지, 아니면 관습도덕의 차원에서 말하는 것인지가 분명하지 않기 때문이다. 제1장을 참조하라.

은 곳으로 끌어내서 가능한 한 더욱 발전시켜주기를 희망한다. 그는 자신이 『공리주의』를 통해서 어느 정도는 이러한 작업을 하고 있는 것이라 생각하였다. 개인의 자유와 성별 간의 관계에 대한 당시의 관습도덕에 대한 밀의 반성이 어떻게 해서 그로 하여금 이런 영역들을 관장하는 관습도덕 원리들에 다양한 중대 변혁이 이루어져야 한다고 주장하게 만들었는지 뒤에 나올 장들에서 살펴볼 것이다.

요구의 과도함과 규칙 숭배

이 장에서 소개했던 도덕이론들 간의 구분과 공리주의의 유형들 간의 구분을 요약해보도록 하겠다. 이 이론들은 혼동하기가 매우 쉽기 때문이다. 첫째, 이론들은 어디에 **초점**을 두는지에 따라 구분된다. 대부분의 이론은 행위에 초점을 두지만 어떤 이론은 품성이나 삶 전체에 초점을 둘 수도 있다. 둘째, 공리주의 이론은 행위의 결과에 관련해서 **현실주의**를 택할 수도 있고 **확률주의**를 택할 수도 있다. 필자는 밀이 두 입장 모두에 끌린 것으로 보이며 옳음에 대한 두 관념의 측면에서 볼 때 가장 올바르게 해석된다고 제안한 바 있다. 그 두 개념 중 하나는 **객관적 옳음**으로, 옳음이 행위자의 믿음이나 예상의 영역 밖에 있는 외적인 요소들에 의해 결정된다고 보며, 다른 하나는 **주관적 옳음**으로, 옳음이 행위자의 믿음이나 주어진 상황에서 정상적인 행위자가 가질 법한 믿음에 의해 결정된다고 본다. 필자가 제시한 세 번째 구분은 옳은 행위의 **기준** 개념, 즉 무엇이 행위를 옳거나 그르게 만드는지에 대한 개념에 대한 것이었다. 어떤 이론은 **직접** 이론으로서, 그 이론의 기준의 중심 개념을 다른 매개 없이 그 이론이 초점을 두는 곳에 직접적으로 적용한다. **행위 공리주의**에 따르면 행위를 옳은 것으로 만들어주는 것은 그것이 복지 또는 예상되는 복지를 극대화해준다는 사실이다. 어떤 행위가 옳은지 여부는 그것이 극대화를 이루어주는지 여부에 직접적으로 좌우된다. 간접 이론인 규칙 공리주의에 따르면 행위를 옳은 것으로 만들어주는 것은 일반적으로 준수될 때 복지나 예상되는 복지를 극대화해줄 그런 규칙의 집합에 그 행위가 부합된다는 사실이다. 밀은 행위 공리주의자이다. 마지막으로, 공리주의 이론가들은 행위자가 채택해야 하는 의사 결정 절차의 종류를 두고 의견이 갈린다. 일차원적 공리주의자는 의사 결정이 주로 공리주의 원리에 의해 이루어져야 한다고 주장하는 반면, 자겸적 공리주의자는 이 원리를 아예 참고하지 않을 것을 권장한다. 다차원적 이론가는 이 원리를 가끔씩만 참고할 것을 권장한다. 필자는 밀의 입장이 어째서 다차원적 이론인지를 밝혔으며, 공리주의적인 철학적 반성이 관습도덕의 변혁을 지지할 수도 있음을 보였다. 공리주의를 이해하기 위해서는 이러한 다양한 구분들을 서로 잘 분리해서 기억하는 것이 매우 중요하다. 아마도 가장 흔한 실수는 밀의 이론과 같이 일상적 도덕 규칙에 충실할 것을 주장하는 다차원적 행위 공리주의와 규칙 공리주의를 혼동하는 실수일 것이며, 이러한 혼동은 현대의 많은 윤리학 저작들에서도 발견되고 있다.

이제 필자는 이 구분들을 염두에 두고 밀의 입장을 계속해서 논의하려고 하는데, 특히 『공리주의』에서 가장 복잡한 단락 중 하나인 2.19와 그에 대한 긴 주석에서 제기되는 몇 가지 논점들에 집중하고자 한다. 이 논점들은 도덕의 요구의 과도함(demandingness)과 도덕이 관계된 영역의 범위, 밀이 행위 공리주의자가 아닐 가능성, 그리고 특정한 형태의 다차원 공리주의에 대한 소위 '규칙 숭배(rule-worship)' 반론 등에 관련된 것이다.

단락 2.19에서 밀은 행위 공리주의가 과도한 요구를 한다는 반론에 대해 다룬다. 이전 절에서 필자가 묘사했던 일차원적 행위 공리주사회에 대해 더 깊이 숙고해본다면 아마 이 반론을 이해할 수 있을 것이다. 이 이론은 당신이 개인적인 관심사나 계획을 위한 시간 또는 우정이나 인간관계를 발달시킬 시간을 갖도록 허용하지 않는다. 그것이 효용을 공평무사하게 극대화하는 경우를 제외한다면 말이다. 당신의 실천적 추론에서 당신 자신의 복지는 다른 모든 사람들의 복지와 함께 계산되며, 당신의 복지는 다른 각각의 사람들의 복지가 중요한 정도만큼만 중요하게 여겨진다. 과연 이런 이론은 받아들일 수 없을 정도로 과도한 요구를 하는 것일까? 이제는 우리가 예상할 수 있듯이, 밀은 옳음의 기준과 도덕 행위자의 일상적 사고를 구분함으로써 이 반론에 대해 반박하며, 다음과 같이 주장한다.

[이러한 반론을 제기하는 것은] 도덕의 기준이 무엇을 의미하는지조차 제대로 이해하지 못한 것이며, 행위의 규칙을 행위의 동기와 혼동한 것이다. 윤리학의 역할은 우리의 의무가 무엇인지, 아니면 어떤 검증 방법을 통해 의무를 알아낼 수 있는지 말해주는 것이다. 그러나 의무감이야말로 우리가 하는 모든 행위의 유일한 동기여야 한다고 요구하는 윤리체계는 존재하지 않는다. 그와 반대로 우리 행위의 99퍼센트는 다른 동기에서 나오며, 의무 규칙에 어긋나지 않는 한 그런 동기에서 행위하는 것이 옳은 것이다.

밀은 관습도덕이 공리의 원리에 충실하게 근거해 있다고 믿는다. 실제로 이것이 관습도덕은 철학적인 공리주의적 반성에 비추어서 평가되고 개선되어야 한다는 밀의 주장에 특히 강력한 정당화 근거를 제시해주는 것인지도 모른다. 관습도덕은 의무의 동기 말고 자기 이익이나 타인에 대한 사랑 등과 같은 동기로부터 행위할 수 있는 여지를 허용하므로, 밀 자신은 그렇게 행위하는 것이 결국에는 행복의 극대화로 이어질 것이라는 생각에서 이런 동기들을 허용하고 싶어 하는 것으로 보인다. 이전 장과 이 장에서 보았듯이, 밀은 관습도덕이 우리에게 지금보다 조금 더 많은 요구를 해야 한다고 생각한다. 공리주의 — 순수한 공평무사성 — 는 관습도덕에서 지금보다 더 큰 역할을 수행해야 한다. 도덕이 더 많은 요구를 하게 되는 것과 의무의 범위가 확대되는 것은 한 사회에서 도덕적 진보가 이루어지고 있다는 징후이다(*AC* 10.338). 그러나 밀은 관습도덕의 개혁은 점진적일 수밖에 없음을 인정하는 점진주의자이다.

이전 절에서 보았듯이 밀은 그가 제시하는 이상적 관습도덕 속에서 공리주의적이고 순수하게 선의적인 동기가 작용할 수 있는 여지를 허용한다. 그러나 의무감으로 행위하거나 공리의 원리로부터 행위할 때조차, 이전 절의 사례에서처럼 당신의 친구, 상사, 다른 직원, 그리고 당신 자신과 같이 당신과 관계된 특정한 사람들의 이해관심만을 고려해야 한다고 밀은 말한다. 그 이유는 다음과 같다.

공리주의 윤리학에 의하면 덕의 목적은 행복의 증대이다. 한 사람이 확대된 규모로 행복의 증대를 수행할 힘을 갖는 것은 (천 명 중의 한 명꼴로) … 아주 예외적인 경우뿐이다. 오직 이런 경우에만 개인이 공공의 효용을 고려하도록 요구받는 것이다.

이 단락은 부차적 원리들 사이의 갈등이 있을 때에만 공리의 원리가 참고되어야 한다는 밀의 언급에 과장이 있었음을 다시 한 번 보여준다. 이 단락의 핵심 내용은 지금과 마찬가지로 밀의 시대에도 거짓이었다. 밀의 시대에는 재산의 분배가 매우 불공평했기 때문에, 당시 많은 사람들, 특히 『공리주의』를 읽을 여유가 있던 사람들은 요즘의 우리와 마찬가지로 가치 있는 자선활동에 기여하거나 극심한 고난을 완화하는 활동에 직접 참여함으로써 '확대된 규모로' 효용을 증진시킬 기회를 갖고 있었다. 공리주의가 밀이 허용하는 것보다 훨씬 더 많은 요구를 한다는 사실은 거의 확실하다. 사실 여기서 밀이 고의적으로 솔직하지 않았던 것이라 생각하고 싶어지기가 쉽다. 그는 관습도덕이 이상적인 수준이 되기까지는 갈 길이 멀다는 사실과 많은 이들에게는 그 이상에 도달하는 길이 과도한 요구로 비치리란 사실을 잘 알고 있었다. 사람들이 그 길에 동참하도록 장려하는 수사법은 『공리주의』의 제3장, 특히 결론부에 잘 나타난다. 여기서 밀은 공리주의를 향한 의혹을 가라앉히는 데 더 큰 관심이 있었는지도 모른다. 그에게는 공리주의 도덕이 과도한 요구를 한다는 점을 강조하여 독자가 질려서 도망가버리게 하기보다는 약한 공리주의자가 되도록 설득하는 편이 더 나았을 것이다. 도덕의 요구의 과도함이 갖는 이론적 함축에 대해서는 다음 장에서 더 자세히 다룰 것이다.

밀은 도덕적 사고의 범위가 어디까지 확대되어야 하는지에 대한 논의를 계속해서 이어나간다.

자제가 필요한 행위의 경우, 즉 특정한 개별 사례에서는 유익한 결과를 낳을지 모르지만 보통은 사람들이 도덕적 고려 때문에 삼가는 그런 행위들의 경우를 생각해보자. 이러한 경우에 대해서 그 행위가 널리 행해지면 일반적으로 해를 끼치게 되는 행위의 범주에 속한다는 점과 이 점이 그런 행위를 삼갈 의무의 기초가 된다는 점을 명확히 의식하지 못한다면 양식 있는 행위자라고 불릴 자격이 없는 것이다. 그러나 이러한 인식이 함축하는 공공의 이익에 대한 관심 정도는 모든 도덕체계가 요구하는 관심의 정도보다 결코 더 크지 않다. 왜냐하면 도덕체계라면 어떤 것이든 사회에 명백히 해로운 일은 하지 말라고 명령하기 때문이다. (2.19)

따라서 밀은 당신이 때로는 단지 특정한 개인들에 대해서 뿐만 아니라 사회 전체에 대해서도 생각할 자세를 가져야 한다는 점을 인정할 의향이 있었던 것이다. 이 단락은 밀이 행위 공리주의자였는지 아니면 규칙 공리주의자였는지에 대한 해석의 문제를 다시 한 번 제기한다. 위에서 필자는 밀이 규칙 공리주의자가 아니었다고 주장하였다. 공리주의적 일반화(utilitarian generalization)라고 불릴 만한 또 다른 버전의 간접적 공리주의가 있는데, 이 버전은 반드시 규칙의 언급에 의존하지는 않지만 구조적으로는 규칙 공리주의와 매우 유사하다. 이 이론은 사람들이 일반적으로 행했을 경우에 복지가 극대화되지 못하는 그런 행위를 해서는 안 된다고 요구한다. 여기에 나타난 밀의 진술은 그런 이론에 매우 가까운 것으로 보인다. (엄슨은 밀의 이 진술에 대해서는 언급하지 않는다.) 이것은 만약 내가 약속을 어긴다면 비록 그렇게 해서 복지를 극대화할 수 있다고 하더라도 옳지 않은 일을 한 것임을 의미한다. 왜냐하면 약속이 일반적으로 위반된다면 그것은 '일반적으로 해를 끼치게 될' 것이 거의 확실하기 때문이다.

우리가 주목해야 할 두 가지가 있다. 첫째, 이 단락은 도덕의 기준이 아니라 행위자의 도덕적 사고에 관한 것이라는 점이다. 여기서 밀은 '의무(obligation)'라는 말로 우리의 살인이나 절도 행위를 막는 의무감을 의미했을 가능성이 크다. 이미 보았듯이 우리가 이런 의무감을 갖는 것은 공리의 원리에 의해 정당화된다. 둘째, 밀은 그가 떠올린 사례에 나타난 결과가 실제로 이롭다고 말한 것이 아니라 단지 그럴 수도 있다고 말했을 뿐이다. 따라서 밀은 관습도덕이 어떤 도덕적 행위자에게 무언가를 (가령 거짓말하지 말 것을) 요구하는 상황을 염두에 두고 있는 것이다. 이 행위자는 여기서만큼은 관습도덕을 무시하는 것이 최선의 결과를 산출할지도 모른다고—어쩌면 아마 그럴 것이라고—보고 있는 것이다. 그러나 적어도 도덕적 행위자라면 타인에게 크게 해를 끼칠 가능성이 높은 종류에 속하는 활동을 삼가야 한다는 사실을 알아챌 준비가 되어 있어야 한다고 밀은 제안하는 것이다. 밀 자신은 여기서 행위 공리주의적인 정당화를 제공할 수 있었겠지만, 그가 말하듯 이러한 견해는 단지 행위 공리주의자뿐만 아니라 도덕이론가라면 누구나 받아들일 만한 것이다.

이런 사례에서 행위자는 왜 자신의 의무감을 존중해야 하는 것일까? 밀은 몇 쪽 뒤에 두 가지 논증을 제시한다(2.23). 첫 번째 논증은 진실을 말하려는 우리의 경향성이 공리주의적 관점에서 매우 큰 가치를 지니며 어떤 경우든 거짓말을 하는 것은 이 경향성을 약화시킨다는 것이다. 두 번째 논증은, 사람의 주장이 갖는 신뢰성은 일반 행복에 여러 좋은 효과를 가져오는데 거짓말은 이러한 신뢰성을 감소시킨다는 것이다. 따라서 관습도덕의 원리에 대한 존중을 옹호하는 밀의 주장은 일관되게 행위 공리주의적인 것이다. 전체적 관점에서 보면 관습도덕의 원리를 존중하는 일은 실제로 복지 또는 행복을 극대화하는 일이 될 것이다.

이러한 설명은 밀이 어째서 논의되고 있는 행위가 실제로 사회에 '명백히 해로운' 것이라는 주장으로 위의 인용문을 끝맺는지 보여준다. 밀은 또한 가능한 일련의 행위가 가져올 결과를 고려할 때 그 행위가 속한 전체 행위 집합의 결과도 함께 고려하는 편이 좋다고 생각하였다. 1872년에 존 벤(John Venn)에게 보낸 편지에서 밀은 이렇게 말한다.

행위를 그 결과에 기준을 두고 검증할 때는 특정한 행위의 자연스러운 결과로 검증해야지 모든 사람이 동일한 행위를 했을 때 발생할 결과로 검증하면 안 된다는 자네의 주장에는 동의하는 바이네. 그러나 모두가 동일한 행위를 했을 때 어떤 일이 벌어질지를 고려하는 것이 개별 사례 속의 행위가 어떤 경향을 갖는지 알아낼 수 있는 유일한 수단

인 경우가 대부분이라네.10) ('존 벤에게 보내는 편지'(1872) 17.1881)

사람들이 습관적으로 거짓말을 할 경우 그 결과로 진실을 말하고 남의 말을 믿으려는 성향이 약해지는 현상이나 다른 여러 가지 나쁜 결과들이 나타날 확률이 높다. 그러나 관습도덕을 준수하는 일이 행복을 극대화하지 못하는 예외적인 경우들이 존재할 수도 있는데, 밀은 현실주의자이므로 이런 사례들의 경우에는 관습도덕을 따르지 말아야 한다고 말해야 할 것이다. 그러나 우리는 미래를 예언할 수 없으며, 따라서 대개의 경우에는 관습도덕을 준수해야 한다는 밀의 제안은 장기적인 관점에서 정당화될 수 있을 가능성이 크다.

이것은 밀의 이론이 이른바 '규칙 숭배(rule-worship)'의 과오를 저지른다는 비판이 부당한 이유를 설명해준다(Smart 1956: 348-9). 다음의 사례를 고려해보자(이 사례는 McCloskey 1957에서 가져온 것이다).

[보안관] 거친 서부에 한 마을이 있다. 이 마을은 잦은 폭력 범죄로 몸살을 앓고 있다. 시장은 이 마을의 보안관에게 대리인을 보낸다. 이 대리인은 보안관에게 모든 마을 사람이 범인이라고 믿고 있는 한 부랑자를 교수형에 처하지 않으면 많은 사람들이 살해당하거나 부상을 당하는 결과를 낳게 될 끔찍한 폭동이 일어날 것이 거의 확실하다고 말한다. 이 부랑자에게는 친구도 가족도 없다. 보안관은 그 부랑자에게 죄가 없다는 사실을 알고 있다.

이 보안관은 과연 어떻게 해야 할까? 폭동이 일어나도록 그냥 내버

---

10) 이 단락은 밀이 '경향'이라는 말을 전문적 의미로 사용하는 가장 명확한 사례 중의 하나이다.

려둘 수도 있다. 그러나 무고한 부랑자를 처벌해서 군중을 진정시킬 수도 있기 때문에, 그렇게 폭동을 방관한다면 이는 마을 사람들이 겪을 큰 고통을 막을 수 있으면서도 그냥 내버려두는 처사가 될 것이다. 사람들이 공정한 재판을 받을 수 있도록 해야 한다는 규칙이나 무고한 것으로 알려진 사람은 처벌받지 말아야 한다는 규칙 등의 통상적인 정의의 규칙을 위반하기만 하면 이 보안관은 최선의 결과를 이끌어낼 수 있다.

이런 상황에 대해서 밀은 과연 어떤 입장을 취할까? 밀은 행위 공리주의자이기 때문에 무고한 사람을 처벌하는 행위가 실제로 공리주의적 관점에서 최선인 결과를 가져온다면 그것이 옳은 행위라고 인정해야 할 것이다. 그러나 밀은 규칙을 예외 없이 잘 따르라고 우리에게 조언한다고 일차원적 행위 공리주의를 지지하는 반론자가 지적할지도 모른다. 따라서 밀은 보안관이 규칙을 준수하여 무고한 사람을 교수형에 처하지 말아야 한다고 주장할 것이다. 그렇다면 공리주의적 관점에서 볼 때 밀은 마땅한 이유도 없이 규칙을 따르라고 주장하고 있으므로 이것은 규칙 숭배에 해당된다.

그러나 옳은 행위의 기준과 실제 도덕적 행위자의 의사 결정 절차 사이의 구분을 명확히 인지하고 있다면 이런 반론이 잘못된 것이라는 사실을 알 수 있을 것이다. 보안관이 고뇌하고 있을 때 밀이 곁에 있었다면, 그는 규칙을 지키라고 조언했을 것이다. 그러나 그 이유는 전체적인 관점에서 보면 규칙의 준수가 행복을 극대화해주기 때문이다. 규칙 위반은 여러 가지 나쁜 결과들을 가져올 수 있다. 이를테면 이 경우에는 보안관의 계획이 탄로 날 수도 있고, 아니면 그가 나중에 또 무고한 사람을 처벌하려는 유혹에 빠지게 될지도 모르는데, 이런 것들은 공리주의적 관점에서 보아도 정당화되지 않을 것이다. 사실 현실적으로 볼 때 특정한 개별 상황에서의 규칙 위반이 행복을 극대화해줄 수 있을 것인지 여부는 분명하지가 않다. 그리고 규칙 위반은 대개의 경우 행복을 극대화해주지 못한다고 가정해도 무리가 없으므로, 규칙을 위반하는 일은 보통 고려의 대상이 되지 않는다. 밀은 관습도덕 그 자체를 위해서 그것을 따르라고 조언하는 것이 아니라, 그렇게 하는 것이 (그가 예견하기에) 장기적으로 볼 때 복지를 극대화할 수 있는 전략이기 때문에 그런 조언을 하는 것이다. 우리는 미래에 대해 대체로 무지하다는 점을 고려하면, 행위 공리주의가 요구하는 행위의 경로는 거의 예외 없이 관습도덕의 준수가 될 것이다.

그러나 밀은 거짓말을 금지하는 것과 같은 관습적 규칙에는 명백한 예외가 존재한다는 사실을 받아들인다. 예를 들어 도끼를 휘두르는 살인마가 당신에게 당신 친구가 어디로 도망갔느냐고 묻는다면 당신은 거짓말을 해야 할 것이다(2.23). 밀은 정당화되지 않는 예외들이 발생하는 일을 방지하기 위해서는 정직의 원칙에 대해서 한계가 설정되어야 한다고 믿는다. 이러한 한계는 지금 논의된 종류의 사례들에 대한 경험적 지식을 참고로 하여 행위 공리주의 원리를 철학적으로 사용함으로써 정해질 수 있을 것이다. 정의의 규칙에 대해서도 마찬가지로 이야기될 수 있으며(5.37), 필자는 살인마에게 거짓말하는 사례에 대해서는 (물론 많은 작업이 필요하겠지만) 건전한 행위 공리주의적 논증을 제시할 수 있는 반면, 무고한 사람을 교수형에 처하는 사례에 대해서는 그런 논증을 제시할 수 없다고 생각한다.

분열된 정신과 서로 다른 담론들

밀의 행위 공리주의는 옳은 행위란 복지를 극대화하는 행위라고 말한다. 옳은 행위에 대한 이론이라면 그 지지자로 하여금 이론이 옳다고 하는 행위를 하는 것이 합리적으로 요구된다고 믿도록 한다는 것이 정설이다. 즉, 그 이론이 적용되는 상황마다 우리가 가진 가장 강력한 이유(어쩌면 유일한 이유)는 바로 그 이론에 따라 행위하는 것이라는 말이다. 그러나 이것은 사실이 아니다. 예를 들어 옳은 행위는 항상 행복을 극대화하는 행위이지만, 그런 행위를 하는 데 반대할 만한 (가령 자기 이익에 근거를 둔 이유 같은) 이유들도 존재한다는 주장을 하는 데는 아무런 모순도 없다. 즉, 때로는 도덕의 요구보다 자기 이익의 합리성이나 합당성이 더 중요할 수도 있다는 것이다.

'도덕적인 관점에서 나는 무엇을 해야 하는가?'와 같은 구체적 질문이 아니라 '나는 무엇을 해야 하는가?'와 같은 좀 더 일반적인 질문에 대해서는 밀 자신도 행위 공리주의적 대답을 내놓지는 않았을 것이라고 누군가 주장할 수도 있다. 왜냐하면『논리의 체계』에서 밀은 '삶의 기술(Art of Life)'이 세 '분야(departments)', 즉 '도덕', '타산(prudence)' 또는 '방책(policy)', 그리고 '심미(aesthetics)'로 나누어진다고 주장하고 있기 때문이다(8.949-50). 게다가 밀은『공리주의』4.9에 나오는 증명의 결론부와 4.3의 끝 부분에서 도덕적 행위는 인간 행위의 영역들 중 하나에 불과하다는 것을 시사한다. 어쩌면 타산이나 심미에 기반한 이유들이 행복을 극대화해야 할 이유와 경쟁하거나 오히려 더 중요시될 수도 있는 것은 아닐까?

여기서 대답은 '아니오'인 것으로 보인다. 공리의 원리는 우리에게 '모든 인간 행위'에 대한 검증 수단을 제공하기 때문이다(4.9). 즉, '타산'과 '심미' 역시 전체적 행복을 극대화해야 한다는 원리에 의해 지배된다. 밀이 도덕의 영역 내에는 단일한 근본 원리가 존재해야 한다고 믿었다는 사실을 우리는 1.3에서 보아 잘 알고 있다. 그는『논리의 체계』에서 여러 개의 원리를 받아들이면 그 원리들이 상충할 가능성이 생길 수 있기 때문에 행위 자체에는 단 하나의 궁극적 기준만이 있을 수 있음을 명확히 한다(S 8.951). 그는 계속해서 이렇게 말한다.

여기서 나의 의견을 정당화하려는 노력 없이, … 나는 모든 실천의 규칙들이 따라야 하는 일반 원리, 그리고 그 규칙들을 검증해주는 일반 원리는 인류 또는 감각을 느끼는(sentient) 모든 존재의 행복에 대한 기여의 원리라는 나의 신념을 그저 선언할 따름이다. 즉, 행복의 증진이야말로 목적론의 궁극적 원리라는 말이다.

『공리주의』를 언급하는 1865년 판에 나온 이 단락에 대한 주석은, 이 일반 원리가 곧 제4장에서 증명된 원리임을 보여준다.

밀은 이 논의에서 몇 가지 구체적인 '기술들(arts)'을 언급한다. 이 기술들은 각각 제일 원리를 가지고 있는데, 이 원리는 무엇이 바람직한 것이고 무엇이 '마땅한 것인지(should be)'를 말해준다. 건축 기술(arte of building)은 건물들이 바람직하다는 것을, 건축술(art of architecture)은 아름다운 건물이 바람직하다는 것을, 위생의 기술은 건강의 보존이 바람직하다는 것을, 그리고 의술은 질병의 치료가 바람직하다는 것을 각각 제일 원리로 가지고 있다. 물론 따로 놓고 보면 이들 각각의 목적은 충분히 수용할 만하다. 그러나 서로 충돌하게 되면 어떤 일이 벌어질까? 예를 들어 한 병원에 사용할 수 있는 일정한 금액의 지원금이 있는데, 위에 언급한 네 기술의 대표자들이 각각 기능적 건물, 아름다운 건물, 예방 간호, 그리고 새로운 의료 기구에 그 돈이 사용되어야 한다고 주장한다고 상상해보자.

밀은 세 분야로 나누어지는 '삶의 기술'을 통해 갈등을 해결해야 한다고 주장한다. 밀이 제시했던 관습적 차원에서와 철학적 차원에서의 도덕적 사고 사이의 구분이 서로 다른 담론들을 구분함으로써 이해될 수 있듯이, '삶의 기술'의 분야들도 각 분야에 핵심적인 담론에 등장하는 개념들을 중심으로 구분하여 생각해볼 수 있다. '도덕' 또는 '올바름'에 관계된 '삶의 기술'의 분야에서 네 명의 대표자들은, 발생하는 갈등을 공리주의 원리로 해결해나가면서, 관습도덕을 기준으로 다양한 안건들을 평가해야 한다. '타산', '방책', 또는 '편의(expediency)'의 분야에서 네 명의 대표자들은 안건들을 평가할 때 그 안건들이 꼭 도덕적인 관점에서 보지 않더라도, 즉 (밀의 방식대로 말하면) 꼭 의무에 관련된 것으로 보지 않더라도 일반적으로 승인할 만한 것인지 여부에 따라 판단을 내릴 것이다. 예를 들어, '나쁜 건강을 애초에 예방하지 않고 건강이 나빠진 후에야 치료하는 것은 과연 **분별** 있는 (sensible) 행위인가?' '어떤 세계적인 외과의사가 요구하는 장비를 구해줌으로써 그가 영구적으로 병원에 남을 수 있도록 하는 것은 **칭찬**할 만한(admirable) 일 아닐까?' 등의 질문을 할 수 있다. 마지막으로, '심미', '아름다움 또는 고귀함', 또는 (밀이 5.15에서 불렀듯) '훌륭함 (worthiness)'의 분야가 있다. 제안된 건물에 관한 심미적 고려사항, 새로운 장비의 설치가 지역 환경의 외관에 미칠 영향 등이 바로 이 분야에서 고려된다.11)

---

11) 분야의 삼등분은 『논리의 체계』 이전에 쓴 벤담에 대한 후기의 논평에서도 발견된다(*B* 10.112-3). 이 논평에서 밀은 행위의 다양한 측면들을 구분한다. 도덕적인 것(우리가 승인하거나 불승인하는 것: 옳음과 그름), 공감적인 또는 매력적인 것(우리가 칭찬하거나 경멸하는 것), 그리고 심미적인 것(우리의 상상력을 자극하고, 사랑, 연민, 거부감을 일으키는 것). '벤담에 대한 논평', 『논리의 체계』, 그리고 『공리주의』에 걸쳐 일관되게 얼추 비슷한 이름으로 불리는 분야는 도덕 분야밖에 없다. 그러나 5.14와 5.15는 편의가 우리가 칭찬하거나 경멸하는 것에 해당된다는 것을 암시한다. 여기서 밀이 염두에 두고 있는 칭찬은 적어도 어느 정도는 도덕적인 칭찬일 것이다. 마찬가지로 5.14에서 '훌륭함'이라고 기술된 심미적 분야는 아마도 적어도 어느 정도는 우리가 도덕적인 것으로 간주할 수 있는 무언가에 관한 것일 가능성이 높다(예: '그것은 추한 짓이었다.'). 아래에 다양한 구분들이 표로 제시되어 있다.

우리는 도덕 내에서 이미 발견된 것과 같은 구분이 이 세 담론의 각 영역 내에서도 발견될 수 있으리라고 예상할 수 있다. 관습도덕의 밑바탕에는 옳은 행위란 행복을 극대화하는 행위라는 공리주의 원리가 놓여 있다. 이 원리는 다른 하위 원리들 사이에 갈등이 생길 때 결정을 내리는 데 사용될 수 있다. 우리는 '삶의 기술'의 다른 두 분야에도 마찬가지로 갈등을 해결해주는 제일 원리가 존재한다고 예상할 수 있다. '삶의 기술'에는 오직 하나의 최상의 궁극적 원리가 존재해야 하며, 이 원리는 바로 행복이 극대화되어야 한다고 말하는 공리주의 원리라고 밀이 믿었다는 사실을 우리는 이미 알고 있다.12) 공리주의 도덕원리는 그저 이 원리가 도덕에 적용된 것일 뿐이다. 따라서 타산과 심미의 기초 역시 각 담론에 적용된 공리의 원리라고 볼 수 있

'벤담에 대한 논평'		
도덕적 측면 옳음과 그름	공감적 측면 매력적임	심미적 측면 아름다움
『논리의 체계』		
도덕/ 옳은 것	타산/방책/ 편리한 것	심미/아름다운 것/ 고귀한 것/취향
『공리주의』		
도덕	편리함	훌륭함

12) 밀은 '극대화'라는 단어를 사용하지 않는다. 그러나 그는 위의 인용문에서 '모든 실천적 규칙이 따라야 하는 일반 원리는 … 감각을 느끼는 모든 존재의 … 행복에 대한 기여도(conduciveness)'라고 말한다(필자의 강조). 그는 나아가 특정한 경우에 쾌락보다 고통을 더 많이 산출하는 덕스러운 성향을 장려하는 일은, '사람들로 하여금 특정한 경우에 행복에 신경 쓰지 않도록 만드는 감정이 고양되면 전체적인 관점에서 볼 때 세상에 더 많은 행복이 존재하게 되리라는 사실을 보여줄 수 있을 경우'에만 정당화될 수 있다고 말한다. 여기서 행복의 양에 대한 언급은 그의 원리가 곧 행복이 극대화되어야 한다는 원리임을 강하게 암시한다. 그리고 물론 그는 『공리주의』에서는 행복의 원리가 아닌 최대(greatest) 행복의 원리에 대해 이야기한다.

을 것 같다.

밀은 '삶의 기술'에 관해 '그 대부분은 … 안타깝게도 아직 미완성'이라는 사실을 인정했다(S 8.949). 그러나 밀이 제시하는 개요는 그의 공리주의적 입장, 그중에서도 특히 그의 **복지주의**(welfarism)가 갖는 환원적인 성격을 잘 드러내 보여준다. 밀은 세상에서 가치 있는 것은 오직 행복 또는 쾌락뿐이라고 믿었으며(이것은 『공리주의』 제4장에 나타난 요점 중의 하나이다), 따라서 그는 '심미' 분야에서의 실천적 논쟁은 결국 아름다움과 같은 순수 심미적인 가치가 아닌 인간 행복의 관점에서 해결되어야 한다고 결론 내려야 한다. 이러한 환원적 복지주의 때문에 밀의 '삶의 기술'의 분야 구분이 다소 모호하고 인위적이라는 느낌을 주게 된다. 왜냐하면 우리가 무엇을 해야 하는지, 옳은 일은 무엇인지, 타산적인 일은 어떤 것인지, 또 심미적인 일은 어떤 것인지에 대해 근거를 제공하는 것은 결국 단 한 가지, 바로 행복의 극대화이기 때문이다. 다양한 분야를 구분하는 것은 단지 서로 다른 담론들, 그것도 각 분야가 포함하는 개념에 의해서만 서로 대략적인 구분이 가능한 그런 담론들을 지칭하는 방식일 뿐이다. 앞서 살펴본 병원에서의 논쟁에 참여하는 대표자들은, 만약 그들이 밀을 따른다고 가정하면, 아마도 얼마 안 가서 서로의 의견 불일치를 직접적인 공리주의적 관점에서 해결해야 한다고 생각하게 될지도 모른다. 그러나 일차원적 공리주의에 대해 논할 때 이미 보았듯이, 이런 해결책은 그 자체가 바로 공리주의적 이유 때문에 권장할 것이 못 될 수도 있다. 서로 다른 담론들의 구분을 허용하는 공리주의자는 우리가 언제 특정한 차원의 담론에 참여해야 하며 언제 한 차원에서 다른 차원으로 이행해야 하는지를 어떻게 알 수 있는지를 밝혀야 한다는 심각한 어려움을 안고 있다.

이는 '(공리주의자들이 사용하는 의미에서의) 서로 다른 담론들과

도덕적 사고의 차원들이라는 개념이 과연 정합적으로 이해될 수나 있는가?'라는 더 심각한 의문을 제기한다(특히 Williams 1985: 6장을 참조하라). 밀에 의하면 관습도덕에는 궁극적인 정당성이 없다. 관습도덕에 따르는 것은 오직 공리주의 원리에 의해서만 정당화된다. 이제 인간관계, 그중에서도 특히 친한 친구에 대한 신의에 관계된 관습도덕의 측면을 살펴보자. 관습도덕에 의하면 친구에 대한 신의는 도덕적으로 올바르고 칭찬할 만하며 장려되어야 할 어떤 것이고, 따라서 우리 대부분은 신의를 갖고자 하는 강한 도덕적 성향을 갖는다. 이제 가장 친한 친구에 대한 당신의 신의가 시험당하고, 공정성과 같은 다른 관습도덕 원리와 경쟁하게 되는 경우를 상상해보라. 밀에 따르면 신의를 갖고자 하는 당신의 성향을 정당화해주는 것은 공평무사한 공리주의 원리밖에 없다. 문제는 우리는 그런 식으로 '느끼지' 않는다는 것이다. 당신은 공리의 원리와는 전적으로 별개인 이유에서 친구에 대한 신의에 의해 동기를 부여받는 것이라고 느낄 것이다. '나는 그 친구를 몇 년 동안이나 알아왔어. 걔는 내게 정말 잘해줬어. 참 괜찮은 녀석이야. 나는 그 친구를 아주 좋아해.'

밀이 직면한 문제는 공리주의 원리에 대해 반성해볼수록 이러한 성향들이 약화되는 것처럼 보인다는 점이다. 사실 신의 있고, 친절하고, 도둑질과 거짓말을 삼가는 등 관습도덕을 따를 만한 궁극적 이유가 없다는 사실을 반성을 통해 충분히 파악하게 된다면, 과연 내가 어떻게 계속해서 이전과 같은 방식으로 관습도덕을 따를 수 있겠는가? 그렇다면 여기서 난점은 행위 공리주의 원리가 지배하는 밀의 이론적 담론이 실천적 담론으로 침투하여 혼란을 일으키게 될 것이라는 사실이다.

반대 방향으로의 침투 역시도 문제가 된다. 밀이 충분히 인지하고 있었듯 관습도덕은 사람들이 대부분의 경우 거의 생각도 안 해보고 따를 정도로 마음속에 깊이 뿌리 박혀 있다. 그러나 관습도덕 내에서 갈등이 발생할 경우 공리주의 원리에 호소해야 한다는 밀의 주장은, 이론적 담론에 참여할 때 우리가 어떻게 해서든 관습적인 도덕의 성향을 '벗어나서' 그 성향을 있는 그대로, 다시 말해 그것을 공리주의적 관점에서 효용의 극대화에 도움이 되는 무언가로서만 바라볼 수 있다고 가정하는 것처럼 보인다. 그러나 이런 것이 과연 어떻게 가능할 것인가? 이를테면 어떻게 친구에 대한 깊은 애착이 담긴 관점에서 모두를 동등한 정도로 소중하게 여기는 관점으로 바뀔 수 있다는 말인가?

이 논점에 관해서는 다음 장에서 더 자세히 논의할 테지만 여기서 잠시 밀이 제시했을 만한 답변들을 간단히 언급해보도록 하겠다. 첫 번째 가능 답변을 이해하려면 밀이 관습도덕의 규칙을 (가령 항해나 목수의 규칙을 사용할 때처럼) 단지 주먹구구식 지침으로만 보지는 않았다는 사실에 주목해야 한다. 밀은 근본적인 변혁을 옹호하거나 그러한 변혁이 가능하다고 주장하고 있는 것이 아니다. 둘째, 밀은 하나의 담론에서 다른 담론으로 이행하는 데 사람들이 실제로 꽤나 능숙하다는 점을 지적할 수도 있다. 공리주의자인 내 친구가 이론에 대해 논하는 과정에서 나의 이익에 우선순위를 두면 안 된다고 주장한다고 해서 그로 인해 그 친구가 더 나쁜 친구가 되는 것 같지는 않다. 셋째, 밀은 담론들 사이에 서로 침투가 이루어질 수도 있겠지만 그것은 어느 정도 예상되었어야 할 일이라고 말할지도 모른다. 밀은 인간이 가진 결점 때문에 관습도덕에 참여해야 한다고 주장하는 것이다. 즉 우리는 미래를 예견할 수 없고 과거에 대해서도 너무 조금밖에 모르며, 무엇보다도 우리는 충분한 선의를 갖고 있지 못하다. 따라서 개인이 관습도덕에 의지하지 않고서 고의적이고 의식적인 방식으로 행복을 극대화하려 한다면, 이 노력은 비참할 정도로 자멸적일 것임이 거의 확실하다. 밀의 다차원적 이론은 일차원적 이론과 자겸적 이론 사이의 깔끔하지 못한 타협의 산물이다. 그러나 도덕적 사고에 대한 그의 이론은 실제로 가장 큰 전체적 행복을 산출할 것이므로, 밀은 그의 이론이 비록 깔끔하지는 못하다 해도 최상의 실천이성 원리인 공리의 원리에 의해 정당화될 수 있다고 주장할지도 모른다.

초의무

5.14에서 밀은 의무의 영역을 칭찬하거나 좋아할 만한 행위로부터 구분한다. 관습도덕은 가령 도덕에 의해 요구되지 않는 영웅적 행위 또는 친절한 행위들의 경우와 같이 의무의 요구를 넘어서는 행위도 칭찬받을 만할 행위가 될 수 있음을 받아들인다. 철학자들은 이러한 행위들을 초의무적(supererogatory) 행위라고 부른다(라틴어 *erogo*는 '요구하다'를 의미함). 밀은 사람들에게 과도한 요구를 삼가는 것은 그들이 요청받은 그 행위를 하도록 더욱 북돋움으로써 전체 효용을 증진시킬 것이므로 이러한 '관행(practice)'이 공리주의적 관점에서 정당화될 수 있다고 본다(*AC* 10.337-8; *TL* 5.650-1).

아래에서도 논의될 5.15에서 밀은 도덕 내에서 완전 의무와 불완전 의무를 구분하는데, 여기서 완전 의무는 권리에 대응된다. 나에게 만약 당신에게 빚을 갚아야 할 의무가 있다면 당신은 채무 상환에 대한 권리를 갖는 것이므로 이것은 완전 의무에 해당된다. 그러나 그 누구도 나의 관대함에 대한 권리 따위는 갖고 있지 않으므로, 인색하지 않아야 할 의무는 불완전 의무에 해당될 것이다. 도덕의 제일 원리로 간주되는 공리의 원리는 과연 완전 의무에 해당될까? 필자가 보기에 여기에 대한 밀의 대답은 '아니오'일 것 같다. 근본적인 수준에서의 도덕적 논의에 권리에 관한 언어가 포함될 필요는 없기 때문이다(5.36,

각주). 완전/불완전 구분은 부차적 원리의 차원, 즉 관습도덕의 차원에서만 적용된다. 이러한 방식의 어법 역시 공리주의적 근거를 통해 정당화되는 것으로 볼 수 있다.

밀은 '의무'에 대해 이야기할 때 두 가지 방식으로 말한다. 첫 번째 방식은 그가 관습도덕에 대해서, 즉 관습도덕이 무엇을 포함해야 하는지에 대해서 반성적으로 사유할 때 나타난다. 이때 그는 x 가 의무인 경우는 x 를 의무로 삼으면 효용이 극대화되는 경우라고 말한다 ('브랜드레스에게 보내는 편지(Letter to Brandreth)'(1867) 16.1234 참조). 그러나 의무가 도덕 내부에서 작용할 때 제기되어야 할 독립적인 질문이 존재하는데, 그것은 '실제로 무엇이 근본적인 도덕적 의무인가?'라는 질문이다. 이에 대해 밀은 '전체 행복을 극대화하는 것'이라고 대답한다.

밀의 기획의 중심에는 뭔가 불안정한 요소가 존재한다는 사실을 인정해야 한다. 이 불안정한 요소는, '직관적' 기초라면 (밀 자신의 것을 포함한) 어떤 도덕체계의 기초로서도 받아들이고 싶어 하지 않는 그의 태도에서 비롯된다. 만약 도덕이 밀이 생각하는 대로라면 — 즉, 인간 복지의 중요한 원천들을 보호하기 위해 자연스러우면서도 대체로 무반성적인 방식으로 발달되어온 사회적 강제의 실행(practice)이라면 — 효용이 극대화되어야 한다는 그의 주장 역시 그 자체로는 아무런 도덕적 정당화를 갖지 않는 또 하나의 강제에 불과할 것이다. 그러나 물론 밀은 공리의 원리가 정당화 원리라고 믿는다. 바로 여기에 밀의 직관주의가 들어서게 되고, 도덕은 자연스럽게 강제하는 관행 그 이상의 무언가로 보인다.

처벌, 그리고 도덕 언어의 기원

제5장에서 밀은 정의를 탐구한다. 그의 논변에 대해서는 나중의 장에서 자세히 논의할 테지만 여기서 간단히 윤곽 정도는 제시해둘 필요가 있을 것 같다. 밀은 정의의 감정이 갖는 강력함 때문에 혹시나 정의가 공리의 원리와 대립하는 원리로 보일까 봐 걱정하였다. 예를 들어 앞서 우리가 다루었던 보안관 사례에서처럼, 무고한 사람을 처벌하는 행위와 같은 불의가 공리를 극대화하는 경우가 있을지도 모른다. 그래서 밀은 정의의 감정을 설명해내는 동시에 그것이 공리의 원리와 양립할 수 있는지 여부를 살펴보기 위해 이 정서에 대한 자세한 조사에 들어간다(5.1-3). 그 조사의 첫 번째 단계는 자유, 재산, 또는 법적 권리의 박탈과 같이 불의의 사례로 여겨지는 다양한 유형의 행위들을 고려해보는 것이다(5.4-10).

이러한 정의의 속성들을 한데 묶어주는 '심적 연결고리'를 찾던 밀은 '정의'라는 단어의 어원에 대한 연구로 눈길을 돌린다(5.12). 밀은 법의 준수가 정의 개념이 발달되는 데 있어서의 본래적 요소였다고 주장한다. 그렇다면 불의의 정서는 **존재해야만 하는** 법이 위반될 때 느껴지는 정서가 된다.

사람들은 법에 의한 규제가 적절하지 못한 맥락에서도 정의를 논한다는 사실을 밀은 잘 알고 있었다(5.13). 그러나 밀은 존재해야만 하는 법의 위반이라는 생각은 여전히 유지된다고 주장한다. '우리가 불의하다고 간주하는 행위가 처벌되어야 한다는 생각은 우리에게 언제나 만족감을 주며 적절하다는 느낌을 갖게 할 것이다. 비록 항상 그러한 처벌이 법정에서 행해져야만 편의에 부합된다고 생각하지는 않는다 해도 말이다.'(5.13) 법에 의해 범죄를 처벌하기가 어려울 경우, 우리는 비난의 표출로 이를 대신한다. 이렇게 해서 밀은 자신이 정의의 감정의 기원과 발달을 설명해냈다고 주장한다. 그러나 최근 평론가들이 크게 주목하고 있는 한 단락에서 밀은 자신이 제시한 설명에 대해 이렇게 말한다.

그러나 아직 이러한 설명은 정의의 의무를 도덕적 의무 일반으로부터 구별해줄 수 있는 어떤 내용도 담고 있지 못하다. 왜냐하면 법의 본질이라 할 수 있는 형사 처벌(penal sanction) 개념은 불의뿐만 아니라 모든 종류의 잘못에 공통적으로 적용되기 때문이다. 어떤 일이 옳지 못하다는 말은 그 일을 저지른 사람은 그로 인해 어떤 식으로든 처벌을 받아야 한다는 의미를 함축하는 것이다. 즉, 법에 의한 처벌이 아니라면 주변 사람들의 여론에 의한 처벌을, 여론에 의한 처벌이 아니라면 본인의 양심의 꾸짖음에 의한 처벌을 받아야 한다는 것이다. 이것이 도덕을 단순한 편의로부터 구분 짓는 중요한 지점인 것으로 보인다. (5.14)

최근 몇몇 저자들은 이 단락을 밀이 공리주의자가 아니라고 주장하는 근거로 제시해왔다. 행위는 복지를 극대화하는 경우 오직 그 경우에만 옳다고 하는 행위 공리주의의 기준을 다시 떠올려보라. 그 행위가 옳은 이유는 그것이 복지를 극대화하는 속성을 지녔다는 사실 때문이다. 그러나 여기서 밀은 '적절한 처벌'의 개념이 행위의 옳음 기준에 도입됨으로써 그 기준이 비-행위 공리주의적인 기준으로 바뀐다고 말하는 것처럼 비추어질 수도 있다.

다음은 이러한 해석의 몇 가지 사례이다.

D. P. 드라이어(D. P. Dryer) : 행위 a 는 다음의 조건을 만족하는 경우 오직 그 경우에만 옳지 않다. (1) 다른 행위를 했더라면 더 바람직한 결과가 나왔을 것이다. (2) 대체로 그에 대한 준수가 위반보다

더 나은 결과를 낳는 규칙에 부합되지 않는다. 그리고 (3) 대체로 그 행위에 대해 비난할 때 비난하지 않을 때보다 더 바람직한 결과가 나온다(Dryer 1969: cv).

데이비드 라이온스(David Lyons) : 행위 *a* 는 *a* 와 같은 종류의 행위를 금지하는 강제적인 사회적 규칙이 전체 복지의 증진을 통해 정당화되는 경우 오직 그 경우에만 옳지 않다(Lyons 1976: 109).

데이비드 콥(David Copp) : 행위 *a* 는 다음의 조건을 만족하는 경우 오직 그 경우에만 옳지 않다. (1) *a* 에 대한 대안 중 복지를 극대화시켜줄 대안이 행위자에게 열려 있다. 그리고 (2) 만약 행위자가 *a* 를 행했을 경우 그에 대해 어느 정도 후회를 느끼는 편이 편의를 극대화해줄 것이다(Copp 1979: 84).

존 그레이(John Gray) : 행위 *a* 는, 그 행위에 대한 처벌이 최선의 결과를 가져올 경우 오직 그 경우에만 옳지 않다(Gray 1983: 31).

이 저자들은 모두 5.14가 도덕의 기준에 대한 밀의 입장을 보여주는 증거가 될 수 있다고 가정한다. 필자는 2.2를 행위 공리주의적인 옳고 그름의 기준을 채택하는 것으로 해석하는 것이 어째서 가장 적합한지 보인 바 있다. 이들 저자들 중 몇몇은 밀이 공리의 원리를 옳음의 원리가 아닌 좋음의 원리로 간주했다고 주장한다. 그렇다면 어떤 것을 좋은 것으로 만드는 것은 효용의 극대화라고 할 수 있을 텐데, 이 경우 옳음에 대해서는 비-행위 공리주의적인 개념을 제시할 여지가 남게 된다. 그러나 2.2가 행위의 옳음에 대해 다루고 있다는 점은 명백하다. 따라서 이것은 5.14에 대한 비-행위 공리주의적 해석에 반대할 한 가지 좋은 이유가 된다. 만약 이 해석이 맞는다면 밀은 내적 모순에 빠지게 될 것이기 때문이다.

그렇다면 이 부분을 어떻게 해석해야 할까? 단락 5.14와 이와 관련된 다른 단락들에서 밀은 이른바 '메타윤리학'이라는 활동을 하고 있다. 밀은 도덕판단을 내린다는 것이 도대체 무엇인지를 다루고 있으며, 그 자신의 도덕판단을 제시하는 일은 그의 주요 관심사가 아니다. 어떤 행위가 옳지 않다는 말은 그 행위가 법, 여론, 또는 양심에 의해 처벌을 받아야 한다는 의미를 함축하는 것이라고 밀은 제안한다. 여기서 '의미를 함축한다(mean to imply)'는 '의미한다(mean)'와 동일한 뜻으로 해석되는 편이 가장 적합할 것 같다. 밀은 5.14에서 옳고 그름의 '개념'을 분석하고 있는 것이라고 분명하게 말하기 때문이다. 따라서 그는 자신이 제시하는 옳고 그름의 기준에 정당화된 처벌 가능성의 개념을 포함시키고 있는 것이 아니라, 옳지 않음(wrongness)이란 개념 자체를 분석하고 있는 것이다. 밀에 따르면, 행위 a가 '옳지 않다'는 말은 a가 법, 여론, 또는 양심에 의해 처벌받아야 한다는 것을 의미하는 것이다.

밀은 어떤 행위가 행복을 극대화하지 못한다는 사실이 그 행위를 옳지 않은 것으로 만드는 것이라고 앞서 주장한 바 있다. 그렇다면 밀은 다음의 주장을 하고 있는 것처럼 보인다.

1. 행위는 행복을 극대화하지 못할 경우 오직 그 경우에만 옳지 않다.
2. 옳지 않은 행위는 법, 여론, 또는 양심에 의해 처벌받아야 한다.
3. 행복을 극대화하지 못하는 행위는 따라서 법, 여론, 또는 양심에 의해 처벌받아야 한다.

이것은 밀에게 심각한 문제를 제기한다. 밀은 복지를 극대화하지 못하는 행위는 옳지 않으며 옳지 않은 행위는 처벌을 받아야 한다고 말해야 한다. 그러나 밀은 어떤 행위가 효용을 극대화하지 못하지만 그에 대해 처벌하는 것 역시 효용을 극대화하지 못하는 경우에 대해서는 과연 무엇이라고 말할 것인가? 이 경우 그가 자신의 이론에 따르면 옳지 않은 행위— 처벌—를 권장해야 하는 입장에 처하는 것처럼 보일지 모른다.

밀은 처벌이 행복을 극대화하지 못할 수도 있다는 점을 인정한다 (5.13). 이것이 여론에 의한 처벌의 경우에도 해당되지 않을 이유는 무엇인가? 어떤 사람이 행복을 극대화하는 데 실패했다고 하자. 그런데 그에 대해 비난을 표출했다가는 단지 그를 더욱 기분 나쁘게 해서 앞으로 그런 행위를 더 하도록 부추기는 결과를 가져올 수도 있지 않은가? 이 경우에도 역시 밀은 그 사람이 여론에 의해 처벌받지 않아야 한다고 인정해야 할 것이다.

그러나 밀은 옳지 않음에 대한 그의 이론에서 세 번째 종류의 처벌, 즉 본인의 양심에 의한 처벌을 인정한다. 행위자가 행복을 극대화하는 데 실패했는데 그에 대해 이 세 번째 종류의 처벌을 가하는 일이 효용을 극대화하지 못하는 경우, 밀은 그 행위가 옳지 않다는 자신의 주장을 철회하지 않아도 된다. 왜냐하면 이런 행위가 양심에 의해 처벌받아야 한다는 주장은 밀의 행위 공리주의적 버전의 공리의 원리와 양립 가능하기 때문이다. 실천적 원리로서의 공리의 원리는 인간의 행위에 적용된다. 공리의 원리가 양심을 직접적으로 관장(govern)하지는 않는데, 이는 법적 처벌이나 타인에 대한 비난과 달리 양심은 우리가 통제할 수 있는 종류의 것이 아니기 때문이다. 따라서 행위가 행복을 극대화하는 데 실패하는 사례 중에서 밀이 그 행위가 옳지 않다고 하는 주장을 철회해야 하는 경우는 상상할 수 없다. 왜냐하면 밀은 극대화에 실패하는 행위자는 스스로의 양심의 가책에 의해 처벌받아야 한다고 언제든 주장할 수 있기 때문이다.

이 입장이 독특한 함축을 갖는다는 점은 분명하다. 첫째, 밀이 생각하는 가능한 최선의 세계와 그가 생겨야만 한다고 믿는 세계가 서로 일치하지 않는 것 같다. 왜냐하면 그의 복지주의에 의하면 가능한 최선의 세계란 복지가 극대화되는 세계일 텐데, 밀은 어떤 경우에는 어떤 사람들이 그들 스스로의 양심에 의한 처벌이 복지를 극대화하지 못한다 하더라도 그러한 처벌을 받아야 한다고 말해야 할 것이기 때문이다. 이와 관련된 두 번째 함축은, 행위와 세계의 역사 사이에 생긴 간극 때문에, 밀은 어떤 일이 일어나야 마땅함에도 불구하고 그 일을 일으키는 행위는 하면 안 되는 상황이 가능하다는 점을 인정해야 한다. 당신이 어떤 행위자에게 그가 무슨 일을 저질렀는지 상기시킴으로써 그가 마땅히 느껴야 할 양심의 가책을 느끼도록 만들 수 있지만, 그런 일을 하면 복지를 극대화하는 데 실패하게 되는 그런 상황을 떠올려보라. 그런 일을 하면 복지를 극대화하는 데 실패할 것이므로, 당신은 그 행위자가 한 일을 상기시켜서는 안 된다. 심지어 양심에 의한 처벌이 이 세상에 일어나야 마땅한 일임에도 불구하고, 그 처벌을 막는 편이 효용을 극대화하게 된다면 당신이 그 처벌을 **막아야만** 하는 상황마저 가능하다.

셋째, 밀이 이 해석에 대해 제시하는 실천적 조언에는 무언가 특히 이상한 점이 존재한다. 밀은 행복을 극대화하지 못하는 행위자는 법이나 여론에 의해서가 아니라면 적어도 스스로의 양심에 의해서 처벌받아야 한다고 생각한다. 이 주장에는 몇 가지 난점들이 존재하는데 처음 두 가지는 실천적인 문제이고 나머지 하나는 좀 더 심오한 문제이다.

1. 우리의 행위가 극대화하는 행위였는지 아니었는지 우리는 분명히 알 수 없으며, 따라서 죄책감을 느껴야 할 때를 어떻게 결정해야 하는지가 분명하지 않다.

2. 밀은 대부분의 경우 관습도덕을 따르도록 권장함으로써 우리가 실제로 옳지 않은 행위에 죄책감을 느끼기 어렵게 만든다. 예를 들어 내가 거짓말을 하고 그것이 실제로 효용 극대화에 실패한다면, 나는 거짓말을 한 것에 대해 죄책감을 느낄 것이다. 그런데 나의 양심은 극대화 실패에 의해서는 아무런 영향도 받지 않을 가능성이 크다.

3. 극대화에 실패할 때마다, 그리고 오직 그때에만 죄책감을 느끼게 되는 세계를 상상해보자. 앞서 언급한 무모한 의사의 사례를 상기해보라. 그리고 위험한 치료법을 택했다면 치료에 성공했을 테지만 의사가 신중해서 덜 위험한 치료법을 택하는 비슷한 상황을 상상해보라. 밀에 따르면 이 의사는 자신이 한 일에 대해 죄책감을 느껴야 하겠지만, 우리 대부분은 이러한 죄책감이 정당화될 수 없다고 느낀다.

이에 대해 밀의 입장에서 제시할 수 있을 만한 답변을 몇 가지 언급해보도록 하겠다. 첫째로, 옳지 않음과 타인에 대한 실제 처벌 사이의 중요한 연관성을 생각해보면, 밀은 5.13-14에서 아마도 주관적인 옳고 그름을 염두에 두고 있는 것 같다. 이것은 미래의 예측 가능성에 관련된 문제 3에 대한 답변이다. 『공리주의』 제3장에 암시된 밀의 이상적 세계 속의 사람들은 대체로 공평무사할 것이다. 그들은 언제 행복이 극대화되었고 언제 그렇지 않았는지에 대해 상당히 정확한 판단을 할 것이고, 관습도덕은 이미 뛰어넘었으므로 더 이상 거의, 아니면 아예, 그것을 필요로 하지 않을 것이다. 이러한 이상적 세계관은 위의 문제 1과 2에 답할 만한 근거를 제공해준다.[13]

그러나 이러한 답변은 현재 우리가 살고 있는 세계에서는 과연 어떻게 타인을 칭찬하거나 비난할 수 있는지에 관해 중대한 문제를 발생시킨다. 필자의 생각에, 대부분의 경우에는 우리가 항상 해왔던 대로 관습도덕을 따라 칭찬과 비난을 수행해야 하지만 그와 동시에 타인들이 이상적인 행위 공리주의적 세계로 조금씩 다가갈 수 있도록 압박을 가하는 용도로 칭찬과 비난을 사용하도록 해야 한다고 밀은 조언할 것 같다. 물론 이 조언 자체도 그것이 최대의 전체적 행복을 가져올 수 있을 가능성에 그 근거를 두고 있을 것이다

따라서 필자가 해석하는 밀의 입장에 대한 몇몇 반론에 대해 답변이 제시될 수 있는 것이다. 그럼에도 불구하고, 무엇이 옳지 않음의 귀속에 대해 밀이 제시하는 분석을 추가하는 일도 결국 그의 입장에 별 도움이 되지 못한다는 점은 부정할 수 없다. 밀의 입장은 도덕의 자연적 기원을 설명해내려는 용기 있는 시도이지만, 그의 제안은 결국 열린 질문 논변에 의해 거짓으로 드러나는 것으로 보인다.14) 밀에 의하면, 'a 는 옳지 않다'는 말이 의미하는 바는 'a 를 행하면 법, 여론, 또는 양심에 의해 처벌받아야 한다'는 것이다. 그러나 이는 명백히 잘못된 주장이다. a 가 옳지 않다고 말하면서도 a 가 처벌받아야 하는지 여부는 열린 질문으로 남겨둘 수 있기 때문이다.

비록 도덕 언어는 그 기원은 사회적 강제에 있다 해도 그 나름의 독립적인 생명을 가지고 있으므로 옳지 않음에 대한 논의가 처벌에 대해 직접적인 함축을 갖는 것은 아니라고 인정하는 편이 어쩌면 밀에게는 더 나았을지도 모르겠다. 우리가 옳지 않음에 대해서 논할 때는, 누군가를 처벌하려 하거나, 그에게 법적 제재를 가하려 하거나, 아니면 비난이 주는 불쾌감이나 또는 그 비난이 야기하는 양심의 가

---

13) 하지만 물론 이런 대응은 밀이 이 장의 앞부분에서 논의했던 일차원적 이론이 갖는 문제에 직면하도록 한다.

14) 열린 질문 논변은 제4장에서 논의되었다.

책을 통해 가해자에게 처벌을 가하려고 하는 상황인 경우가 실제로 많다. 그러나 항상 그런 것만은 아니다. 예를 들어 하나의 도덕적 견해로서의 공리주의에 대해 논하는 경우도 있기 때문이다. 만약 도덕이 그저 사회적 강제에 불과하다면, 도덕을 철학적으로 논하는 일은 그 논의 자체가 어떤 은밀한 방식으로 타인을 강제하려는 시도가 아닌 한 이해하기가 매우 어려울 것이다. 그러나 만약 독립적인 옳음과 그름의 원리가 존재한다면, 이 원리는 칭찬, 비난, 그리고 처벌과는 개념적으로 별개의 것이어야 한다. 왜냐하면 칭찬, 비난, 그리고 처벌은 그 자체가 도덕에 의해 평가될 수 있는 사회적 관행이기 때문이다. 밀은 그가 직관주의적인 견해라고 보았던 견해, 즉 실제 사회적 관행과 독립된 도덕원리가 존재할 수 있다는 견해를 받아들이는 데 주저했기 때문에 도덕 언어를 분석하는 데까지 이르게 된 것이다. 만약 밀이 자기 견해의 중심에 직관주의가 존재한다는 사실을 인식했더라면, 합리적 실천으로서의 도덕의 근거를 약화시킬 위험을 감수하면서까지 도덕성에 대해 환원적 설명을 제시하고자 하는 유혹을 받지는 않았을 것이다.

이 장은 매우 길고 복잡한 장이었다. 그러나 그 이유는, 최근의 주석가들이 보았듯, 밀의 견해가 생각보다 훨씬 세밀하고 복잡하기 때문이다. 우리는 지금까지 밀의 공리주의는 행위에 초점을 두는 이론이고 규칙 공리주의가 아닌 행위 공리주의에 해당된다는 것, 그는 옳음에 대해 현실주의적 관점과 확률주의적 관점, 두 관점 모두에서 이야기한다는 것, 그가 도덕적 사고가 서로 다른 차원에서 이루어질 가능성을 허용하는 데, 그 차원 중 하나는 그 자체가 공리주의에 의해 정당화되는 관습도덕이라는 것을 살펴보았다. 공리주의에 대한 밀의 설명은 실천적 추론에 대한 그의 전체적 견해에 비추어서 이해되어야

하며, 필자는 『논리의 체계』에 제시된 '삶의 기술'에 대한 그의 논의
를 살펴봄으로써 그런 식으로 이해해보려고 노력하였다. 마지막으로,
필자는 제5장에 나온 메타윤리학적 논의가 그의 행위 공리주의와 양
립될 수는 있지만 여전히 열린 질문 논변의 문제에 직면하게 된다는
것을 보여주었다. 다음 장에서는 행위 공리주의의 엄격한 공평무사성
에서 비롯되는 몇 가지 문제들을 논의할 것이다.

더 읽을거리

행위 공리주의와 규칙 공리주의, 그리고 각 이론이 갖는 장점과 밀
의 입장에 관해서는 유명한 논문이 많이 나왔다. 이 분야의 논문들은
용어가 일관적이지 않은 데다 어떤 저자는 이 장에서 제시된 구분들
을 사용하지 않기도 하므로 신중하게 접근해야 한다. 다음은 그중에
서도 가장 중요한 저작들이다. Harrod 1936; Urmson 1953; Rawls
1955; Mabbott 1956; Smart 1956; Lyons 1965; Singer 1972; Berger
1984: 3장; Parfit 1984: 1-5장. 가장 훌륭한 다차원적 공리주의는
Hare 1981: 특히 1-3장에 나오는 공리주의이다. Hooker 1995는 규칙
공리주의에 대한 명쾌한 설명을 보여준다. '삶의 기술'에 대한 간결한
설명을 보려면 Ryan 1965를 참조하라. Sumner 1979와 Berger 1984
에서는 밀의 입장에 대한 수정주의적인 비공리주의적 해석들이 잘 다
루어진다. 위에 인용한 저작들 이외에 다음의 저작들도 중요하다.
Brown 1972; Brown 1973; Harrison 1975; Lyons 1976.

제6장 인격적 통합성

인격적 통합성과 인격의 개별성

행위의 옳고 그름에 대한 공리주의적 기준을 형성하는 것은 행위자 자신의 행복이 아니라 관련된 모든 사람들의 행복이라는 점을 다시 한 번 강조해야 하겠다. 공리주의를 반대하는 사람들은 이 점을 제대로 인정하는 경우가 거의 없다. 행위자 자신의 행복과 다른 사람들의 행복이 걸려 있을 경우, 공리주의는 사심 없고 선의를 가진 관망자만큼이나 엄격하게 공평무사한 태도를 취할 것을 행위자에게 요구한다. (2.18; 5.36과 그 각주와 비교)

공리주의가 이기주의적이라는 비판에 맞서 제시한 밀의 옹호가 오히려 현대의 많은 저자들이 공리주의의 결점이라고 생각하는 부분을 특히 간결하게 잘 보여준다는 사실은 참으로 얄궂은 일이라고 할 수 있다. 공리주의에 따르면 오직 복지와 복지의 극대화만이 중요하다. 즉, 누구의 복지인지는 상관이 없는 것이다. 말하자면 공리주의의 주된 관심은 복지의 분배(distribution)가 아니라 복지의 합산(aggregation)에 있는 것이다.

이 장과 이어지는 장에서 필자는 공리주의는 이른바 '인격의 개별성(separateness of persons)'을 무시한다는 점에서 심각한 결점이 있다고 주장할 것이다.[1] 당신의 관점에서 볼 때, 어떤 좋은 일이 당신에게 생기는지, 당신과 가까운 사람에게 생기는지, 아니면 생판 모르는 사람에게 생기는지는 매우 중요한 문제일 수 있다. 바로 이것이 필자가 이 장에서 전개하려는 생각이다. 그러나 복지가 어떻게 분배되는지의 문제는 개별 행위자들이 자기 자신이나 자신과 사적인 관계를 가진 사람들에 대한 특별한 관심과 독립적인 관점에서 보아도 중요한 문제라고 할 수 있다. 선(good)이 개인들 사이에 분배되어야 할 때는 그 개인들이 얼마나 잘 사는지 그 자체도 중요한 고려사항이다. 공정성 또는 정의는 더 못 사는 사람에게 어느 정도의 우선성을 둘 것을 요구한다. 필자는 다음 장에서 공정성과 정의에 대해서 논의할 것이다.

그렇다면 이 장에서는, 각자가 살아가는 나름의 삶과 다른 사람들에 대한 개인적인 애착이 각 행위자에게 갖는 중요성을 공리주의가 제대로 포착하지 못했다고 주장하고자 한다. 필자의 논의는 '(인격적) 통합성 반론(integrity objection)'이라고 불리는, 공리주의에 대한 버나드 윌리엄스(Bernard Williams)의 유명한 비판을 중심으로 이루어질 것이다. 이 책에서 이 주제를 다루는 이유는 이것이 밀이『공리주의』에서 옹호하는 윤리적 입장에 대한 가장 중요한 반론의 한 측면이기

---

1) Rawls 1971: 27과 그 외 여러 부분을 참고하라. 필자가 알기로는 '인격의 개별성'이라는 이 표현은 J. N. 핀들레이(J. N. Findlay)에게서 비롯되었다. 롤즈는 이 표현을 정의와 관련해서 사용하는 반면, 필자는 이 표현을 자기 자신과 친지들의 이해관심에 우선성을 두는 일의 합당성을 논할 때도 사용한다.

때문이다. 또 다른 측면인 정의에 대해서는 밀의 책 마지막 장에서 명시적으로 논의되고 있으며 여러 곳에서 정의가 인격적 통합성과 관련되어 있다고 언급되기도 한다.

'통합성 반론'이라는 표현에는 오해의 소지가 있다. 첫째, 윌리엄스는 강직함이나 정직과 같은 덕목을 염두에 두고 있는 것이 아니다. 그가 의미하는 것은 우리가 예술작품을 두고 말할 때 의미하는 통합성이다. 둘째, 통합성 반론은 단지 한 가지 반론만을 일컫는 것이 아니다. 이것은 윌리엄스가 '통합성'이라는 이름으로 공리주의에 대해서 서로 관련된 여러 가지 비판들을 제시하는 것으로 이해될 수 있다.

이런 비판들의 대부분은 「공리주의에 대한 비판(A critique of utilitarianism)」(Williams 1973b)에 직접 제시되거나 아니면 적어도 분명하게 암시되어 있으므로, 필자는 이 작품을 중점적으로 다룰 것이다. 이 장에서 필자는 윌리엄스의 논변에 대해 직접적인 문헌학적 해석을 하기보다는 그의 본문에 제안된 몇 가지 논변들을 명확하게 드러내는 데 주력할 것이다. 윌리엄스는 자신의 주요 논점이 공리주의에는 '본인이 윤리적으로 필수적이거나 가치 있다고 여기는 무언가를 충실하게 지켜나가는' 데서 발견될 수 있는 가치라는 의미로 이해된 통합성이 제대로 다루어질 여지가 없다는 것이라고 직접 말한 바 있다 (Williams 1995: 213). 이 장은 어쩌면 통합성이라는 가치에 대한 필자 자신의 이해를 상세히 설명하려는 시도로 해석될 수도 있겠다. 그러나 다음 사항들을 분명히 하고 넘어갈 필요가 있을 것 같다. 첫째, 필자는 행위자 자신의 관점에서 보았을 때 가치 있는 것에 중점을 두고, 윤리적으로 가치 있는 것에 대해서는 윌리엄스만큼 큰 강조점을 두지 않을 것이다. 둘째, 필자의 결론은 가치의 언어가 아닌 이유의 언어를 통해 제시될 것이다. 마지막으로, 윌리엄스는 종종 일차원적 공리주의를 염두에 두고 공리주의에 대해 논의하는 듯하지만, 필자는 특정한 버전의 통합성 반론은 모든 형태의 공리주의에 다 적용될 수 있다고 주장할 것이다.

통합성 반론의 첫 번째 '측면'은 도덕 자체에 관련된 것이다. 특정한 상황에서 특정한 방식으로 행위하는 것이 바로 당신이라는 사실은 과연 도덕적으로 중요한 것이 아닐까? 당신이 할 수 있는 일에 대해 이른바 제약(constraint)이 존재하는 것은 아닐까? 앞서 이러한 비판에 맞서 행위 공리주의를 옹호한 바 있고 공리주의의 근저에 있는 책임 개념도 이미 논의하였으니, 이제 필자는 실제 도덕적 사고와의 관련 하에서 통합성 반론을 살펴볼 것이다. 공리주의는 개인이 관여된 구체적인 일들(specific commitments)과 독립적으로 성립될 수 있으며, 오직 복지의 극대화에만 관심을 갖는 그런 비현실적인 자아 개념의 수용을 요구하는 것은 아닐까? 여기서 필자는 일차원적 공리주의 외에 다른 공리주의도 있기 때문에 공리주의 진영은 이러한 의문에 대해 잘 대응할 수 있다고 주장할 것이다. 그러나 동기에 대한 고찰은 정당화에 대한 고찰, 특히 공리주의가 과연 그 엄격한 공평무사성을 정당화할 수 있을지 여부에 대한 고찰로 이어지게 될 것이다. 필자는 도덕 감정에 대해 간단히 논의한 후에 공리주의는 그러한 정당화에 실패한다고 결론 내릴 것이다.

도덕적 행위 능력과 책임

윌리엄스의 비판은 (이제는 철학 논문에 단골로 등장하는) 다음 두 사례들을 중심으로 제기된다(Williams 1973b: 97-9).

[조지] 부양해야 할 여우 같은 아내와 토끼 같은 자식이 있는 유능한 화학자인 조지는 직장을 구하는 데 애를 먹고 있다. 하루는 한 동

료가 조지에게 생화학 전쟁에 대해 연구하는 실험실에서 넉넉한 월급을 받으면서 일할 생각이 있냐고 제안한다. 조지는 자신이 그런 전쟁에 반대한다는 이유로 이 제안을 거절한다. 그의 동료는 그 연구가 결국에는 누군가에 의해 진행될 것이고, 만약 조지가 그 자리를 받아들이지 않을 경우 대신 취직할 사람은 아마도 훨씬 열성적으로 그 연구를 진행시킬 것이라고 말한다.

[짐] 남미를 여행하는 식물학자인 짐은 우연히 작은 마을에서 벌어지는 공개 처형 장면을 마주치게 된다. 파견된 부대의 대장은 스무 명의 인디언들을 줄 세워놓고 있다. 그 인디언들은 최근 정부에 항의했던 지역의 주민들 중에서 무작위로 뽑힌 사람들이라고 대장이 짐에게 설명한다. 대장은 짐에게 손님으로서 특권을 행사할 것을 제안한다. 짐이 원한다면 그는 인디언들 중 한 명을 골라 총살할 수 있으며, 그럴 경우 나머지 열아홉 명은 풀려나게 될 것이다. 그렇지 않으면 대장의 부하인 페드로가 계획대로 스무 명을 처형하게 될 것이다.

윌리엄스는 공리주의자들— 즉, 행위 공리주의자들— 이라면 조지가 그 직업을 받아들여야 하고 짐도 그 인디언을 총살해야 한다고 할 뿐만 아니라, 그래야 한다는 것이 명백하다고까지 말할 것이라고 말한다.[2] 여기서 우리는 잠시 멈칫하게 된다. 공리주의자들은 어디서부터 잘못된 것일까? 그들은 과연 어떤 점을 간과하고 있는 것일까?
  본격적인 논의에 들어가기에 앞서 이 두 사례에 대해 지적하고 넘

---

[2] 밀은 행위 공리주의자이며 윌리엄스의 비판은 주로 행위 공리주의에 대한 것이다. 따라서 이 장에서 '공리주의'라는 말은 행위 공리주의를 지칭하는 것으로 보아도 무방할 것이다(사실 이 책 전체에서도 대부분 이런 식으로 사용되기는 한다).

어가야 할 두 가지 사항이 있다. 첫째, 이 두 사례는 공리주의에 대한 '반례(counterexample)'로서 의도된 것이 아니다. 사실 윌리엄스는 조지의 사례에 관해서는 공리주의적 결론에 반대하지만, 짐의 사례에서는 공리주의적 결론에 동의한다. 궁극적으로 윌리엄스가 우려하는 것은 공리주의자들이 내리는 결론 자체가 아니라 그 결론에 도달하는 방식이다: '철학적인 관점에서 가장 먼저 제기되어야 할 질문은 "공리주의의 대답에 동의하는가?"가 아니라 "공리주의가 문제에 대해 접근하는 방식을 정말로 수용하는가?"이다.'(Williams 1973b: 78)

두 번째 지적할 사항은 통합성 — 그것이 무엇이든 간에 — 이 동기로 간주되어서는 안 된다는 것이다. 조지와 짐의 동기가 자신의 인격적 통합성에 대한 관심에서 나오는 것으로 이해해서는 안 된다. 조지는 화학 전쟁에 대한 혐오에 의해서, 짐은 살인에 대한 도덕적 반감에 의해서 동기를 부여받을 것이다. 그리고 이런 동기에 의해 행위한다는 사실은 통합성 자체가 의미하는 바에 적어도 그 일부로서 포함된다.

이러한 사례들에 대해 공리주의자가 할 수 있는 즉각적인 대응은 이 사례들에 대한 서술이 충분히 자세하지 않았다고 주장하는 것이다. 조지는 그 열성적인 연구원이 제안받은 직업을 받아들일 것이라고 어떻게 확신할 수 있는가? 과연 조지는 자신이 끔찍하다고 생각하는 직업을 계속 이어나갈 심리적인 지구력을 갖추고 있는가? 짐은 대장이 약속을 지키리라는 것을 어떻게 알 수 있는가? 이와 관련된 또 다른 대응은, 조지와 짐이 위에 나타난 대로 행위해야 한다는 것이 명백하다고 할 만한 사람은 아주 섬세하지 못한 공리주의자밖에 없을 것이라고 주장하는 것이다. 사실 어찌 됐든 누군가의 행위가 가져올 미래의 결과는 예측하기 어렵다는 점은 잘 알려져 있다.

이러한 대응이 아예 부적절한 것은 아니지만, 지금 단계에서는 대체로 핵심을 벗어난 대응이라고 할 수 있다. 이 사례들의 일반적 논점이 무엇인지는 분명하며, 이 사례들을 더 자세하게 기술하거나 공리주의 자체를 좀 더 복잡하게 만들어봤자 그것은 윌리엄스가 제기하는 의혹을 직면하게 되는 순간을 조금 늦춰줄 뿐이다. 공리주의가 공평무사한 효용의 극대화를 요구한다는 것만큼은 사실이며, 이 요구에 잘못된 점이 있다면 조지와 짐의 엄중한 사례를 집중적으로 관찰함으로써 그 잘못을 알 수 있게 되는 것인지도 모른다.

'우리는 각자 스스로 한 행위에 대해서 특별한 책임을 가진다'(Williams 1973b: 99)는 것은 상식도덕과 많은 비공리주의적 윤리이론의 중심에 있는 공통적인 생각이다. 짐의 경우를 생각해보자. 만약 짐이 인디언 한 명을 죽인다면, 한 건의 살인이 발생하는 셈이 된다. 만약 그가 제안을 거절한다면 스무 건의 살인이 발생하는 셈이 된다. 그러나 과연 여기서 살인 사건의 수를 헤아리는 간단한 계산만이 중요한 것일까? 짐은 도덕이 그에게 살인하지 말라고 요구하는 것이지 살인 건수가 최소화될 수 있도록 행위하라고 요구하는 것은 아니라고 말할 수도 있다. 그는 좋은 사태를 야기하는 데 이른바 '도덕적 제약'이 존재한다고 말할 수 있는 것이다.

그러나 도덕적 제약이 존재한다는 주장에는 심각한 난점이 있다(Scheffler 1982: 4장 참조). 분명 살인이 옳지 않다는 사실은 살인이 야기하는 죽음이 나쁘다는 사실과 어느 정도 관련이 있다. 그러나 만약 한 건의 죽음이 나쁜 것이고, 그것이 살인을 금지하는 주된 이유라면, 짐의 사례와 같은 경우에도 단순한 산술적 계산이 적용되어야 할 것이다. 스무 건의 죽음은 한 건의 죽음보다 스무 배 나쁜 것이라고 설득력 있게 말할 수 있을지도 모르며, 이는 도덕적 제약이 존재한다는 가정에 대한 강력한 반론으로 간주될 수 있다. 적어도 공은 이제 공리주의 진영이 아닌 도덕적 제약을 옹호하는 이들의 진영으로 넘어가게 된 것이다.

그러나 공리주의도 이와 관련된 문제를 갖는다. 우리 각자는 스스로 한 행위에 대해 특별한 책임을 갖는다는 생각으로 다시 돌아가서, 이번에는 '행위'라는 표현에 초점을 맞춰보자. 행위 공리주의에 따르면 중요한 것은 '세계가 얼마나 좋게 돌아가는가'이다. 내가 어떤 행위를 함으로써 세계가 특정한 방식으로 진행되도록 하는 직접적인 원인을 제공했는지(가령 짐이 인디언을 총으로 쏴서 그의 죽음에 대한 원인을 제공하는 경우), 아니면 어떤 행위를 하지 않거나 또는 어떤 사건이 발생하도록 내버려둠으로써 세계가 그렇게 되는 결과가 발생한 것인지(가령 짐이 스무 명의 인디언 살해를 내버려두는 경우) 여부는 상관이 없다. 윌리엄스는 이것을 두고 공리주의의 소극적 책임(negative responsibility) 원칙이라고 부른다. '만약 어떤 것에 대해서 내게 책임이 있다면, 나는 내가 그냥 내버려두거나 막지 못하는 일에 대해서도 나 자신이 (더 일상적이고 제한된 의미에서) 야기하는 것에 대해서 지는 책임과 동등한 정도로 책임을 져야 한다.'(Williams 1973b: 95)

이것이야말로 근본적인 문제를 더 정확하게 짚어낸 분석인 것 같다. 짐이 인디언 한 명을 죽이는 일은 생각만 해도 끔찍하다고 판단하고, 그 이유 때문에 그 일을 하지 않기로 결심했다고 생각해보자. 만약 인디언 스무 명이 처형된다면, 우리는 그들을 죽인 건 페드로나 군대의 대장이지 짐이 아니라고 말해야 할 것이다. 그러나 세계의 역사가 갖는 복지가치에 의해 행위의 도덕적 가치가 결정된다고 말하는 공리주의에 의하면, 짐 또한 마찬가지로 책임을 져야 한다. 왜냐하면 짐은 그 살인을 막을 수 있었으므로 그 사태를 발생시키는 데 있어 페드로나 대장만큼이나 중요한 역할을 한 셈이기 때문이다.

조지와 짐의 사례는 책임에 대한 우리의 일상적 직관과 이른바 공리주의적 직관이 서로 어긋나는 경우를 특히 선명하게 보여준다. 이 사례들에서 주된 책임은 조지나 짐이 아닌 다른 사람에게 물어야 할 것 같기 때문이다. 그러나 다른 행위자들이 관여하지 않는 경우에도 항상 공리주의가 요구하는 방식으로 행위자에게 책임이 부과될 필요는 없다. 보통의 경우라면, 가령 기부만 했더라면 한 개발도상국 시민의 죽음을 막을 수 있었다고 해서 선진국의 한 시민에게 그 죽음에 대한 도덕적 책임을 묻지는 않을 것이다. 이 죽음의 경우는 특정 행위자가 아닌, 가령 영양실조가 그 원인으로 지목될 것이다. 그러나 공리주의의 소극적 책임 원칙에 따르면 이런 식으로 누군가를 죽게 내버려두는 것은 그들을 살해하는 것만큼이나 나쁘다.

이러한 비판에 대해 공리주의자는 과연 어떤 답변을 할 수 있을까? 한 가지 가능한 대응은 비난과 도덕적 책임 사이의 관계로 주의를 돌리는 것이다. 어떤 일에 대해 누군가에게 책임을 지울 때 우리는 보통 그 사람을 칭찬이나 비난을 받을 만한 사람으로 간주한다. 우리는 분명히 그 부대의 대장에게 인디언들의 죽음에 대한 책임을 묻고 싶어 해야 하며, 바로 그에게 책임이 있기 때문에 그를 비난하고 싶어 해야 하는 것이다. 그러나 행위 공리주의에 따르면 비난 자체도 역시 공리주의적 기준에 의해 평가되어야 할 인간의 관행일 뿐이다. 종종 비난은 비슷한 종류의 행위가 미래에 자행되는 것을 막는 데 도움을 준다는 이유로 정당화될 것이다. 따라서 우리가 대장을 비난하는 일이 정당화되는 것은 그의 양심에 충분한 압박을 가해 나중에 비슷한 종류의 잔악 행위를 못 하도록 막을 수 있다는 이유에서일 것이다. 그러나 만약 짐이 고뇌 끝에 총을 쏘지 않기로 결심한다면, 그를 비난하는 것은 아무 의미가 없어 보인다. 따라서 비록 짐이 한 행위의 결과로 사건이 일어난다는 의미에서 그에게 책임이 있다고 해도(그의 행위가 스무 명의 죽음의 인과적 조건(causal condition)이기 때문에 그에게 도덕적 책임이 있다고 말하는 사람이 있을 수도 있음), 그 사건에 대해 비난을 받을 이유는 없는 것이다.

그러나 이 대응은 윌리엄스의 공격을 무마시키기에는 충분하지 못한 것 같다. 왜냐하면 여기서 주된 논의 대상은 실제로 짐에게 도덕적 책임이 있는지 여부이지, 그가 비난받아야 하는지 여부가 아니기 때문이다. 윌리엄스는 우리가 어떤 것에 책임이 있고 또 어떤 것에 책임이 없는지에 대한 우리의 일상적 상식은 그리 쉽게 제거될 수 없는 것이라고 말한다. 우리는 윌리엄스가 상식, 그리고 상식도덕의 편에 서 있다는 점에 주목해야 한다.3) 밀은 상식도덕 또는 관습도덕의 기원과 그것이 공리주의적 틀 속에서 차지하는 지위에 대해 설명한다. 각자가 스스로의 행위에 대한 책임을 진다고 말하는 관습도덕은 사회적 강제의 체계로 자리 잡게 되었으며, 그에 대한 정당화는 그러한 관습도덕의 존재로 인해 전체적 복지가 증진된다는 사실에 기반하고 있다. 이 체계는 그 자체가 행위에 대한 법적 제약으로부터 발달되어 나온 것이다. 따라서 도덕적 책임에 대한 우리의 상식은 그러한 제약의 유물이라고 할 수 있으며 그 자체로는 복지의 증진 이외에 아무런 정당화 근거도 갖지 않는다. 그렇다면 밀은 소극적 책임 문제를 해결할 방책을 갖고 있는 셈이다. 제약의 경우 결국 공은 그 제약을 옹호하려는 사람들 쪽으로 넘어가게 되어 있다. 마찬가지로 소극적 책임의 경우에도 역시 공은 상식도덕을 옹호하려는 사람들 쪽으로 넘어간다. 그리고 그들은 상식도덕을 변호해내야 할 뿐만 아니라, 복지 증진 외에 다른 정당화 근거는 제거해버리는 밀의 분석에서 도대체 어떤 점이 잘못된 것인지 또한 보여주어야 할 것이다.

---

3) 사실 윌리엄스의 저작에는 한편으로는 상식도덕에 대한 호소가 있고 다른 한편으로는 그에 대한 비판이 있어 그 사이의 갈등이 존재한다(예를 들어 Williams 1985: 10장을 참조하라).

자아와 동기

월리엄스는 공리주의가 통합을 제대로 설명할 수 없는 한 가지 이유는 '공리주의가 인간의 욕구와 행위의 가장 피상적인 부분밖에 설명해낼 수 없기 때문'이라고 믿는다(Williams 1973b: 82). 조지와 짐이 각각 자신이 처한 갈등 상황에 대해 생각할 때, 공리주의는 그들에게 자신이 가진 품성, 욕구, 목적, 계획, 그리고 관여하고 있는 것들(commitments) 등을 무시한 채 '나는 무엇을 해야 할까?'라는 질문 대신 '세계의 역사가 가능한 한 좋은 방식으로 진행되도록 하기 위해 공리주의는 이런 상황에 처한 사람에게 과연 어떤 행위를 요구할까?'를 물을 것을 요구하는 것처럼 보일지도 모른다. '공리주의적 행위자로서 나는 어쩌다 특정한 시간에 특정한 인과적 지렛대 근처에 놓이게 된, 만족 체계의 대리인에 불과하다.'(Williams 1976a: 4) 내가 무엇을 해야 할지 결정할 때, 여기서 '나'란 내가 관여하고 있는 것들을 유지한 온전한 의미의 나를 지칭하는 것이지, 추상적이고 생기 없으며 완벽하게 합리적인 어떤 복지 계산기를 지칭하는 것이 아니다. 공리주의적 자아는 너무나 빈약하다. 어떻게 조지가 화학전에 대한 자신의 반대 입장을 그냥 철회해버리고 그 직업을 택할 수 있겠는가? 짐이 일종의 정신질환자가 아닌 바에야 어떻게 상황에 대한 견적을 내보고 나서 바로 인디언 한 명을 쏘아 죽일 수 있겠는가?

동기와 자아에 관한 이러한 주장들은 과연 공리주의에 얼마나 큰 문제를 안겨줄까? 사실 공리주의는 어떠한 특정한 구체적 자아관도 요구하지 않는다. 조지와 짐의 경우에 요구되는 것은 기껏해야 그들 각각이 (비록 중요한 것이긴 하지만) 관여하는 가치관 중 한 가지만 멀리하는 것이다. 따라서 공리주의는 이 모든 관여와 독립되고 그런 관여로부터 자유롭게 도덕적 숙고를 할 수 있는 것으로 이해될 수 있는 자아관을 요구하는 것이 아니다. 그렇다고 공리주의가 행위자에게 이런 도덕적 숙고를 해보라고 요구하는 것으로 간주될 필요도 없다. 바로 앞의 장에서 보았듯이, 행위 공리주의가 요구하는 의사 결정 절차는 그게 무엇이 되었든 복지를 극대화할 수 있는 절차이다. 밀이 말하듯 이를 부정하는 것은 '도덕의 기준의 의미 자체를 잘못 이해하는 것이며 행위의 규칙과 동기를 혼동하는 것이다.'(2.19) 다차원적 행위 공리주의는 보안관 사례와 조지와 짐의 사례를 유사한 관점에서 바라볼 수도 있을 것이다. 특수한 상황에 발생 가능한 복지의 단기적 손해를 감수하고서라도 무고한 사람의 체포는 상상조차 하지 못하도록 법 시행자들을 교육시키는 일이야말로 전체적 행복을 극대화하는 길이라는 주장에는 설득력이 있다. 그렇다면 사람들이 인간성을 돌아보도록 기르거나 살인을 강력하게 반대하는 성향을 갖도록 길러내는 일도 유사한 방식으로 이득이 되는 것이라는 주장도 마찬가지로 설득력을 가질 수 있다. 다시 말해 윌리엄스가 조지와 짐이 가질 것이라고, 또는 가져야만 할 것이라고 보는 도덕적 사고방식은 행위 공리주의자가 권장할 만한 유형의 도덕적 사고방식과 별 다를 바가 없을지도 모른다는 것이다.

소외와 요구의 과도함

동기와 자아에 관한 비판은 공리주의를 포함한 현대 윤리이론에 대해 자주 제기되는 또 하나의 문제, 즉 소외(alienating)의 문제와 관련이 있다. 공리주의는 이를테면 화학전에 반대하는 조지의 도덕적 관여로부터 그를 소외시킨다고 비판받을 수 있다. 우리는 공리주의가 다차원적 공리주의 노선을 취하면 이런 비판을 피할 수도 있다는 점을 이미 살펴보았다. 소외에 대한 비판은 이제 사적인 관계와 관련해서 이루어지는 경우가 많다. 마이클 스토커(Michael Stoker)의 중요한 논문에서 따온 다음 사례들을 고려해보자(Stocker 1976: 462).

[병문안] 당신은 병원에서 수술을 받고 회복 중이며, 함께 시간을 보내줄 사람이 절실하게 필요하다. 오랜 친구인 존스가 선물을 들고 새로운 소식들을 전해주려고 상냥한 표정으로 당신에게 찾아온다. 존스가 활기를 불어넣어주고 이제 떠나려 할 때, 당신은 그에게 와줘서 고맙다고 말한다. 그는 이렇게 대답한다. '에이, 그런 말 할 거 없어. 공리주의의 요구 때문에 그런 건데 뭐.'

만약 이것이 존스의 평소 사고방식이라면, 그는 당신과의 관계로부터 소외될 뿐만 아니라 깊은 개인적 관계라고는 도무지 맺을 수 없을 것이다. 이 비판에 따르면 공리주의는 우리가 진정으로 가치 있게 여기는 것을 훼손한다. 그러나 이 비판도 역시 공리주의의 핵심을 건드리지는 못한다. 밀의 표현을 빌리자면, 여기에서도 도덕의 기준이나 행위의 규칙이 그것을 따르려는 동기와 혼동되고 있는 것이다. 우정은 복지가치의 중요한 원천이며, 존스 같은 사람들은 그런 우정으로부터 스스로를 단절시키고 있음이 분명하다. 이러한 이유 때문에 다차원적 공리주의야말로 공리주의를 가장 적절하게 표현하는 것이라고 할 수 있는 것이며, 이 이론이라면 존스가 다른 사람들이 병문안을 갈 때 보통 마음에 품는 의도와 생각을 가지고 친구에게 병문안을 갈 수 있도록 허용할 것이다.

그렇지만 여기에는 소외의 문제가 여전히 남아 있는 것이 아닐까? 다차원적 행위 공리주의자인 스미스가 당신에게 병문안을 온다고 생각해보라. 일차원적 공리주의자인 존스와 달리, 스미스는 당신에 대한 진정한 호감과 관심을 키워올 수 있었던 친구이다. 그러나 스미스는 여전히 당신과의 우정이 갖는 가치 역시 다른 모든 복지가치와 별 다를 바가 없다고 믿는다. 하지만 이런 믿음은 당신에겐 뭔가 특별한 것이 있으며 둘 사이의 관계는 당신에게 관심을 가질 만한 특별한 이유를 준다는 스미스의 믿음과 상충되는 것이 아닐까? 조지와 그 가족의 관계에 대해서도 비슷한 관점에서 생각해보라. 만약 조지가 공리주의 원리를 받아들인다면, 과연 이 원리는 부인과 자식에 대한 그의 사랑과 조화를 이룰 수 있을까?

여기서 공리주의가 뭔가 놓치고 있는 것은 맞지만, 어쩌면 이 문제는 소외의 관점에서 접근하지 않는 편이 더 나을 것 같다. 여기서 스미스는 당신에 대한 스미스 본인의 감정적 애착으로부터 소외되고 있는 것으로 보인다. 그러나 단지 스미스와 당신의 관계가 갖는 가치가 다른 모든 인간 복지가 갖는 가치와 별 다를 바 없다는 생각을 한다고 해서 이러한 애착이 약화될 일은 아닌 것 같다. 사실 이와 달리 생각하는 것도 좀 이상해 보인다. 스미스가 이 관계가 뭔가 특별히 가치 있다고 믿어야 할 이유는 도대체 무엇인가? 물론 다른 유사한 개인적 관계들도 동등한 가치를 가질 것이다. 위에서 이미 보았듯 다차원적 공리주의는 스미스에게 당신에게 관여하지 말고 거리를 두도록 요구하지도 않는다. 사실 이 이론은 스미스의 당신에 대한 관여를 승인하는데, 그 이유는 그 관여가 복지를 산출하기 때문이다. 행위자로서의 스미스가 당신을 방문할 때 윌리엄스가 말하는 '한 번의 고려도 너무 많다(one thought too many)'에 해당되는 과오를 저지르는 것일 필요는 없다(Williams 1976a: 18). 즉, 스미스가 다음과 같이 생각할 필요는 없는 것이다. '그래, 나는 한 차원에서는 이 아픈 내 친구에 대한 관심을 갖고 있어. 그렇지만 사실 진정으로 나를 움직이는 건 자기 친구에게 특별한 관심을 보이는 것이 복지를 극대화시켜준다는 사실이야.' 스미스는 공리주의에 대한 생각을 전혀 하지 않은 채 그저 순수하게 병문안을 갈 수 있는 것이다.

그러나 철학 이론의 차원에서 보면 공리주의는 '한 번의 고려는 너무 적다(one thought too few)'에 해당된다. 공리주의 이론에 의하면 스미스가 당신에게 병문안 가는 유일한 이유는 복지가 극대화될 것이라는 사실뿐이다. 그러나 이는 단지 당신이 자신의 친구라는 이유만으로 당신을 방문할 특별한 이유를 갖는다고 믿는 스미스 자신의 생각이 갖는 설득력을 간과하는 것이다. 정말이지 ' "나의(my)"라는 대명사에는 마법이 깃들어 있는 것 같다.'(Godwin 1798: 2권 2장) 스미스가 나에게 병문안을 오지 않을 경우 다른 병원에 있는 두 명의 친구들을 방문해서 약간 더 많은 전체적 복지가치를 산출할 수 있는, 그런 묘한 상황에 처해 있다고 상상해보라. 스미스에게는 그럼에도 불구하고 나에게 병문안을 올 특별한 이유가 있는 것 아닐까?

도덕적 제약 개념과 이른바 개인적 관심의 합리성(rationality of personal concern) 개념은 서로 다른 개념이다.4) 제약의 경우에는 어떤 결과를 야기하는 데 있어서 다름 아닌 내가 행위했다는 사실이 왜 그토록 중요한지는 제약의 존재를 옹호하는 사람들이 설명해야 할 문제였다. 짐이 그 인디언을 죽이지 않기로 결심하고, 스무 명의 인디언들이 모두 죽게 놔두었다고 가정해보자. 이토록 많은 다른 사람들이 죽는다는 사실을 감안한다면, '방아쇠를 당겨야 할 사람이 바로 나였다고!'라고 짐이 변론해봤자 그 변론은 그리 강력해 보이지 않는다. 우리는 이렇게 물을 수 있다. '살인자가 될 사람이 바로 당신이었다는 사실이 뭐가 그렇게 중요한가?' 그러나 도덕적 제약의 경우와 달리 개인적 관심의 경우에는, 가치가 행위자의 삶 속에서 실현되는지, 아

---

4) 어떤 철학자들은 여기서 선택지(options)라는 용어로 접근하기도 하지만, 필자는 도덕이 허용(또는 요구)을 할 수 있는 신성한 입법자와도 같다는 생각에 대해 의구심을 갖고 있으므로 이 용어를 피하도록 하겠다.

니면 먼 타인의 삶 속에서 실현되는지가 중요한 문제로 여겨지기 때문에, 우리에게는 각자 나름의 삶이 있다는 점이 중요하다는 생각은 우리에게 훨씬 더 강력한 호소력을 갖는다. 여기에서 '그녀는 내 친구야!' 또는 '이건 나 자신의 삶이야!'와 같은 주장은 극대화와 거리가 먼 행위를 정당화하는 데 있어 강력한 설득력을 가질 수 있다.

그렇다면 우리가 몇몇 타인들과 스스로에 대해서 갖는 감정적 애착은 공평무사성을 중시하는 공리주의가 놓치고 있는 특정한 이유들을 드러내주는 것이다. 이런 이유들을 정식화할 때는 반드시 그 이유를 가진 행위자를 언급해야 하므로, 우리는 이것을 '행위자 상대적(agent-relative)' 이유라고 부를 수 있을 것이다(Nagel 1986: 164-75 참조).

존스는 당신이 그의 친구라는 사실 때문에 당신에게 병문안을 갈 이유가 있는 것이다. 마찬가지로 당신의 삶이 당신의 것이라는 사실만으로도 당신이 스스로의 삶에 특별한 관심을 가질 만한 이유가 되는 것이다. 이 점은 앞 장에서 논의되었던 도덕적 요구의 과도함 문제와 관련이 있다. 행위 공리주의는 당신에게 최선의 세계 역사를 야기하는 삶을 살 것을 요구하므로, 꽤나 부담스러운 요구를 하는 도덕적 견해라고 할 수 있다. 이 견해에 의하면 아마도 지금 이 책을 쓰거나 읽을 정도의 재력과 여유가 있는 우리 대부분은 많은 돈과 시간을 자선 행위에 할애해야만 할 것이다. 그 이유는 오늘날 세계에서의 부의 분배가 매우 불평등하기 때문이다. 인구의 하위 20퍼센트는 세계 수입의 1퍼센트밖에 못 버는 반면, 상위 20퍼센트는 90퍼센트나 번다. 당신과 나는 분명 상위 20퍼센트에 속할 것이 거의 확실하며, 만약 우리가 가진 자원을 하위 20퍼센트에게 양보한다면 이러한 자원은 전체적으로 훨씬 더 많은 선을 창출해낼 것이다.

아무리 이러한 제안에 대해 흔히 주어지는 답변을 제시한다 해도 공리주의자들은 꿈쩍도 하지 않을 가능성이 크다. 우선 정부에 그 책임을 전가할 수는 없다. 짐이 인디언들의 처형에 관계된 것과 동등한 정도로 당신도 이 상황과 관계되어 있다. 비록 정부가 지금보다는 훨씬 더 많은 일을 해야 한다는 것은 분명하지만, 당신 자신도 지금보다 더 많은 일을 할 수 있다. 몇 천 원만 내면 누군가의 시력이나 생명까지도 구할 수 있을 것이고, 그것은 분명 그 돈을 당신 자신이 사용하는 것보다 더 큰 효용을 산출할 것이다. 문제의 원인이 인구 과잉에 있다는 비정한 논변도 별로 설득력이 없다. 이 세상에는 모든 사람이 절대 빈곤 수준 이상으로 살게 해줄 수 있는 충분한 부와 식량이 존재한다. 원조하는 데 돈을 쓰느니 차라리 다른 장기적 프로젝트에 사용하는 편이 더 낫다고 누군가 말할 수 있을지도 모른다. 하지만 만약 그렇다면 당신은 바로 그 프로젝트에 기부를 해야 할 것이다. 상당한 규모의 원조 자금이 바람직하지 못한 정치 체제의 유지나 부패한 목적에 사용되어왔다는 사실에 호소하는 것도 설득력이 없다. 당신은 그런 위험성이 거의 없는 자선활동에 기여할 수도 있기 때문이다. 설사 그런 위험성이 존재한다 해도, 자기 자신을 위해 쓰는 것보다는 그런 자선활동에 시간과 돈을 희생하는 쪽이 예상 효용을 극대화하는 데는 더 적합한 방법일 것이다.

필자는 가난한 사람들을 위해서 우리 대부분이 지금보다는 더 많은 일을 해야 할 것이라고 믿는다. 그러나 비록 자기 본위적 이유가 전체적 복지를 증진시킬 이유와 충돌하기는 해도, 자신을 위해 좋은 것들을 확보할 자기 본위적 이유가 존재하지 않는다는 생각은 현실과 매우 동떨어져 보인다. 이런 생각을 진지하게 믿으며 살아가는 사람은 (거의) 없을 것이다. 윌리엄스가 말하듯, '효용의 관계망 속에서 합산이 이루어질 때 … 행위자는 자기 자신의 계획과 결정으로부터 한 걸음 물러나서 공리주의적 계산이 요구하는 결정을 그저 받아들여야 … 한다는 요구는 불합리한 것이다.'(Williams 1973b: 116)

윌리엄스는 공리주의에는 단지 요구가 과도하다는 사실 말고도 반대할 만한 점이 또 있다고 본다. 그것은 바로 공리주의가 당신의 삶의 작은 부분까지 모두 지배한다는 사실이다. 당신은 언제나 무언가를 해야 하고, 항상 어떤 식으로든 행위하며 살아가야 한다. 도덕의 범위가 모든 영역을 아우르는 것이다. '[도덕의] 그 끝에는, 결벽증적으로 할당된 의미 없는 사생활의 작은 영역을 제외하고는, 자신 나름의 삶 따위 존재하지 않는다.'(Williams 1976b: 36)

여기서 잠시, 조지와 짐의 두 사례에서는 모두 그들 자신이나 우리 대부분이 승인하지 않는 어떤 타인의 계획에 의해 생겨난 상황 때문에 행위자가 특정한 방식으로 행위하도록 공리주의에 의해 요구되고 있다는 점에 주목해야 한다.

> 단지 다른 누군가의 계획이 공리주의적 합산이 그런 식으로 도출되도록 인과적 상황을 구성해놓았다는 이유만으로, 어떻게 한 사람이, 공리주의적 행위자로서, 자기 삶의 근간이 되는 계획이나 태도를, 마치 그것이 다만 여러 만족스러운 일들 중 하나에 불과하며 언제든 포기할 수 있는 무언가인 것처럼 여기게 될 수 있는가? (Williams 1973b: 116)

이 논의에는 자율성(autonomy)의 중요성 문제도 결부되어 있다 (Harris 1974; Davis 1980). 살아가는 방식을 정하는 데 있어서 자신의 계획, 결정, 판단은 뒷전으로 하고 그저 어쩌다 처하게 되는 상황이 삶의 방식을 전적으로 결정하도록 내버려두는 일만 놓고 봐도 그것은 자율성에 대한 충분한 모독이 될 것이다. 그런데 만약 타인의 계획과 결정으로 인해 자신의 삶이 결정되어버리는 상황이라면, 자신의 삶에 대한 통제가 자기 자신에게서 타인에게로 넘어가버리는 셈이 될 것이고, 그럴 경우 삶을 결정할 때마다 그 타인의 결정을 고려해야 할 것이다. 그럼에도 불구하고, 타인의 행위로 인해 삶의 방식이 결정되는 경우를 배제한다고 해도 공리주의의 요구의 과도함 문제는 여전히 남게 될 것이라는 점은 기억해야 한다. 지진이나 홍수같이 전적으로 자연발생적인 사건에 의해 생겨난 상황에서도 공리주의는 마찬가지로 과도한 요구를 할 수 있다.

과연 공리주의는 도덕적 요구의 과도함에 관한 비판에 어떻게 대응할 수 있을까? 앞 장에서 우리는 밀이 요구의 과도함 비판을 회피하기 위해 도덕적 사고의 차원들 사이의 구분을 이용했다는 점을 살펴보았다. 도덕의 요구의 과도함을 줄이고 사람들이 자신의 개인적 관심사를 추구할 수 있도록 허용하는 일 역시 전체적 복지를 극대화해줄 수 있다. 그러나 우리는 행위 공리주의가 일반적으로 합당하다고 여겨지는 수준보다 훨씬 더 과도한 요구를 할 가능성이 높다는 사실을 밀이 간파하지 못했던 이유도 함께 살펴본 바 있다.

이러한 비판에 대응하여 밀이 취할 수 있는 또 한 가지 전략은『공리주의』에서 제시하는 여러 주장들에 그 근거를 두고 있다. 밀은 이른바 '고귀함'이 고귀한 사람들에게는 그 자체로 좋은 것이라고 믿는다(2.9; 2.14). 그는 사실 이기적인 성향이야말로 사람들이 불만족스러운 삶을 사는 주요 원인이라고 말한다(2.13). 덕은 고급 쾌락에 속하며 행복을 구성하는 요소이다(3.10; 4.5). 낙관적인 공리주의자라면 플라톤이나 아리스토텔레스 같은 고대의 도덕철학자의 구절을 빌려와서 사실 도덕은 진정한 희생을 요구하지 않는다고 주장할지도 모른다. 비록 공리주의가 내 나름의 삶의 방식을 근본적으로 바꾸고 훨씬 많은 시간과 돈을 자선사업에 할애할 것을 요구하는 것은 사실이지만, 이것은 사실 나의 복지를 진정으로 희생하는 일이 아니다. 이런 삶이야말로 나 자신에게 최선인 삶일 것이기 때문이다.

요구의 과도함 비판에 대한 이러한 대응은 얼핏 봐서는 어느 정도 설득력이 있어 보인다. 고대와 현대에는 도덕적 삶이 언제나 그 삶을 사는 사람에게 있어 최선의 삶이라는 입장을 옹호하는 강력한 논변들이 존재한다(예를 들어 Aristotle *c.* 330 BC를 참조하라). 그러나 궁극적으로 이런 논변들은 설득력이 부족하다. 물론 많은 사람들이 더 많은 자원을 다른 사람들에게 베풀 때 그들 자신의 삶이 실제로 더 나아질지도 모른다. 하지만 언젠가는 틀림없이 진정한 자기희생이 성립되는 시점이 나타날 것이다. 밀도 분명히 이러한 가능성을 받아들이며(2.15), 현 상태의 세계에서 자신의 행복을 희생할 준비가 된 태도야말로 스스로의 행복을 얻게 될 확률을 가장 높여준다는 그의 논변은 그리 설득력이 없다(2.16). 밀은 스토아학파의 노선을 따라 자신의 행복을 희생할 준비가 된 사람의 태도는 운에 관련된 불안으로부터 자유롭게 해주고 '만족의 원천'을 길러주는 평정심을 갖게 해준다고 말한다. 그러나 자신의 행복을 희생할 준비가 되어 있는 공리주의자는 실제로 그러한 희생을 할 것이라고 가정할 수 있는데, 만약 정말 그렇게 한다면 그는 빈곤 속에서 생활하게 될 것이고 자선사업을 위해 분골쇄신하면서 평정심이나 개인적 관심과는 한참 거리가 먼 삶을 살게 될 것이다. 밀은 제3장의 끝 부분에서 훨씬 개선된 공리주의적 세계에서는 각 사람의 복지가 전체 복지의 공평무사한 극대화와 완전히 합치될 수 있도록 도덕교육이 이루어질 것이라고 지적한 바 있는데, 어쩌면 이 지적이 옳을지도 모르는 일이다. 그러나 어쨌든 지금으로서는 우리 세계의 모습은 그런 세계의 모습과는 판이하게 다르다.

   이쯤 되면 공리주의자가 택할 수 있는 한 가지 방법은 책임의 경우와 마찬가지로 그냥 눈 딱 감고 비판을 감수하는 것이다. 짐은 인디언들의 죽음에 대해 정말 책임이 있는 것이며 따라서 우리는 도덕이 매우 과도한 요구를 한다는 사실을 직시해야 한다. 도대체 왜 도덕이 실천하기 어렵지 않을 것이라고 가정해야 하는가? 만약 공리주의가 옳다면, 도덕은 실제로 매우 과도한 요구를 하는 것이다. 만약 공리주의가 옳지 않다면, 문제는 간단해진다. 과도함 문제 자체는 부차적인 문제(side-issue)인 것이다.

그러나 이런 완고한 입장은 개인적 관심의 합리성 문제를 해결해주지 못한다. 앞 장에서 우리는 밀이 어떻게 해서 전체 복지가 극대화되어야 한다는 원리인 최대 행복 원리가 실천이성 — '삶의 기술' — 을 관장하도록 허용했는지 살펴보았다. 타산은 비록 삶의 기술의 한 분야에 해당되지만 그 중요성에 있어서는 최대 행복 원리의 요구에 비할 바가 못 된다. 이 원리에 따르면 실천이성은 전적으로 공평무사하다. 어떤 이득이나 해악이 당신에게 생기는지, 당신의 배우자에게 생기는지, 아니면 낯선 사람에게 생기는지는 당신이 가진 행위할 이유의 내용이나 강도와는 아무런 상관이 없다. 그러나 실천이성이 완전히 공평무사하다는 주장은 설득력이 없어 보인다. 이런 주장은 우리 모두가 실제로 살아가는 방식을 제대로 설명해내지 못하기 때문이다.

도덕적 감정

윌리엄스와 공리주의자들은 통합성에 관해 서로 다른 의견을 보이는데, 이러한 의견의 불일치는 궁극적으로 도덕적 감정과 관련되어 있다. 감정에는 두 가지 차원이 있다. 첫 번째는 도덕적 행위자의 차원이다. 일차원적 공리주의가 제시하는 이상적인 도덕적 행위자는 과연 어떤 사람일지 한번 생각해보자. 그는 공평무사한 극대화를 방해할 만한 개인적 애착, 애정, 또는 관심을 전혀 갖지 않은, 냉정하고 합리적인 복지 계산 기계와도 같을 것이다. 찰스 디킨즈는 이런 행위자의 모습을 『어려운 시절(*Hard Times*)』에 등장하는 그라드그린드(Gradgrind)란 인물을 통해 잘 구현해냈는데, 사람들은 이러한 이상적 행위자에게서 거부감을 느끼며 심지어 위험하다고 여기기까지 한다.

이런 이상형에 맞서 윌리엄스는, 스스로 타인에 대한 깊은 편향적 애착을 발달시킬 수 있도록 허용하고 도덕적 상황에서 감정을 따르거나 적어도 참고 정도는 하는, 그런 감정적으로 개입된 행위자에 대한 설명을 제시한다. 이런 사람은 자신의 도덕적 세계 속에 이를테면 상상도 못할 일(the unthinkable) 같은 특별한 범주를 만들어놓을지도 모른다(Williams 1973b: 92-3). 가령 무고한 사람을 살해하는 일처럼 한 번 고려해보는 것조차 감정이 허용하지 않을 그런 일들이 존재하는 것이다. 이런 사람들은 가능한 한 추상적이고 공평무사한 관점에서 세상을 바라보기 위해 자신의 감정으로부터 끊임없이 뒤로 물러나는 대신, 감정이 자신의 행위에 직접적인 영향을 미칠 수 있도록 허용할 것이다. 예를 들어 짐의 사례를 생각해보자.

> 효용, 인생의 가치, 또는 위험에 처한 눈앞의 사람과의 관계 등에 대해 합리적이고 체계적인 방식으로 사고하는 대신, 위험에 빠진 사람이 눈앞에 있다는 사실 자체에 의해 움직이게 될 수도 있다. 당면한 일이라는 점이 갖는 중요성은 과소평가되지 말아야 한다. … 본질적으로 우리는 어떤 가치 체계를 관리하는 관리인에 불과한 존재가 아니다. 심지어 그 가치 체계가 자기 자신의 것인 경우라 해도 말이다. 많은 경우 우리는 우리가 처한 상황의 결과로 그저 행위할 뿐이다. 그런 행위가 오해에서 비롯될 수도 있지만 말이다. 나는 이것이 많은 경우 대단히 좋은 것이라고 생각한다. 공리주의자들이 이것을 얼마나 좋은 것으로 여길지는 분명하지 않은 문제이다. (Williams 1973b: 118)

필자는 앞 장과 이 장에서 이 분명하지 않은 문제를 조금이나마 밝혀냈기를 바란다. 공리주의자들 — 즉, 밀과 같은 다차원적 공리주의자들 — 도 즉각적인 감정적 반응에 근거해서 행위하는 일이 최선의 결과를 낳는다면, 바로 그것이 좋은 것이라고 받아들일 수 있다. 즉, 논란의 주요 대상은 실제 도덕적 행위자의 이상형(an ideal of actual moral agency)이 어떤 것인지에 관한 문제가 아닌 것이다. 공리주의자도 냉정한 계산자보다 윌리엄스가 제시하는 이상적 행위자가 훨씬 더 그럴듯하다고 생각할 수도 있기 때문이다. 논란의 주요 대상은 무엇이 '좋은 것'으로 간주되는지의 문제이다.

이 문제는 도덕이론의 차원에서만 해결될 수 있다. 여기서 '이론'이라는 말은 도덕적 실천에 대한 모든 종류의 반성을 포괄하는 넓은 의미에서 사용된 것이다.5) 여기서 도덕적 감정(또는 도덕적 정서)의 지위를 둘러싼 윌리엄스와 공리주의자 사이의 논쟁은 더 근본적인 차원의 논쟁이 된다.

> 도덕이 무엇인지에 대해서는 흥미롭고 논리정연하며 독립적인 이론 따위는 존재할 수 없으며, 만약 윤리이론이 어느 정도의 경험적 사실과 결합되기만 하면 도덕적 추론에 대해 의사 결정 절차를 제공해줄 수 있는 어떤 철학적 구조를 의미하는 것이라면, 그런 의미에서의 윤리이론도 역시 존재할 수 없다. 그러한 윤리이론을 정립하려는 시도는 '무슨 권리로 그 이론이 도덕적 정서에 대해 입법을 하는가?'라는 물음에 답하는 데 성공한 적도, 성공할 수도 없었다. (Williams 1981: 서문 x)

공리주의의 관점에서 보면 윌리엄스의 이러한 비판은 다소 불공평하다. 첫째, 이 비판은 윤리이론으로서의 공리주의와 의사 결정 절차로서의 공리주의를 구분하지 않는다. 공리주의자는 자신의 주장을 이론적 차원에만 국한시키고 어떤 것이 최선의 의사 결정 절차가 될지는 열린 문제로 놓아둘 수도 있다. 둘째, 이론의 차원에 있어서도, 행

---

5) 윌리엄스도 어느 정도 수준의 반성은 용인한다(예를 들어 Williams 1985: 112 참조).

위 공리주의자가 윤리이론을 도덕적 정서 감정으로부터 완전히 독립적이며 근본적으로 합리적인 직관에 기초한 것으로 다루어야만 하는 것은 아니다. 공리주의자도 공리주의가 이성에 근거한 믿음과 감정 또는 정서에 근거한 믿음 모두와 잘 조화된다고 주장할 수 있는 것이다. 사실 밀의 증명도 바로 이러한 종류의 논증으로 이해될 수 있다.

그럼에도 불구하고 앞 장에서 보았듯 공리주의자가 도덕적 감정과 그 감정이 드러내주는 이유들이 갖는 중요성을 **충분**히 고려하지 않는다는 것만은 사실이다. 많은 가치 있는 것들은 감정적 개입을 통해서만 이해될 수 있다는 점을 공리주의자도 인정할 수 있다. 예를 들어 깊은 개인적 관계를 고려해보자. 냉정하고 완전히 합리적인 극대화 실현자라면 이런 관계와는 인연이 없을 것이다. 그러나 이러한 대응은 공리주의 입장의 내적인 갈등을 드러내준다. 공리주의자는 한편으로 감정이 복지가치를 이해하는 데 어느 정도 역할을 해줄 수 있다고 인정한다. 그러나 다른 한편으로는 공리주의자는 조지와 짐의 사례와 같은 경우에서 모두가 느끼는 감정적 이끌림 그 자체가 행위의 이유와 관련해서 중요성을 갖는다는 점을 부정한다. 가상적 상황이나 우리가 살아가는 환경에 대한 우리의 감정적 반응이 드러내주는 이유들이 존재하는데, 이 이유들은 공평무사한 극대화에 거스르는 이유들이다. 바로 이것이 통합성 반론이 보여주는 진실인 것이다.

마지막 논점을 명확히 드러내기 위해 원래의 짐 사례를 응용한 두 가지 사례들을 살펴보도록 하겠다.

[짐 2] 주저하는 모습을 보이자 대장은 짐 2에게 인디언들을 구하려면 자결하라고 요구한다.

비록 우리가 전체적 관점에서 볼 때 짐 2가 자결해야 한다고 결정할 수도 있지만, 그래야 한다는 점이 **명백한** 것은 아니다. 짐 2는 자기 생명이 자기 것이기 때문에 (비록 결정적인 이유는 되지 못한다 해도) 그것을 보전할 한 가지 이유는 갖고 있는 것이다. 그리고 이 이유는 우리가 각자 스스로의 생명에 대해 갖는 깊은 감정적 애착, 그리고 우리가 스스로의 삶의 형태와 내용에 대해 느끼는 감정적인 관심을 통해서 드러난다.

[짐 3] 짐 3은 그 지역에 한동안 살았던 적이 있고 인디언들 중 한 명과 깊고 지속적인 개인적 관계를 맺어왔다. 이 사실을 알게 된 대장은 짐에게 가혹한 제안을 한다. 그는 그 인디언을 쏘면 다른 열아홉 명의 인디언들이 풀려날 것이고, 열아홉 명의 인디언들이 총살을 당하면 그의 친구가 풀려날 것이라고 짐에게 제안한 것이다.

물론 공리주의자는 짐 3이 느끼는 감정을 공리주의 이론으로 포용해낼 수 있을지도 모른다. 그러나 짐 3의 입장에 서보면, 그가 효용을 극대화할 이유와는 별개로 자신의 친한 친구를 쏘지 말아야 할 이유를 갖는 것 같지 않은가?

더 읽을거리

이 장에서 논의된 윌리엄스의 저작들(Williams 1973b; 1976a; 1976b; 1981의 서문; 1985; 1995) 외에도, 그의 논변에 대한 다음의 비판들을 참조하라. Harris 1974; Davis 1980; Conly 1983; Barry 1995: 9장; Hollis 1995. Harris 1989에서는 통합성이 살인 등에 대한 '행위자 중심적 제약(agent-centred restrictions)'과의 관련하에서 흥미

롭게 논의된다. 소외와 현대 윤리이론은 Stocker 1976과 Railton 1984에서 다루어진다. Cottingham 1983; 1996에서는 윤리학에 있어서의 공평무사성과 편향성에 대해 좋은 논의가 이루어진다. 행위자 상대적 애착에 대한 훌륭한 논의를 보려면 Oldenquist 1982를 참조하라. 통합성과 인격적 개별성에 기반한 공리주의에 대한 비판의 옹호를 더 살펴보려면 Crisp 1996b를 참조하라. 공평무사한 극대화를 추구하는 도덕과 자기 자신에게 우선순위를 둘 행위자 상대적 이유를 결합하려는 가장 세련된 시도는 Scheffler 1982에서 찾아볼 수 있다.

정의

필자가 제5장에서 다루었던 보안관 사례의 현대판을 고려해보자.

[진] 동부 강력계 팀은 쇼핑센터에서 일어난 일련의 폭파 테러 사건들을 조사해오고 있다. 지금까지는 아무도 체포되지 않았다. 강력계를 책임지고 있는 경찰국장은 이번 주 안으로 체포가 이루어지지 않으면 팀의 예산이 크게 삭감되리라는 사실을 알고 있다. 그는 예산이 계속 지원되면 폭파범은 잡힐 것이고 그렇지 않으면 잡히지 않을 것이라는, 우연히 참과 부합되는 합리적 믿음을 갖고 있다. 영국 본토에서 증가되고 있는 테러 활동 때문에 그는 긴급 법안을 통한 특별 체포권을 부여받았다. 이 법은 일반적으로 정의롭지 못한 것으로 받아들여지고 있지만 국장은 그것을 사용하기로 결심한다. 파일을 검토하다가 '진'이라는 이름을 가진 한 사람을 발견한다. 그녀는 강력계 팀이 사용하는 수사방식 중 특히 꺼림칙한 것들을 언론에 몇 번 흘려서 문제를

일으켰던 사람이다. 국장은 진을 그의 사무실로 초대해서 체포한다. 국장은 진에게 그녀의 법적 권리를 존중할 것을 약속하지만, 그 약속은 지켜지지 않는다. 진은 테러에 연루되었다는 혐의로 긴급 기소되고, 법원의 판사는 그녀가 흑인이라는 이유로 특히 더 의심의 여지없이 그녀에게 유죄를 선고한다. 덕분에 팀의 예산은 계속해서 지원되고 진짜 폭파범들이 몇 개월 안에 잡혀 판결을 받는다. 진의 무고함은 밝혀지지 않은 채로 묻혀버리고, 그녀는 오랫동안 감옥에서 형을 살게 된다.

행위 공리주의의 문제점은, 간단히 말해서 조직적인 폭파 활동의 나쁜 영향들에 대해 여러 가지 그럴싸한 가정을 하고 나서 그 가정하에 이 이야기 속의 국장과 관련인들을 면책시켜주는 것도 모자라 심지어 그런 식으로 행위하도록 요구하기까지 하는 것처럼 보인다는 사실이다. 정의롭지 못한 긴급 법안의 발의, 진의 법적 권리에 대한 침해, 약속 위반, 정의를 수호하려는 운동가에게 닥친 나쁜 일, 법원의 진에 대한 불공정한 차별, 이 모든 것들이 매우 정의롭지 못해 보인다. 이러한 불의를 허용하거나 권장하는 도덕이론은 거부되어야만 하는 것이 아닐까?

밀의 폭로 논변

『공리주의』의 마지막 장에 나온 밀의 논변은 원래 독립된 논문으로 출간하려고 의도된 것이었다. 이 장은 이 책에서 가장 길고 복잡한 장이므로, 이 절에서는 주로 그 구조를 요약하는 데 집중하도록 하겠다.

5.1-2 밀은 진의 사례와 같은 경우를 보고 우리가 느끼는 도덕적 분

224

노의 '정서'가 존재한다는 사실을 인정하며, 그런 정서가 존중할 만한 것이라는 사실까지도 인정한다. 그러나 밀은 그 정서의 강렬함에도 불구하고 우리가 그런 정의의 감정을 '어떤 객관적 실재를 드러내는 것'으로 간주해야 할 필요는 없다는 점을 강조한다. 정의의 감정이 충분히 자연스러운 것일지는 모르지만, 그것은 본질적으로 '지적' 반응이 아닌 '동물적' 반응이며, 그 기원에 대한 설명은 공리주의와도 양립될 수 있다. 즉, 그것은 단지 느낌이나 감정에 불과한 것이지 공리주의와 상충하는 어떤 진정한 원리에 대한 반응은 아닐 수 있다는 것이다. 밀이 실천적 합리성의 궁극적 원리인 공리의 원리가 현 시점에서는 어떠한 강렬한 정서와도 연합되어 있지 않다고 믿었다는 점을 상기해보자(3.1). 실제로 본인의 말에 의하면 밀이 약관의 나이에 신경쇠약을 경험한 이유도 공리의 원리가 실천에 옮겨질 수 있는 가능성에 대해 신경 쓰지 않았기 때문이다(*A* 1.139).

5.3-10 밀은 우리가 정의에 해당되거나 불의에 해당된다고 묘사하는 일들이 갖는 공통적인 특성을 찾아냄으로써 그의 논변을 시작한다. 그는 정의의 다섯 가지 (어쩌면 여섯 가지) 서로 다른 '영역들', 즉 우리가 정의와 불의에 대해 이야기하는 인간 삶의 영역들을 찾아낸다.

1. 법적 권리 : 우리는 누군가가 법적 권리를 통해 소유한 것을 빼앗는 일은 불의하다고 생각한다.
2. 도덕적 권리 : 특정한 법들, 가령 진을 체포하는 데 이용된 법들은 불의에 해당되는 것으로 여겨진다. 그러한 법들은 인간의 도덕적 권리를 침해하는 것으로 보이며, 따라서 우리는, 가령 임의적으로 체포되지 않을 권리 같은 한 사람이 가진 도덕적 권리를 누리지 못하도록 제지하는 일이 두 번째 유형의 불의에 해당된다고 할 수 있다.

3. 응분(desert) : 사람들은 옳은 일을 하면 좋은 것을 받아 마땅하다고 생각하며, 옳지 않은 일을 하면 나쁜 것을 받아 마땅하다고 생각한다. 이 원리를 침해하는 일은 불의로 간주된다.

4. 계약 : 누군가의 신뢰를 저버리거나 우리가 자발적으로 심어준 기대가 어긋나게 하는 일은 불의로 간주된다.

5. 공평성(impartiality) : 인종이나 성별같이 당면한 문제와 관계없는 사항들에 의해 영향을 받아 판단을 내린다면, 이는 모두가 인정하듯 불의에 해당되는 경우가 많다.

6. 평등 : 이 개념은 공평성 개념에 가깝다고 밀은 말한다. 예를 들어 어떤 공산주의자들은 자원이 필요에 따라 분배되어야 한다고 생각한다. 동등한 필요는 자원을 요청할 동등한 권리를 발생시킨다. 여기서 공평성과의 연관성은 명백하다. 즉, 자원을 분배할 때 고려해야 할 관련된 유일한 사항은 필요이며, 다른 사항들을 고려하는 일은 이 공산주의자들에게 있어 편향성이자 불의일 것이다.

진에 대한 재판이 벌어질 때 모든 사람은 법 앞에 평등해야 한다는 원리가 위반된 것이라 한다면, 진의 사례는 각 유형의 불의를 모두 보여주는 셈이다.

5.11-3 과연 서로 다른 정의의 영역들은 서로 어떤 관계에 있는가? 밀은 이 문제에 어원학적으로 접근한다. 그는 정의 개념의 기원이 법에 대한 순종에 있다고 설득력 있게 주장한다. 원래 불의는 신성한 기원을 가진 것으로 간주되던 실제 법의 위반에 있었다. 시간이 흐르면서 특히 그리스인과 로마인들의 정의의 감정은 존재해야만 하는 법의 위반과 엮이게 된 것이다. 비록 가정 내에서 발생하는 사소한 불공정함과 같은 특정한 불의는 법에 의해 처벌받지 않기를 바라야 하는 경

우가 많지만, 현재에 이르러서도 '우리가 불의하다고 간주하는 행위가 [공공의 도덕적 비난에 의해] 처벌되어야 한다는 것은 우리에게 언제나 만족감을 주며 적절하다는 느낌을 갖게 할 것이다.'

5.14-5 필자가 제6장에 들어와서 다루기 시작한 논점에 도달하면서, 밀의 논변은 이제 우리를 당황스럽게 만드는 전환을 한다. 어원에 대한 호소와 그에 이어지는 법에의 순응에 대한 주장만이 전부가 아니었다는 사실이 드러나기 시작한다. 밀은 처벌이라는 관념이 그저 정의의 의무뿐만 아니라 도덕적 의무 일반의 근저에도 놓여 있다고 주장한다. 그렇다면 과연 무엇이 정의를 도덕의 다른 영역들로부터 구분해주는가?

밀은 이제 완전(perfect) 의무와 불완전(imperfect) 의무를 구분한다. 그는 어떤 윤리학자는 불완전 의무란 요구되기는 하지만 특정한 시점에 요구되는 것은 아닌 행위라고 규정한다고 말한다. 따라서 나는 자선을 베풀 의무를 갖지만 어떤 특정한 상황에 자선을 할 의무는 갖지 않는다. 내가 언제 누구에게 자선을 베풀지는 나의 판단에 달려 있다. 밀은 권리 개념을 통해 이 구분을 설명하는 편이 더 정확하다고 생각한다. 즉, 만약 내가 완전 의무를 가질 경우 어떤 다른 사람이 그와 상관된 권리를 갖는 반면, 자선의 경우에는 누구도 나의 도움을 받을 권리를 갖지 않는다.

밀은 이런 식으로 정의 개념을 권리 개념과 밀접하게 엮는다. 불의의 경우라면 언제나 '저질러진 잘못된 행위와 그 행위의 피해자에 해당되는 사람'이 포함되고, 정의의 경우는 '행하는 것이 옳고 그 불이행은 옳지 않은 어떤 행위가 존재한다는 것과 어떤 개인이 우리에게 무언가를 요구할 도덕적 권리를 갖는다는 것이 함축된다.' 진의 사례에서는 다음과 같은 일들이 불의에 해당된다고 말할 수 있을 것이다.

긴급 법안의 적용은 그녀의 도덕적 권리를 침해하였다. 그녀의 법적 권리도 침해되었다. 그녀는 경찰국장이 했던 약속에 대한 권리를 가지고 있었다. 그녀는 탁월한 업무 수행으로 당국으로부터 좋은 대우를 받을 권리를 갖고 있었다. 그녀는 자신의 인종 때문에 법원에서 불리하게 재판을 받지 않을 권리와, 공정한 재판을 받으면서 법 앞에서 평등하게 대우받을 권리가 있었다.

5.16-25 정의의 감정의 기원과 특성을 파악했으니, 우리는 이제 이 설명이 과연 공리주의와 양립할 수 있는지 여부를 물을 수 있다. 밀은 정의 관념에는 두 가지 '요소'가 있다고 주장했다. 그 두 요소는 어떤 특정한 개인이 해를 입었다는 믿음과 그 해를 끼친 사람을 처벌하려는 욕구이다. 이제 밀은 처벌하려는 욕구도 두 기원을 갖는다고 주장하는데, 그것은 자신을 보호하려는 자연적인 충동과 공감의 느낌이다. 다른 동물들과 마찬가지로 인간도 자기 자신이나 자식들을 해치는 상대에게 해를 입히려고 한다. 그러나 인간의 공감은 동물의 공감보다 광범위해서 감각을 느끼는 모든 존재에 대한 관심으로까지 확대되며, 인간의 정서는 동물의 정서보다 훨씬 더 세분화되어 있다. 인간과 동물 사이에 존재하는 차이는 이것밖에 없다.

지금까지는 밀의 논변에서 이 정서가 단지 자연적 사실로서만 그 역할을 한다. 이제 밀은 도덕적인 것이란 '이 정서를 사회적 공감에 따르게 하여 그 공감이 요청하는 바를 기다려 그에 따를 수 있도록 하는 것'이라고 주장한다. 즉, 정의로운 사람들은 해악 중에서도 '그것을 막는 일에 사회가 공통적으로 관심을 가진 그런 종류의' 해악에 대해서만 분개한다. 어떤 행위는 효용의 증진에 근거한 관습도덕 규칙에 의해 금지될 것이다. 정의의 감정은 그러한 규칙에 따르지 않는 사람들에 대해 발생한다. 이 규칙들은 개인의 권리를 보호한다. '어떤 것이 누군가의 권리라는 말이 의미하는 바는 그 사람이 법의 강제력 또는 교육과 여론을 통해 그 권리의 소유를 보호해줄 것을 사회에 타당하게 요구할 수 있는 입장에 있다는 것이다.'

사회가 이런 식으로 개인을 보호해야 하는 이유는 과연 무엇인가? 밀은 '일반 효용 이외의 다른 이유'는 제시할 수 없다. 그리고 우리는 정의의 감정이 갖는 힘을 설명해주지 못한다는 이유로 이 대답을 불충분한 것으로 여겨서는 안 된다. 이 힘은 정의의 감정이 동물적 기원을 갖는다는 사실, 그리고 정의의 감정과 효용의 필수적인 원천인 안전과 관계가 있다는 사실을 통해 설명된 바 있다. 관습도덕에서 정의의 규칙은 우리가 강자에 의해 지배당하는 데 대한 끊임없는 공포 없이 함께 살아갈 수 있도록 해준다. 따라서 이 규칙은 '바로 우리 존재의 토대'를 보호하는 것이다.

5.26-31 밀은 나중에 정의의 규칙에 의해 무엇이 보호되는지에 관한 문제로 다시 돌아가는데, 그 전에 잠시 주제를 벗어나 정의는 독립적인 도덕적 기준이 아니라는 취지의 논변을 별도로 제시한다. 이 논변은 우리의 정의의 감정의 표출이 갖는 애매성에 기반해 있다. 서로 다른 개인들이 특정한 영역에서 어떤 것이 정의인지에 대해 서로 다른 견해를 갖고 있을 뿐 아니라, 동일한 사람이 서로 상충되는 정의의 원리들을 받아들일 수도 있다.

예를 들어 처벌의 경우를 고려해보자. 어떤 사람들은 처벌은 오직 처벌받는 사람의 이익을 위해서만 정당화된다고 믿는데, 다른 사람들은 처벌이 오직 다른 잠재적 범죄자를 방지하기 위해서만 시행되어야 한다고 믿으며, 또 다른 사람들은 우리가 자유의지를 갖고 있지 않으므로 처벌을 해서는 안 된다고 믿는다. 이 각각의 견해는 '의심의 여지없이 참인 정의의 규칙들에 근거를 두고' 있는데, 그 규칙이란 각각,

누군가를 다른 사람을 위해 처벌해서는 안 된다는 것, 자기방어는 정당화된다는 것, 그리고 어느 누구도 자기가 어쩔 수 없는 일로 인해 처벌을 받아서는 안 된다는 것이다.

개별 범죄에 대한 처벌의 할당 영역에 관한 문제, 그리고 노동에 대한 대가 문제와 세금 문제에서도 이와 비슷할 정도로 해결하기 힘든 의견의 불일치가 나타난다. 이러한 논쟁들을 과연 어떻게 해결할 수 있을까? '사회적 효용만이 선호를 결정할 수 있다.' 우리는 밀이 도덕에 부차적 원리가 들어설 여지를 허용한다는 점을 이미 보았다. 정의의 원리는 이 부차적인 원리에 속하며, 부차적인 원리들 사이에 일어나는 갈등은 밀이 권장하듯 공리의 원리를 참고로 하여 해결되어야 한다.

5.32-6 밀은 이제 정의의 원칙에 의해 복지의 원천이 보호되는 것이 얼마나 중요한 일인지를 강조하기 위해 그의 원래 논변으로 되돌아간다. 여기서 그는 토머스 홉스(Thomas Hobbes, 1588-1679)에게서 받은 영향을 보여준다(Hobbes 1651: 13-17장 참조).[1] 밀은 정의의 원리가 없다면 각 개인은 나머지 사람들을 모두 적으로 볼 것이라고 주장한다. 따라서 각 개인이 그 시행에 관심을 가장 많이 갖는 도덕 규칙은 바로 정의의 규칙인 것이다. 침략을 통해서 가하거나 사람들이 기대하는 이익을 주지 않음으로써 가하는 직접적인 해악은 불의의 가

---

1) 밀에게서 발견되는 홉스적 보수주의(『공리주의』와 『자유론』), 경기침체(stag-nation)에 대한 토크빌적인 두려움(『자유론』), 그리고 급진주의(『공리주의』, 『자유론』, 그리고 『여성의 종속』의 여러 부분에서 그 증거가 발견되는데, 가장 명백한 사례는 아마도 결혼에 대한 밀의 페미니즘적인 이해일 것이다)의 세 가지의 조합에 주목할 만하다. 이러한 조합은 대부분의 관습도덕이 근거를 잘 갖추고 있다는 명제와 관습도덕의 어떤 면은 완전히 근절되어야 한다는 명제를 둘 다 받아들이는 사람에게서만 예상될 수 있는 조합이다.

장 명백한 사례이다.

정의의 감정은 그것이 처벌과 갖는 관계, 즉 악에 대한 악을 통한 보복과 갖는 관계를 통해 응분 개념과 밀접한 연관을 맺게 된다. 그리고 '악에는 악으로'라는 생각은 신뢰 파기 개념을 통해 가해와 연관을 맺게 된다. 만약 당신이 선한 일을 하면 당신은 그 보답으로 선을 기대할 권리를 가지며, 만약 내가 그에 대한 보답을 하지 않을 경우 나는 당신에게 해를 끼치게 되는 것이다.

더 구체적인 정의의 원칙들은 대부분 이미 위에서 논의된 원리들을 충족시키는 데 대해 수단적인 역할만 할 뿐이라는 사실을 우리가 알게 될 것이라고 밀은 말한다. 예를 들어 사람은 오직 자발적인 잘못에 대해서만 처벌을 받아야 한다는 원리는 '악에는 악으로'에 대한 수단일 뿐이다. 공평성 역시 이 원리에 대한 수단이다. 게다가 공평성 원리와 평등 원리는 다른 원리들의 필연적인 결과로서 도출되는 것이다. 예를 들어 **동등**하게 대우받을 자격이 있는 사람은 동등한 대우를 받아야 한다. 그리고 이 의무 자체는 '사람들은 누구나 평등하게 계산의 대상에 포함되어야 한다'고 주장하는 공리주의로부터 나온 것이다.[2]

5.37-8 밀은 정의의 일반 원리는 그 어느 것도 절대적이지는 않다는 말로 결론을 맺는다. 그에게 있어 권리란 공리의 요구를 눌러버릴 수 있는 '으뜸패(trumps)' 같은 것이 아니다(Dworkin 1984 참조). 밀은 비록 정의에 의해 보호되는 효용의 원천이 하나의 **집합**(class)으로서는 다른 원천보다 더 중요하지만, 개별 상황에서는 안전에 대한 관심보다 다른 관심이 더 중요시될 수도 있다는 사실을 받아들인다. 도

---

2) 밀이 언급하지 않는 다른 영역들 사이의 다른 관계들도 존재한다. 예를 들어 응분이나 계약에 근거를 둔 도덕적 권리도 많이 있다.

둑질은 하지 말아야 하지만, 도둑질이 정당화되는 드문 경우가 발생할 수도 있다.3) 이런 보기 드문 사례에서라면 우리는 도둑질이 불의에 해당된다는 명제를 부정할 것이다.

밀은 『공리주의』 마지막 단락에서 정의가 공리주의에 걸림돌이 되지 않는다는 주장을 하면서 끝을 맺는다.

정의는 하나의 집합으로서 볼 때 다른 사회적 효용들보다 훨씬 더 중요하기 때문에 더욱 절대적이고 의무적이며, 따라서 그러므로 정의는 그 강도에서 뿐만 아니라 종류에 있어서도 다른 정서들과 차별화되는 어떤 정서에 의해서 자연스럽게 보호되고 또 보호되어야 하는 어떤 사회적 효용을 지칭하기에 적합한 이름으로 남는 것이다. 이 정의의 감정은 그 명령의 단호함과 그 제재의 엄중함으로 인해 쾌락이나 편리함의 증진에 동반되는 미적지근한 감정으로부터 확연히 구별될 수 있다.

요약하자면 밀은 자신이 다음과 같은 방법으로 정의의 문제를 해결했다고 믿는다. 첫째, 일단 정의가 중요한 이해관심을 보호하는 수단에서 유래되었다는 자연적 기원을 깨닫기만 하면, 우리는 도대체 왜 정의에 대해 그토록 강렬한 정서를 느끼는지 이해할 수 있다. 둘째, 이러한 이해관심이 너무나 중요하기 때문에, 공리주의는 비록 정의와 불의를 이야기하는 것이 전체적 복지를 극대화하는 데 대한 수단에

---

3) 밀이 제시하는 사례는 생명이 걸려 있는 상황이다. 그러나 자기 생명이 걸린 그 사람이 구조될 권리를 갖고 있다고 주장할 수도 있으므로, 이 사례는 적절하지 못한 선택이다. 밀이 요구하는 것은 정의에 기반한 의무와 정의에 기반하지 않은 의무 사이의 충돌이다. 대신 다음 사례가 요점을 드러내줄 수 있겠다. 나는 당신에게 지고 있는 작은 빚을 오늘 저녁에 갚겠다고 약속했다. 그런데 당신의 집으로 가는 길에 나는 매우 가난한 걸인을 마주치게 된다. 그 걸인은 내 수중의 돈에 대해 어떠한 권리도 가지고 있지 않지만, 나는 그럼에도 불구하고 그에게 그 돈을 주어야 할지도 모른다.

불과함에도 불구하고 계속 그런 식으로 이야기를 할 것을 우리에게
권장하는 것이다.

의무와 권리

밀은 정의라는 그물망을 아주 넓게 펼쳐놓는다. 밀에 따르면 내가
다른 특정한 사람에 대해 갖는 도덕적 의무는 그와 상관된 권리를 상
대방에게 발생시키게 될 뿐 아니라 그것이 곧 정의의 의무이기도 하다.
몇몇 철학자들은 밀의 정의 개념이 너무 광범위하다고 주장해왔다.

첫째, 특정한 사람에 대한 의무 중에는 상관된 권리를 발생시키지
만 불의의 사례는 아닌 경우도 존재한다는 주장이 있다. 예를 들어 성
폭행범은 피해자의 권리를 침해한 것이고 분명히 매우 옳지 않은 일
을 저지른 것이라고 설득력 있게 이야기될 수 있지만, 성폭행은 불의
의 사례에 해당되지 않는다(Dryer 1969: ciii; Quinton 1973: 74;
Harrison 1975: 102). 그것은 노골적인 사악함으로 이해되어야지, 올바
른 선의 분배에 관련된 원리를 침해한 것으로 이해되어서는 안 된다.

두 번째 제안은 특정한 사람에 대한 의무의 불이행 중에는 불의에
해당되지만 권리를 침해하지는 않는 경우도 있다는 것이다. 만약 내
가 당신의 노년 시절 동안 내내 당신을 간호해주었다면, 유언장에 적
어도 뭐라도 내 앞으로 물려줄 일종의 의무가 있다는 주장이 설득력
을 얻을 것이다. 만약 당신이 내게 아무것도 물려주지 않는다면 그것
은 불의에 해당되는 일이겠지만, 사실 나는 유산 상속에 대한 권리는
전혀 갖고 있지 않다(Miller 1976: 57).

마지막으로, 특정한 사람에 대한 의무 중에는 정의의 문제에 해당
되지 않을뿐더러 그와 상관된 권리조차 발생시키지 않는 것들도 있다
고 한다. 만약 당신이 나를 큰 규모의 개인적 파티에 초대하고 내가

그것을 수락한다면, 나는 파티 장소에 나와야 한다는, 적어도 약한 의무를 갖는다. 그러나 이것을 정의의 의무라고 부르기에는 좀 과한 것 같고, 당신이 나의 참석을 요구할 권리를 가진다고 말하는 것도 설득력이 떨어진다. 나에게는 원한다면 그냥 집에 틀어박혀서 대문에 페인트칠이나 하면서 뒹굴며 지낼 권리가 있는(entitled) 것이다(Harrison 1975: 105; Lyons 1978: 16).

그러나 이 모든 사례들에는 동의하지 않을 수 있는 여지가 조금씩 남아 있다. 관습도덕과 일상 언어는, 성폭행이 불의의 한 형태인지 여부, 보답을 받을 자격이 있다는 사실이 권리를 발생시키는지 여부, 그리고 당신이 나의 파티 참석에 대해서 정의의 고려사항에 근거를 둔 (아마도 약한 권리겠지만) 권리를 갖는지 여부를 명확하게 결정해줄 정도로 정확하지 못하다. 다시 말해 정의가 반드시 이득과 부담의 분배에만 국한될 필요는 없다. 게다가 정의 개념을 넓은 의미로 사용하는 건전한 철학적 전례도 존재한다. 예를 들어 아리스토텔레스는 정의란 어떤 의미로 '완전한 덕목(complete virtue)'이라고 이야기하는데, 아마도 그의 용법은 4세기 아테네 사람들의 용법을 반영하고 있을 것이다.4) 밀은 그 반대자들이 공리주의가 권리의 침해를 허용한다거나, 아니면 중요하지만 명백히 비공리주의적인 도덕적 의무에 대해서 제대로 설명하지 못한다고 비판할 만한 사례들을 모두 다루어내려는 시도 속에서 정의라는 용어를 사용한다.5)

그렇다면 어떤 특정한 개인에 대해 가해지는 해악이란 개념에 의존

---

4) Aristotle *c.* 330 BC: 1129b25-6.
5) 밀이 『공리주의』에서 본인이 사용하는 정의 개념이 보여주는 광범위함을 항상 염두에 두고 있는 것 같지는 않다. 예를 들어 생명을 구할 의무는 정의에 관한 일반 준칙에 해당되지 않는다는 함축을 보여주는 5.37 부분을 참조하라(이 문제는 위의 각주에서 논의됨).

하는, 권리에 대한 밀의 환원적 입장의 경우는 어떨까? 앨런 라이언 (Alan Ryan)은 반례를 생각해내는 일이 그리 어렵지 않다고 말한다 (Ryan 1993: 12). 만약 내가 당신에게 구걸을 하는데 식량을 주지 않는다면 나는 고통을 겪게 될 것이다. 나는 해악을 겪는 특정한 개인이고 내가 겪는 고통은 직접적이지만, 그렇다고 내게 식량에 대한 권리가 있는 것은 아니다.

여기서 밀은 당신이 사실은 나에게 직접적으로 해악을 입힌 것이 아니라고 주장할지도 모른다.[6] 이 주장은 상식에 부합된다. 우리는 보통 특정한 사람이 특정한 걸인에게 적선을 하지 않았다고 해서 그 걸인이 그 사람에 의해 해악을 입었다고 말하지 않기 때문이다. 만약 당신이 도움을 줄 수 있는 유일한 사람이고, 걸인은 거의 굶어 죽을 지경이었다면 어떨까? 그렇게 되면 걸인은 당신에게 도움을 받을 (정의에 기반한) 도덕적 권리를 갖는다.

밀의 분석은 응분에 의한 '악에는 악으로'에 대해 설명할 때는 더욱 불안정해 보인다.[7] 우리는 응분의 선을 이해하기 위해 권리 개념을 손쉽게 사용할 수 있다. 즉, 만약 당신이 내게 베푼 도움 때문에 특정한 이득을 받아 마땅하다면, 당신은 그 이득에 대한 권리를 가지며, 나는 그 이득을 제공할 의무를 갖는다. 유죄 판결을 받은 범죄자의 경우, 우리는 그가 처벌을 받아 마땅하다고 말한다. 밀에 따르면 응분은 권리 개념을 포함해야 한다. 그러나 우리에게 권리란 포기될 수도 있는 것이라고 생각하는 경향이 있다는 점만 보더라도, 유죄 판결을 받

---

6) 밀의 해악 관념은 제8장에서 분석될 것이다.

7) Lyons 1978: 18을 참조하라. 라이온스는 밀이 박탈권(forfeiting rights) 개념을 사용할 수도 있다고 제안한다. 그래서 나는 내가 옳지 않은 일을 할 때까지, 즉 처벌받아야 할 때까지만 자유에 대한 권리를 갖는다. 그러나 이러한 설명은 응분 자체에 관한 것이라기보다는 응분의 필요조건에 관련된 것처럼 보인다.

은 범죄자에게 처벌받을 '권리'가 있다고 주장하는 것은 뭔가 말이 되지 않는다! 만약 판사가 중범죄로 유죄 판결을 받은 어떤 사람을 석방한다면 과연 그것은 누구의 권리에 대한 침해란 말인가? 범죄의 피해자? 그러나 내부자 거래와 같은 몇몇 중범죄에는 피해자가 존재하지 않는다. 응분의 선의 경우, 권리를 가진 사람은 이득에 대해 권리 주장(claim)을 할 수 있다. 따라서 사회는 범죄자들이 응분의 대가를 치르도록 할 권리가 있고 판사에게는 그 권리를 존중할 의무가 있으며 범죄자에게는 처벌을 받아들여야 할 의무가 있다.[8]

여기에는 모든 도덕이 정의로 병합되어버릴 위험이 존재한다(5.15). 왜냐하면 사회는 특정 개인의 특정한 범죄에 대해 처벌할 권리뿐만 아니라, 사회 자체가 도덕적 불승인을 통해 자선의 의무와 같은 이른바 불완전 의무를 다하지 못한 사람들을 처벌할 권리도 가질 것이기 때문이다. 만약 당신이 자선활동을 전혀 하지 않는다면, 나는 당신이 인색하다고 정당하게 비난할 수 있을 것이다. 그러나 처벌받아 마땅한 악의 경우에 사회에 대한 의무가 완전 의무로 이해될 수 있다면, 자선의 경우라고 안 될 이유는 무엇이겠는가? 왜 나는 자선을 베풀 완전 의무를 사회에 대해서 갖지 않는 것인가?

밀은 어쩌면, 우리가 처벌을 집행하거나 받아들일 의무와 자선의 의무 사이에 여전히 중요한 차이점이 존재한다는 사실만 분명히 염두에 둔다면, 이런 식으로 이야기하는 것도 허용할지도 모른다. 전자의 경우에는 재량의 여지가 거의 또는 아예 없다. 자비나 사면을 베풀 강력한 이유가 있지 않은 한, 당신은 판사로서 이 사람을 지금 여기서

---

8) *L* 4.3에서 밀은 사회가 제공한 보호에 대한 대가로 사회는 각 구성원이 다른 구성원에게 이행해야 하는 어떤 조건을 '정당하게 강제할 수 있다'고 말한다. 집단적 권리(collective rights) 개념을 논의에 도입하면 극빈층에 대한 지원 같은 사회의 집단적 의무에 대해서도 논의할 수 있게 된다.

처벌해야 한다. 그리고 범죄자로서 나는 이 특정한 처벌을 받아들여야 하고, 가령 모형 보트를 만들 시간을 벌기 위해 유예기간을 요구하거나 하면 안 된다. 그러나 자선에 관해서는 나는 언제 누구에게 자선을 베풀지를 스스로 결정할 수 있는 재량을 갖고 있다. 이 재량은 불완전 의무를 완전 의무로부터 구분해주기에 충분하다.

불완전 의무에 대한 밀의 설명에 따르게 되면 자선을 베풀지 않았다고 해서 옳지 않은 행위를 했다거나 도덕적 의무를 위반했다고 말할 수는 없을 것이라고 주장하는 사람이 있을지도 모른다. 어떤 개별 사례에도 자선에 대한 권리를 가진 사람 따위는 존재하지 않기 때문이다. 그러나 밀은 불의를 저지르지 않고도 도덕적 의무를 위반함으로써 옳지 않은 행위를 하게 될 가능성을 열어놓고 싶어 한다(Lyons 1982: 47).

그러나 밀은 인색한 사람은 자선을 전혀 베풀지 않음으로써 옳지 않은 행위를 할 수 있으며 그 과정에서 불완전 의무를 위반할 수 있는 것이라고 주장할 수 있다. 이 사람이 이 의무를 이행하는 방법에는 여러 가지가 있으며, 바로 이 점 때문에 이 의무는 불완전 의무가 되는 것이다. 그러나 누군가가 옳지 않은 행위를 했다는 것이 곧 옳지 않은 행위가 행해진 특정한 시간을 밝힐 수 있어야 한다는 것을 함축하지는 않는다. 그렇다기보다는 옳지 않은 행위란 전체적으로 부도덕한 행위의 과정을 가리키는 것으로 이해될 수 있을 것이다. 이렇게 해서 우리는 밀이 어떻게 불완전 의무는 권리를 발생시키지 않는다는 주장과 불완전 의무가 도덕적 제재를 통해 '강제될(exacted)' 수 있다는 주장을 동시에 할 수 있는지 알 수 있다(Berger 1984: 214-22).

관습도덕은 애매모호하고 체계적이지 못하기 때문에, 철학자가 할 수 있는 일이라고는 다른 사람들도 동의하리라는 희망을 갖고 관습도덕에 대해 특정한 해석이나 관념을 제시하는 것뿐이다. 필자가 보기에『공리주의』에 드러난 완전 의무와 불완전 의무에 관한 밀의 견해는 세련되고 정합적이다. 그러나『공리주의』에 나온 설명을 밀의 다른 주요 저작, 그중에서도 특히『자유론』과 비교하게 되면 한 가지 문제가 발생한다. 필자는 마지막 장에서 이 두 저작이 일관적이라고 해석할 좋은 근거가 있다고 주장할 것이다. 그러면 우리는 '타인을 상해로부터 보호하지 않는 이기적인 자제'가 도덕적으로 옳지 않다는 밀의 주장을 과연 어떻게 이해해야 하는가(L 4.6; L 1.11과 비교; Lyons 1982: 52 참조)? 밀은 5.15에서는 선행을 불완전 의무로 규정하는 반면 이 부분에서는 완전 의무로 규정하는 것처럼 보인다. 그 선행은 특정한 사람(들)을 특정한 상황에서 보호할 것을 요구하기 때문이다.

밀은 선행의 의무 중 어떤 것은 (그가 사용하는) 넓은 의미의 정의 개념에서 볼 때 실제로 정의의 의무에 해당된다고 주장할지도 모른다. 만약 내가 어떤 특정한 해악으로부터 당신을 보호하도록 요구받는다면, 당신은 나의 보호를 받을 권리를 갖게 된다. 그렇다고 그 때문에 밀이 행위자로 하여금 (특정하지 않은) 어떤 경우에 선행을 베풀도록 요구하는 불완전한 선의의 의무도 역시 존재한다는 명제를 받아들이지 못하게 되는 것은 아니다.

이 분석은 또한 사회에서 각 개인은 '공동 방위로부터 각자의 공정한 몫을 받아야 한다'는 밀의 주장을 이해할 수 있게 해준다(L 1.11). 우리는 범죄자가 적절한 응분의 대가를 받는 것에 대한 권리를 갖는 것과 마찬가지로, 방위비에 기여할 능력이 있는 사람이 그에 기여하는 것에 대한 권리를 갖는다.9)

---

9) L 4.3에서 밀이 이 의무를 언급할 때, 권리는 상해에 대한 소극적 금지에만 국한되며 그와 상관된 권리 따위는 존재하지 않는다는 암시를 하는 것으로 간주될 수 있다. 필자는 불명확기로 유명한 이 단락을 소극적 권리와 적극

밀이 어떤 의미로 용어들을 사용하고 있는 것인지 애매모호한 단락이 몇 군데 있기는 하다. 그러나 여기에서도 밀의 입장은 충분히 명확하다. 『자유론』 4.7에서, 그는 단순히 무분별한(imprudent) 행위와 '타인의 권리에 대한' 침해에 해당되는 행위를 구분한다. 여기서 밀이 도덕적 비난이나 처벌의 대상이 될 수 있는 행위와 그렇지 않은 행위 사이의 구분을 염두에 두고 있었다는 것은 분명하다. 그렇다면 밀은 바로 그가 5.15에서 반대했던 것, 즉 '모든 도덕을 정의로' 병합시키는 일을 하고 있는 것이 아닌가? 엄밀하게 말하면 맞다. 그러나 L 4.7에서 분명하게 밝히듯이 밀은 도덕 규칙 일반을 염두에 두고 있던 것이므로, 우리는 그가 모든 부도덕한 행위를 타인에 대한 권리에 대한 침해로 간주하고 있는 것으로 이해할 수 있을 것이다.[10] 그러나 여기서 우리는 행위자의 부도덕함이 비록 특정한 타인의 권리를 침해하지는 않는다 하더라도 사회 전체의 특정한 권리를 침해할 수도 있다는 사실을 받아들일 수도 있을 것이다(제8장 참조).

적 권리를 구분하고 있는 것으로 읽어야 한다고 제안하는 바이다. 나는 공격 당하지 않을 소극적 권리와 당신이 방위비에 기여하는 것에 대한 적극적 권리를 갖는다. 이는 밀이 어째서 '타인의 정당한 권리를 침해하는 정도까지는 가지 않지만 그들에게 해악이 되는' 제3의 종류의 행위를 구분했는지 설명해준다. 이러한 행위—또는 행위 과정—는 불완전 의무를 위반하는 행위인 것이다. L 1.11에서 밀은 방위에서 자기 몫을 받는 것과 같은 행위가 '적극적'이라고 말하는데, 이것이 함축하는 바는 그가 '소극적 행위'를 논할 준비가 되어 있었으며 따라서 소극적 또는 적극적 의무와 권리에 대해서 논할 준비도 역시 되어 있었다는 것이다.

10) 실제로 밀은 『자유론』에서 때에 따라 권리와 도덕에 대한 서로 다른 관념을 염두에 두고 있는 것 같다. L 4.7에서는 권리를 존중하는 것은 도덕적인 행위를 하는 것과 동등한 것으로 보이며, 여기엔 불완전 의무의 이행도 포함된다(L 3.9 참조). L 4.3에는 소극적 의무(와 그와 상관된 권리), 적극적 의무(와 그와 상관된 권리), 그리고 (어쩌면 불완전 의무로 이해될 수도 있는) 권리를 침해하지 않을 의무 사이의 섬세한 구분이 등장한다.

보복, 공정성, 그리고 응분

따라서 완전 의무와 불완전 의무의 구분에 근거한 밀의 정의 관념은 계속 유지될 수 있다. 이는 밀의 전체 논변이 성공적이었는지에 대해 더 중요한 의문점을 남겨놓는다. 밀의 목적은 정의가 효용과 독립적인 도덕적 기준을 제공한다는 주장이 거짓임을 드러내는 것이었다는 사실을 기억하라. 밀은 우리의 정의의 감정을 자연적인 방식으로 설명해냄으로써 그것을 공리주의와 양립시키려고 한다. 밀의 증명에 대해 다룬 앞의 장에서 필자가 주장했듯이, 자연주의가 다른 이론에 비해 딱히 공리주의에 더 유리하다고 말할 수는 없다. 밀은 '객관적인 [도덕적] 실재' 개념을 지지하는 정도에 있어서 비공리주의자와 그렇게 다르지 않다. 따라서 그의 논변이 갖는 무게는 검약의 원리(principle of parsimony)에 의해서 판단되어야 한다. 과연 정의의 감정의 기원에 대한 밀의 이론은 그에 대한 하나의 대응으로 간주될 수 있는 독립된 정의의 원리를 가정해볼 필요조차 없을 정도로 설득력이 있는 것일까?

특정 입장에 대한 반대 논변의 결점을 찾아내는 데 있어서 가장 좋은 출발점은, 그 입장의 옹호자가 반대 논변을 어느 정도나 받아들일 수 있을지 질문해보는 것이다. 비공리주의적 정의를 옹호하는 사람은 밀의 논변을 과연 얼마만큼이나 받아들일 수 있을까? 놀랄지 모르겠지만 그 대답은 '거의 전부'이다.

분명 5.14에서 밀이 제시했던 도덕에 대한 메타윤리학적 설명을 거부할 필요는 없다. 도덕 현상에 대한 우리의 이해가 다소 불충분한 것은 사실이다. 그럼에도 불구하고 도덕이 본질적으로 법률과 유사하다는 밀의 제안은 가설로서 충분히 설득력이 있다. 그렇다고 밀에 반대하는 사람이 관습도덕에 대한 설명을 거부할 이유도 없다. 어쩌면 밀의 반대자가 받아들일 수 없는 것은 정의의 외연이 모든 완전 의무를 포괄한다는 생각인지도 모른다. 그러나 이것은 근본적으로는 의미론적인 문제이며, 그 반대자는 논변의 진행을 위해서 일단 밀의 설명에 동의하거나, 아니면 밀이 강력하게 반대하지 않을 정도의 의미 변화를 줄 수 있을 것이다.

밀의 반대자는 심지어 (그것 자체는 공감 능력에 의해 확장된 자기보호적 충동에서 발생한) 정의의 감정은 범죄자를 처벌하려는 욕구에 그 기원을 둔다는 밀의 설명까지도 받아들일 수 있다. 왜냐하면 이 설명을 받아들인다고 해서 사실 정의의 감정이란 결국 이런 것에 불과하다는 생각까지 받아들일 필요는 없기 때문이다. 그런 생각을 받아들여야 한다고 믿는 것은 5.12에서 밀이 피하고자 하는 것과 같은 종류의 발생적 오류(genetic fallacy)를 저지르는 셈이 될 것이다.[11]

바로 여기야말로 밀의 반대자가 정의의 감정이 갖는 본질적 성격에 대해서 자신의 입장을 견지해야 하는 지점이다. 우리가 살펴보았듯이, 밀은 정의의 감정과 동물들이 자기 자신이나 자식의 보호를 위해 보복하려는 동물적 욕구 사이에 연속성이 존재한다고 주장한다(5.20). 정의의 감정과 동물의 보복 사이의 차이라고는, 첫째, 인간은 감각을 느끼는 모든 존재에 대한 공격에 대해 반응한다는 것과, 둘째, 인간의 반응은 더 세분화되어 있고 '더 광범위하다'는 것뿐이다.

도덕에 대한 우리의 이해가 매우 불충분하기 때문에, 필자는 여기서 밀의 견해를 매우 진지하게 다루고자 한다. 정의의 감정의 기원에 대한 밀의 견해를 그대로 놓고 보면 너무나 불완전하다는 사실이 명백하지만, 어쩌면 정의가 작동하는 방식 중 많은 부분이 밀이 서술하는 것 같은 방식으로 설명되거나 '자연화(naturalized)'될 수 있는 것

---

11) 발생적 오류는 어떤 것이 지금 가진 속성을 그것이 발생할 당시에 가졌던 속성과 동일시할 때 범해지는 오류이다.

인지도 모른다. 마찬가지로 행위 공리주의가 정의에 관한 부차적 원리를 수용할 것을 권장할 것이라는 밀의 논변 역시 매우 강력하다. 권리는 실제로 인간 복지의 중요한 원천과 구성요소들을 보호한다고 말할 수 있으며, 이 점은 그 자체만으로도 권리를 존중할 만한 충분한 근거로 간주될 수 있다. 예를 들어 폭행당하지 않을 소극적 권리와 자기가 수행한 작업에 대해 합의된 대가를 받을 권리를 고려해보자. 만약 이 권리들이 일반적으로 존중되고 지지되지 않는다면, 출근은 고사하고 아무도 집 밖으로 나가려고 하지도 않을 것이다.

필자는 극히 추상적인 사례의 정의와 평등에 대해 갖고 있는 우리의 믿음이 공리주의적 원리가—통합성의 경우에서 보았듯이—인격의 개별성을 인식하지 못한다는 결함을 다시 한 번 보여준다고 생각한다.12) 이런 추상적인 사례에서는 관련된 사람들에 대한 공감이 들어설 자리를 찾을 수 없을 것이기 때문이다. 다음의 결과들 중에서 한 가지만 발생시킬 수 있다고 상상해보라.

[평등]		[불평등]	
집단 1	집단 2	집단 1	집단 2
50	50	90	20

각 집단의 구성원 수는 각각 천 명씩으로 같다고 가정하자. 여기서 숫자는 대략적인 복지의 정도를 나타낸다. 따라서 [평등]에 있는 모든

---

12) 필자가 여기서 아주 드문 추상적 사례를 고려할 때만 공정성이 관련된다고 말하는 것으로 받아들여지기는 원치 않는다. 예를 들어 한 교사가 학급의 학생들 대부분이 많은 것을 배울 수 있는 어려운 교재와 다수에게 이득을 주지는 않고 열등생들에게만 이득을 줄 쉬운 교재 중에서 결정을 해야 하는 경우를 고려해보자. 공리주의는 어려운 교재를 추천할지도 모르지만, 본문 속에서 옹호된 바 있는 공정성 원리는 쉬운 교재를 지지할 것이다.

사람들은 동등하게 좋은 삶을 사는 반면, [불평등]에 있는 사람들은 [평등]에서 사는 사람들보다 훨씬 더 낫거나 훨씬 더 못한 삶을 살고 있을 것이다. 공리주의는 [불평등]이 더 선호할 만하다고 주장해야 하지만, 이는 [평등]에 사는 사람들 사이에는 복지가 평등하게 분배되어 있다는 점을 간과하는 것으로 보인다. 공정성은 그냥 놔두면 더욱 못 살게 될 사람들에게 어느 정도 우선권을 줄 것을 요구하고 [평등]을 선택하는 쪽을 지지하는 것처럼 보인다. 여기서 필자의 이러한 반응이 합리성이나 합당성에는 전혀 근거를 두지 않고서 그저 확장된 공감에서 나온 자연적 반응 정도로 폄하될 것 같지는 않다.

또한 공정성 원리가 단 하나의 궁극적인 공리주의적 합당성 원리에 의해 관장되는 삶의 기술 중 도덕 분야에만 해당되는 하위 원리로 간주될 필요도 없다. 공리주의 원리는 설득력이 있다. 그러나 1.3과 『논리의 체계』 마지막 부분에 제시된 밀의 주장에도 불구하고, 실천이성을 관장하는 단일한 궁극적 원리가 존재해야 한다고 생각할 이유는 없다. 이것이 밀이 제시하는 갈등 논변(argument from conflict, 5.26-31) 역시 실패하는 이유이다. 갈등 상황에서 공리주의 원리야말로 합리적 중재를 위한 유일한 수단이라는 주장이 여타 비공리주의 원리의 주장보다 명백하게 더 큰 설득력을 갖는 것은 아니기 때문이다.

만약 원리들이 여러 개 존재한다면, 이들이 상충할 때 우리가 어떻게 결정을 내려야 할지에 대한 질문을 받을 수도 있을 것이다. 이러한 질문에 대해 우리는 그저 각자의 판단력을 사용해야 한다고 답변할 수 있다. 그렇다고 이러한 답변이 윤리를 임의성이나 변덕에 내맡기고 있는 것은 아니다. 판단은 합당할 수도 있고 그렇지 않을 수도 있다. 그리고 어쨌든 공리주의 같은 단일 원리 이론이라고 해서 이런 문제를 피할 수 있는 것도 아니다. 제아무리 공리주의자라고 해도, 어떤 도덕이론을 받아들여야 하고 또 그 이론을 따라 어떻게 살고 행위해야 할지를 결정하는 데 있어서 판단력 외에 달리 무엇을 사용하겠는가?

제5장에서 살펴보았듯이, 밀은 '동등한 양의 행복은 동등하게 바람직하다'는 그 자체로 매력적인 주장에 대한 호소만으로도 공리의 원리를 옹호하는 데 거의 충분하다고 믿는 것 같다(5.36, 각주 2). 그러나 이 중요한 단락에서 밀은 효용이나 복지의 분배 방식이 갖는 중요성에 대한 인식을 결여하고 있다는 사실을 드러내고 있다. 다시 말해서 밀은, (이전 장에서 보았듯이) 개인적 관심의 합리성뿐만 아니라 상대적 빈곤층에 우선권을 주는 공정성에서도 중요한 역할을 하는 인격의 개별성을 충분히 중요하게 고려하지 않고 있는 것이다.

그럼에도 불구하고, 도덕 현상을 이해하려는 시도에 기반을 둔 제5장에 나타난 밀의 기획은, 이론가와 그 청중에게 크게 호소할 수 있다면 (그 기원조차 분명하지 않은) 믿음들을 가지고 어떤 방법을 써서라도 정의 이론을 제시해보려고 하는 현대의 많은 시도들보다는 더 나은 근거를 갖고 있다고 할 수 있다. 관습도덕의 기원과 발달에 대한 연구는 시급히 요구되고 있으며, 그 연구 결과 밀이 결국 옳았던 것으로 드러나게 될 수도 있는 것이다. 우리가 가진 비공리주의적인 도덕적 믿음들의 기원을 제대로 이해하게 되면, 그 믿음들이 근거를 두고 있는 원리들이 우리에게 갖는 의미는 퇴색되어버릴지도 모른다. 그렇게 되면 이 원리들을 우리 곁에 존속시킬 이유라고는 밀이 제시하듯 그 원리들이 '삶에 지침을 제공하는 다른 어떤 규칙보다도 … 인간 복지의 필수 요소와 더욱 밀접하게 관계되어 있다'는 사실밖에 남지 않게 될지도 모르는 일이다(5.32).

제5장은 밀의 공리주의가 갖는 성격을 다루었으며, 이어지는 두 장은 인격의 개별성의 중요성을 간과했기 때문에 발생한 서로 관련된

공리주의의 두 가지 문제점을 살펴보았다. 첫째, 공리주의는 우리의 행위와 삶과 관련해서 결정을 내릴 때 우리가 자기 자신과 친지들에게 어느 정도 우선권을 주어야 할 이유를 설명해내지 못한다. 이런 의미에서 공리주의는 통합성 비판에 직면한다. 둘째, 마찬가지로 개별성을 간과하기 때문에 공리주의는 상대적 빈곤층에 우선권을 주어야 한다는 생각을 정당화하지 못한다. 자기 이익과 공정성은 둘 다 공리주의를 곤혹스럽게 하는 문제를 낳는데, 이 영역이야말로 공리주의를 옹호하려는 사람들이 집중해야 할 부분일 것이다. 위에서 암시했듯이 필자는 공리주의자와 그 반대자들 사이의 논쟁이 여전히 활발하게 진행되고 있다고 믿는다.

공리주의자가 물어야 할 한 가지 중요한 질문은 '공리주의 이론이 갖는 실천적 함의는 과연 무엇인가?' 하는 것이다. 지금까지 밀의 다차원적 공리주의가 갖는 섬세함과 강력함을 보여주었으니, 이제 필자는 밀이 공리주의 이론이 두 가지 중요한 영역, 즉 개인의 자유와 이성 간의 관계에 어떤 함의를 갖는다고 믿었는지 살펴볼 것이다.

더 읽을거리

정의에 대한 밀의 견해를 포괄적이고 통찰력 있게 논의하는 저서로 Berger 1984: 4장이 있다. 밀의 정의론을 해석하고자 하는 사람들은 David Lyons의 다음 논문들을 필독해야 한다. Lyons 1976; 1978; 1982. 편리하게도 이 논문들은 Lyons 1994에 함께 실려 있다. 다른 유용한 논의로는 Ryan 1970: 12장과 Harrison 1975가 있다. 정의 일반에 대한 훌륭한 논의를 보려면 Miller 1976; Brown 1986; Hooker 1993을 참조하라.

제8장 공리주의와 자유:『자유론』

공리주의와 자유주의

『공리주의』는 개인의 도덕과 사회의 도덕, 두 가지 모두에 대한 저작이다. 즉, 이 책은 우리 각자가 어떻게 살아야 하는지의 문제와 사회의 법적, 도덕적 제도가 어떻게 정해져야 하는지의 문제에 관련된 가르침을 담고 있다. 물론 궁극적으로 이 책은 우리 자신의 삶과 사회 제도가 모두 전체의 복지를 극대화하는 방향으로 나아가야 한다고 제안한다.

『공리주의』는 1861년에, 『자유론』은 1859년에 출간되었는데, 이 두 저작이 완성된 것은 거의 비슷한 시기였다. 『자유론』은 '사회가 개인에 대해 정당하게 행사할 수 있는 권력의 특성과 한계'를 주제로 삼고 좀 더 직접적으로 사회도덕을 다루고 있다(L 1.1).

밀은 이 문제가 매우 중요하다고 보았는데,『공리주의』에 이미 이 문제에 대한 적어도 암시적인 답변이 제시되어 있으므로 이제는 위의 두 저작 사이의 관계를 이해해볼 차례이다.

언뜻 보기에 『자유론』은 『공리주의』와 매우 일관적이지 못하다. 『자유론』의 초반부에서 밀은 사회가 개인에 대해 가하는 법적, 도덕적 제약을 절대적으로 관장하는 '단 하나의 간명한 원리'를 주장하는 것이 이 저작의 목적이라고 말한다. 종종 자유의 원리(liberty principle)라고 불리는 이 유명한 원리는 다음과 같다. '인류가 어느 한 개인이 갖는 행위의 자유에 대해 개인적으로나 집단적으로 간섭하는 일을 정당화시켜줄 수 있는 유일한 목적은 바로 자기 보호밖에 없다.'(L 1.9)

다시 말해서, 밀이 계속해서 말하듯이, 사회는 오직 타인에 대한 해악을 방지하기 위해서만 개인에 대해 권력을 행사할 수 있으며, 절대로 그 개인 자신의 선을 위해 그런 식으로 권력을 행사해서는 안 된다.

이제 자동차 운전자에게 안전벨트 착용을 의무화하는 여러 나라의 법률을 고려해보자. 얼핏 보기에 이 법률은 간섭주의적인 것으로 보인다. 즉, 각 개인 자신의 판단으로 안전벨트 착용 여부를 결정하도록 내버려두지 않고, 법적 강제를 통해 개인이 자신의 선을 추구하는 행동 방식에 변화를 주려고 하는 것이다. 물론 이러한 법률을 뒷받침하는 비간섭주의적 논변이 존재할 가능성이 크다. 이를테면 벨트를 착용하지 않는 것이 다른 도로 사용자들에게 더 위험하다거나, 아이가 있는 성인에게는 자기 자신이나 자식의 생명을 위험에 빠뜨릴 권한이 없다거나, 아니면 차 사고의 피해자를 처리할 때 드는 사회적 비용이 그러한 제약을 정당화해줄 수 있다는 등의 논변들이 있을 수 있다. 그러나 이러한 법률 제정을 뒷받침하는 논변들 중에서 어쩌면 가장 영향력 있는 한 논변은 분명히 간섭주의적인 성격을 띠고 있다.

자유의 원리는 만약 그러한 법률이 간섭주의에 의존한다면 그 법률은 정당화될 수 없다는 평결을 내놓는다. 그러나 이 법률이 발생시킬 수 있는 엄청난 전체적 이득을 생각한다면, 공리의 원리는 그 법률을 허용하는 것은 물론이고 권장하거나 요구까지 할 것으로 보인다. 이러한 이유로 많은 사람들은 『공리주의』와 『자유론』에 제시된 밀의 견해가 서로 양립될 수 없는 것으로 간주해왔다. 사람들은 밀이 공리주의와 자유주의의 갈림길에서 갈피를 잡지 못하고 있던 것이라고 말하며, 최근의 몇몇 해석자들은 그가 '실제로는' 자유주의자이며, 그의 아버지와 벤담, 그리고 본인이 예전에 가졌던 신념에 대한 충심 때문에 자기 이론의 공리주의적 흔적에 집착하는 것이었다고 보는 관점을 선호하기도 한다(예를 들어 Berlin 1959; Ten 1980을 참조하라).

그러나 이러한 견해는 지적으로 관대하지도 못할뿐더러 설득력도 떨어진다. 이미 언급했듯이 두 저작이 거의 동시에 출간되었다는 이유도 있지만, 공리의 원리가 망각된 것이 아님을 밀 자신이 『자유론』 초반부에서 독자들에게 확인시켜주기 때문이다:

> 효용과 독립적인 것으로서의 추상적인 권리 개념을 사용하여 논변을 유리하게 가져갈 수도 있겠지만, 나는 그러한 이점을 이용하지 않을 것임을 밝혀두겠다. 나는 모든 윤리적 문제들이 궁극적으로는 효용에 대한 호소에 의존한다고 본다. (*L* 1.11)

그렇다면 자유의 원리는 밀의 행위 공리주의와 양립할 수 없는 자유주의적 사상에 근거를 둔 것일 수 없는 것이다. 제5장에서 살펴보았듯이 『공리주의』에서 밀은 가령 살인이나 도둑질을 하지 말라는 원리처럼 복지의 극대화를 언급하지 않는 여러 '부차적 원리'들을 채택할 것을 공리주의적 근거에서 권장한다. 『자유론』을 가장 잘 이해하기 위해서는, 이 저작을 개인에 대한 사회의 법적, 도덕적 처우를 관장하는 부차적 원리로서 자유의 원리를 채택해야 한다고 주장하려는 시도로 간주해야 한다. 자유의 원리에 의하면 사회는 절대로 개인을 그 자신으로부터 보호하려는 목적으로 개인에 대해 간섭주의적인 개입을 해서는 안 된다.

그렇다면 우리는 자유의 원리를 뒷받침하는 공리주의적 논변이 발견될 것이라고 예상해야 한다. 필자가 보여주겠지만 그러한 논변은 실제로 존재한다. 그러나 밀은 자유의 원리가 '관습도덕'의 한자리를 차지해야 한다고 주장하고 있으므로, 그가 공리주의를 직접적으로 언급하지는 않지만 그 효용 때문에 우리 도덕적 사고에서 한몫을 해야 한다고 본인이 믿었던 개념들을 사용하는 논변을 전개하고 있다는 사실은 그리 놀라운 일이 아니다. 예를 들어 진리는 박해라는 고난의 과정을 거쳐야 하기 때문에 엄격한 검열이 정당화된다는 주장에 대해서 밀은 어떤 중요한 진리를 발견해낸 사람에 대한 보답이 순교라는 것은 참으로 개탄할 만한 일이라는 말로 답변하였다(L 2.16). 그러나 밀이『공리주의』에서 지적하듯이, 가장 중요한 부차적 정의의 원리 중 하나는 응분에 관한 원리이다.

> 이것이야말로 어쩌면 보통 사람들이 정의라는 관념을 이해하는 가장 분명하고 뚜렷한 형태일 것이다. … 일반적으로 옳은 일을 하는 사람은 좋은 것을 받을 자격이 있고 옳지 않은 일을 하는 사람은 나쁜 대우를 받아야 마땅하다고 여겨진다. 좀 더 구체적으로 말하자면, 누군가에게 좋은 일을 하면 그 사람에게서 좋은 것을 받을 자격이 있고, 누군가에게 나쁜 짓을 하면 그 사람으로부터 나쁜 대우를 받아야 마땅하다는 것이다. (5.7)

『자유론』 2.16에서 밀은 응분 개념을 공리의 원리 자체에 의해 뒷받침되는 이 특정한 의미로 사용하고 있는 것이다.

지금까지 필자는 자유의 원리를 타인의 행동에 대한 간섭을 정당화하려는 시도에 대한 제약으로 간주하고 논의를 진행해왔다. 즉, 간섭주의적 정당화가 배제되는 것이다. 그러나 자유의 원리에는 간섭주의적 정당화가 아닌, 개인의 주권에 관련된 또 다른 측면이 있다. 앞으로 보겠지만 밀은 개인의 삶에는 어떤 근거에서도, 즉, 그 정당화가 간섭주의적인지 여부와는 상관없이, 간섭을 당하지 않아야 할 특정한 부분이 존재한다고 믿는다.

영혼의 노예화

『자유론』은 『공리주의』보다 훨씬 더 실천적인 문제를 다루는 저작이다. 『공리주의』는 밀이 '미래의 중대한 문제'로 보았던 문제에 대하여 이루어지던 당시의 정치적 논쟁에 참여하기 위한 준비작업에 해당되는 저작이라 할 수 있다.

『자유론』은 국민과 정부 간의 관계 변화와 그와 관련된 전제정치의 성격 변화에 대한 설명으로 시작된다. 과거에는 자유란 정부로부터 국민을 정치적 권리와 헌법적 견제(constitutional checks)의 형태로 보호하는 것이었다. 민주적 정치 체제가 발달함에 따라 통치자와 피통치자 사이의 오랜 구분이 사라졌기 때문에 많은 사람들, 특히 유럽 대륙의 많은 사람들은 정부의 권력에 한계를 부과할 아무런 좋은 이유도 찾지 못하게 되었다고 밀은 주장한다. (여기서 밀은 아마도 프랑스 철학자인 장 자크 루소(Jean-Jacques Rousseau, 1712-78)를 염두에 두고 있었던 것 같다.)

그러나 얼마 지나지 않아 민주주의에는 소수 집단이 존재한다는 사실이 명백해졌고 따라서 '국민(the people)'의 권력은 사실상 오직 국민의 일부분에 의해서 나머지 국민들에 대해 행사되었다. 대부분의 사람들은 '다수의 횡포'가 사법부에 의해 제정법(legislative acts)의 집행을 통해서 자행될 때 특히 더 위험하다고 인식한다.

사회는 그 자신의 명령(mandates)을 집행할 권한을 가지고 있고 실제로 집행도 한다. 그리고 만약 사회가 정당한 명령이 아닌 부당한 명령을 내리거나, 아니면 사회가 간섭하지 말아야 할 사항에 대해 명령을 내리게 된다면, 그것은 많은 종류의 정치적 탄압보다도 더 무서운 사회적 횡포를 저지르는 것이다. 왜냐하면 사회적 횡포는 정치적 탄압처럼 극심한 처벌을 통해 유지되는 것은 아니지만 그 대신 도피할 여지를 거의 남기지 않고 일상생활의 세세한 영역까지 훨씬 깊숙이 개입하고, 인간의 영혼 자체를 노예화시키기 때문이다. (*L* 1.5)

『자유론』이 주제와 일반적 공감대에 있어서 뿐만 아니라 세부사항에 있어서도 토크빌의 저작으로부터 많은 영향을 받았다는 점은 의심할 여지가 없다. 밀은 토크빌의 첫 번째 주요 저작인『미국의 민주주의(*Democracy in America*)』에 대해서 열정적으로 평론을 작성했던 적도 있다(Tocqueville 1848; *TD* 18.47-90, 153-204).[1] 토크빌은 다수의 횡포와 그 출현이 민주주의 고유의 현상이라고 서술한 최초의 인물이었다.

왕의 권위는 물리적이며 백성들의 의지를 제압하지 않은 채로 그들의 행위를 통제한다. 그러나 다수는 물리적 권력과 도덕적 권력을 모두 소유하는데, 이 권력은 그것이 행위에 대해서 행사되는 만큼이나 의지에도 역시 행사되며, 어떠한 투쟁이나 논쟁도 발생하지 못하도록 억압을 가한다. (Tocqueville 1848: 263)

---

1) 물론 밀과 토크빌 사이에는 중대한 차이점들이 존재한다. 첫째, 토크빌은 밀보다는 루소와 같은 시민 공화주의 저자들에게서 훨씬 더 많은 영향을 받았다. 이와 관련된 두 번째 차이점은 토크빌의 도덕적, 정치적 이론은 근본적으로 비-공리주의적인 요소를 포함한, 상당히 체계적이지 못한 형태의 다원주의적 이론이라는 것이다.

토크빌은 사회화의 중요성, 그리고 '관습'이 개인의 자율성과 사상과 행동의 자유에 부과하는 한계를 민감하게 자각하고 있었다. 정치 체제를 유지시켜주는 것은 바로 관습이며, 따라서 그 체제에 영향을 미치려는 시도는 관습을 변화시키려는 시도로 이루어져야 한다.

우리의 삶을 방향 짓고자 하는 사람들에게 이 시점에서 부과되는 의무는 민주주의를 교육시키고, 가능하다면 종교적 믿음을 다시 일깨우는 것, 도덕을 정화하는 것, 행위의 방식을 형성해나가는 것, 정치 기술에 대한 지식으로 미숙한 경험을 대신하고, 진정한 이익에 대한 자각으로 맹목적인 본능을 대신하는 것, 그리고 정부를 시대와 장소에 적합하게 바꾸고 국민과 조건에 맞게 변경시키는 것이다. 새로운 세상에는 새로운 정치 과학이 필요하기 마련이다. (Tocqueville 1848: 7)

『자유론』의 중심적인 과업은 바로 개인에 대해 집단적 여론이 갖는 한계를 명확히 함으로써 그 개인이 속한 사회의 '도덕을 정화하는' 일이다. 밀은 어느 사회에서라도 그 구성원들에게는 사회적 행동을 관장하는 규칙이 자명한 것으로 보이기 마련이고, 그런 규칙은 자기가 생각하는 방식대로 모든 사람이 행위해야 한다는 각 개인의 느낌에 근거를 두고 있다고 지적한다. 이러한 근거 없는 의견들은 개인적 선호에 지나지 않는다. 만약 단지 공리주의의 '암묵적인 영향' 때문에 이런 관습도덕이 발달된 것이라면 아무 문제도 없을 것이다(1.4). 그러나 안타깝게도 이러한 규칙에는 또 다른 원천이 존재한다. 즉, 편견, 미신이나 시기, 오만, 그리고 — 가장 흔하게는 — 이기심과 같은 악덕들이 바로 그 원천이다. 밀은 계급에 근거하여 관습도덕의 기원을 설명한다. 한 사회에 존재하는 도덕의 대부분은 피지배계급의 노예근성에 힘입어서 지배계급으로부터 생겨날 것이다.

밀은 바로 이 맥락, 즉 '아마도 유럽의 다른 어떤 국가보다도 여론의 구속력이 가장 강한 곳'인 '잉글랜드'의 맥락 속에 『자유론』을 위치시킨다(L 1.8).[2] 그의 목적은 개인에 대해 사회가 행사하는 법적, 도덕적 권력 중에서 정당한 것과 부당한 것을 구분해주는 원리를 제공하는 것이다. 밀은 개인에 대한 법과 여론의 권력을 행사하려는 추세가 세계적으로 증가하고 있는 현상을 목도하였으며 '만약 강력한 도덕적 신념의 보루를 세움으로써 이러한 폐해를 막지 않는다면, 세계의 현 상황에 비추어볼 때 그러한 폐해는 계속 증가하리라고 예상할 수밖에 없다'고 말했다(L 1.15).

그렇다면 자유의 원리는 다수의 횡포에 대항하는 보루를 세우려는 밀의 노력의 산물인 것이다. 밀의 저서가 영국에 개인에 대한 사회의 처우, 특히 정치적, 도덕적 갈등과 관련해서 자유주의적인 분위기를 조성하고 유지하는 데 중대한 역할을 했다는 점에는 의심할 여지가 없다. 그 한 가지 사례는 영국에서 동성애가 해금된 것이다. 1959년, 동성애 범죄 위원회의 『울펜덴 보고서(Wolfenden Report)』는 성인들 사이에서 서로의 합의하에 사적으로 행해지는 동성애적 행위가 더 이상 형사 제재의 대상이 되어서는 안 된다고 권고했다. 이 보고서에 대한 로드 데블린(Lord Devlin)의 공격에 맞서서 허버트 하트(Herbert Hart)가 지적했듯이, 이 보고서에서 채택된 형법에 대한 입장은 명백히 밀의 입장에 근거한 것이었다. 이 보고서에 의하면 법이 할 일이란 개인을 그 자신으로부터 보호하는 것이 아니라 그를 타인들로부터 보호하는 것이다.

우리가 보기에 [형법의] 기능은 공공의 질서와 예의범절을 유지하고, 범죄나 상해로부터 시민을 보호하고, 특히 어리거나 심신이 병약하거나 미숙하여 상대적으로 피해를 입기가 쉬운 사람들이 타인의 착취나 부

---

2) 밀은 종종 '잉글랜드'라는 말로 '영국' 전체를 지칭한다.

정에 의해 피해를 입지 않도록 충분한 보호 수단을 제공하는 것이다. (Wolfenden 1959; Hart 1963: 14에서 인용)

게다가 하트 본인의 유명한 반론 역시 명백히 밀의 입장에서 비롯된 것이다(Hart 1963: 5).[3]

타인에 대한 해악

자유의 원리에 대한 '단순한' 첫 번째 정식화에 따르면, 문명화된 사회에서는 오직 타인에게 해악을 끼치는 일을 막기 위해서만 개인에 대해 권력을 행사할 수 있다. 여러 가지 의문들이 바로 머릿속에 떠오를 텐데, 그중 몇 가지에 대해서는 밀이 나중에『자유론』에서 답변한다.

그 한 가지 의문은 개인의 행위에 대한 간섭이 정당화되려면 반드시 그 행위가 실제로 타인에게 해악을 야기해야 하는지, 아니면 잠재적 해악을 방지하기 위한 간섭도 허용될 수 있는 것인지 여부이다. 밀은 후자에 해당하는, 더 광의의 형태의 자유의 원리를 염두에 두고 있다고 분명하게 말한다. '개인이나 집단에게 명백한 피해가 발생하거나 피해가 생길 명백한 위험이 있을 때면 언제나 문제는 자유의 영역을 넘어서 도덕 또는 법의 영역으로 넘어가게 된다.'(L 4.10; L 5.3, 5, 6과 비교)

해악 개념 자체와 관련된 또 한 가지 중요한 의문은,『자유론』전

---

3) 그러나 아래에 나오는 밀에 대한 필자 자신의 해석은 하트의 해석과 다르다. 하트는 밀이 도덕이 항상 강요될 수 있는 것은 아니라고 주장하는 것으로 간주한다. 반면 필자는 밀이 도덕은 정의상 강요될 수 있지만, 오직 공리 원리에 근거한 도덕의 경우에만 그러하다고 주장하는 것으로 해석한다.

반에 걸쳐 등장하는 자유의 원칙의 여러 암시적, 명시적 정식들이 서로 어떤 관계에 있는지에 대한 문제이다. 밀은 해악 개념 외의 다른 개념들도 광범위하게 사용한다. 『자유론』 1.9에도 밀은 사회의 자기 보호를 위한 간섭은 정당화된다고 이야기하며, '다른 누군가에게 해악을 끼칠 것으로 판단되는' 행위나 '타인에 관계하는' 행위처럼, 정당하게 간섭을 당할 만한 행위의 경우도 언급한다. 그 밖의 다른 곳에서도 여러 가지 다른 개념들이 사용된다.4)

우선 밀이 타인에 대한 해악을 가하거나 그들에게 손해를 끼치는 것이 간섭을 정당화하기에 **충분**하다고 제안하는 것은 아니라는 점을 지적해두고자 한다. 이것은 단지 정당화를 위한 **필요조건**에 불과하다.

타인에 실제로 피해를 주거나 그럴 가능성이 있다는 점을 근거로 사회의 간섭을 정당화할 수 있다고 해서, 단지 그것만으로 그러한 간섭이 항상 정당화된다고 생각해서는 안 된다. 많은 경우 한 개인은 정당한 목적을 추구하는 과정에서 필연적으로, 따라서 정당한 방식으로 타인의

---

4) 『자유론』에서 사용된 개념으로 다음과 같은 것들이 있다. 타인의 안전(L 1.10)이나 이익에 관계된 행위, 타인에게 해로운 행위, 불이행 시 타인에게 이득을 주지 못함으로써 해악을 야기하는 행위(L 1.11), 타인의 이익에 편향적으로 영향을 미치는 행위(L 4.3), 타인의 이익에 영향을 미치는 행위(L 4.6), 또는 당사자가 원하지 않으면 영향을 미칠 필요가 없는 행위(L 4.3), 타인의 이익에 손해를 입히는 행위(L 4.3), 타인에게 상처를 주거나 손해를 끼치는 행위(L 4.6; L 5.15), 또는 타인의 권리에 대한 침해가 되는 행위(L 4.7), 타인에게 해롭거나 그들의 복지, 이해, 감정에 대한 적절한 배려가 결여된 행위(L 4.3; L 4.10), 타인에 대한 폐가 되는 행위(L 3.1), 타인에 관계된 것에 있어 위해를 가하는 행위(L 3.1), 순전히 자기 자신에만 관련된 것이 아닌 행위(L 4.4), 결과가 타인에게 나쁜 영향을 주는 행위(L 4.7). 밀은 또한 다음과 같은 사례들도 언급한다. 주로 사회의 이익과 관계된 삶의 영역과(L 4.2) 타인에 관계된 개인의 삶의 영역(L 4.8), 개인의 동료들을 보호하는 데 필요한 규칙의 위반(L 4.7), 타인에 대한 명백하고 지정 가능한 의무의 위반(L 4.10), 부도덕한 행위들(L 4.6).

고통이나 손해를 야기하게 된다. (*L* 5.3)

밀은 이어서 경쟁시험에서 성공하는 사람의 사례를 제시한다. 그런 사람의 성취는 시험에 실패한 사람이 낙오되는 결과를 낳겠지만, 사회는 '사기, 배신, 폭력 등, 허용될 경우 일반의 이익을 침해하게 되는 성공의 수단이 사용되었을 경우에만 간섭할 것을 요청받는다.'(*L* 5.3)

따라서 타인에 대한 해악이 간섭을 정당화하는 것은 그 간섭이 일반의 이익에 부합되는 경우이다. 밀은 관습도덕 규칙이 잘 정착될 경우 그것이 어떻게 해서 일반의 이익을 증진시키게 될 것인지를 『공리주의』에서 이미 설명한 바 있다. 그렇다면 이 규칙은 간섭할 권한을 얻을 조건에 대한 지침을 우리에게 이미 제공하고 있는 것이다. 밀은 『자유론』에서 각 개인이 살아가는 방식이 타인의 이익을 심각하게 침해하지 않는 한 공리주의에 기반한 관습도덕은 그 삶의 방식에 대한 사회적 간섭을 허용하지 않는다는 점을 강조하고자 했다. 따라서 사회에 간섭 권한을 주는 해로운 행위란 바로 관습도덕의 규칙을 위반하는 행위인 것이다. 밀의 입장에 대한 이러한 해석을 뒷받침하는 증거는 특히 『자유론』 제4장에서 그가 의무의 위반과 이와 유사한 다른 도덕적 개념들을 언급하는 데서 찾아볼 수 있다. 어떤 행위자가 타인의 복지에 위협을 주어 자신의 행위에 대한 강제적인 간섭을 정당화하게 되는 것은 오직 그가 진정한 부차적 도덕 원리를 위반했을 경우뿐이다. 도덕적 의무를 위반하는 행위는 법에 의한 처벌을 받을 수가 있지만, 타인에 대해 어느 정도 인지할 만한 해악을 야기한 행위는 오직 여론에 의해서만 처벌받을 수 있다(*L* 4.3). (여기서 밀은 권리를 침해한다는 의미에서 옳지 않은 행위와 (권리를 침해하지는 않지만) '불완전한' 도덕적 의무를 위반한다는 의미에서 옳지 않은 행위의 구분을 제시하고 있다.) 만약 내가 타인에게 해악을 끼칠 잠재적 원인이라면 법이나 사회적 여론은 나의 행위에 대해 정당하게 간섭할 수 있을 것이다. 그러나 그러한 간섭은 공리의 원리에 의해 정당화되는 도덕 규칙이 위반된 경우에만 정당하게 이루어질 수 있을 것이다.

그러나 타인의 이익을 심각하게 침해하지 않는 개인의 삶의 영역도 마찬가지로 관습도덕이 관장해야 한다고 가정하지 못할 이유는 무엇인가? 즉, 개인적 영역(self-regarding sphere)에 대한 간섭은 왜 안 되는가? 그 이유는 사람들로 하여금 삶의 이러한 영역에 대해 책임을 지도록 하는 것은 '인류의 선을 위한' 것이 아니기 때문이다(L 4.6). '효용과 독립된 것으로서의' 자유에 대한 권리 따위는 존재하지 않는다(L 1.12). 밀은 관습도덕의 차원에서는 행위자 자신에 대한 일반적인 도덕적 의무가 존재하지 않는다고 보는데, 이러한 견해는 그의 자유주의가 갖는 독특한 특징이라고 할 수 있다. 따라서 당신이 보기에 내가 아무리 방탕한 삶을 살고 있다고 해도, 타인에 관한 진정한 도덕적 의무를 위반하는 것이 아닌 한 당신은 법적 제재나 도덕적 제재를 통해 내게 간섭하려고 해서는 안 된다. 나는 나 자신에 관해서는 아무런 의무도 갖지 않으며, 따라서 당신이 내게 간섭하는 일은 도덕적으로 정당화되지 않는다.

타인에 대한 간섭을 정당화해줄 수 있을 만한 도덕적 의무 중에는 전적으로 소극적이지는 않은 의무도 있다(L 1.11; 제7장 참조). 사회는 법정에서 증거를 제출하거나, 변호나 다른 협력 활동에 참여하거나, 타인의 생명을 구하거나, 타인을 학대로부터 보호하는 등의 행위를 수행하도록 강제할 수 있는 것이다. 이러한 부작위(不作爲, non-performance)는 타인에게 큰 해악을 낳기 때문에 공리의 원리가 그 행위를 강제해야 한다는 것이 바로 해악 개념을 통한 정당화가 될 것이다.

여기서 밀이 인과와 해악 개념을 너무 확장해서 사용하고 있는 것은 아닌가 하는 의구심이 들지도 모르겠다. 그러나 사실은 그렇지 않다. 그는 이러한 관습적 의무가 공리의 원리에 안정적으로 기반을 두고 있으며, 따라서 이 의무를 이행하지 않으면 그 결과로서 타인에 대한 해악이 발생할 수도 있다고 믿었다. 또한 사회가 행위를 강제할 수 있도록 허용함으로써 자유의 영역을 감소시켜 결국 사라지게 만들어 버릴 것이라는 비판도 밀에게는 적용되지 않는다. 밀에게 있어 공리주의나 그에 기반한 관습도덕이 요구하는 바는 그리 많지 않기 때문이다. 따라서 사회는 공리주의적 근거에서 당신이 계속 자선단체에 기부를 하도록 강제할 수 없다. 이 점에 관해서 밀의 주장이 잘못된 것일 수도 있지만, 그것은 여기서 논의된 것과는 또 다른 종류의 반론이 될 것이다.

모욕과 노예제도

그렇다면 밀의 입장은 다음과 같이 정리될 수 있을 것이다. 개인과 사회의 행위는 궁극적인 실천이성의 원리인 공리의 원리에 따라야 한다. 사회는 사람들의 행위에 영향을 미칠 수 있는 두 가지 중요한 도구인 법의 제재와 관습도덕 규칙의 위반에 따르는 비난을 사용할 수 있다. 밀은 이러한 간섭은 타인에 대한 해악을 방지하기 위해서만 정당화된다고 주장한다. 타인의 삶에 간섭하는 데 대해서는 그 어떤 종류의 간섭주의적 정당화도 허용되지 않는다. 관습도덕 규칙 자체도 타인에 대한 해악을 방지하는 쪽을 지향해야 하며, 이러한 규칙의 위반은 그 자체가 간섭을 정당화할 만한 수준의 해악으로 간주될 수 있다. 그리고 관습도덕은 적절하게 발달될 경우 가능한 모든 해악과 이득을 고려할 것이므로, 간섭은 오직 공리주의에 의해 정당화되는 관습도덕 규칙을 위반한 사람에 대해서만 정당화될 것이다. 마지막으로 이러한 관습도덕 규칙은 각 개인이 스스로의 삶을 결정하는 데 있어서 그 허용 범위가 밀과 동시대에 살았던 많은 사람들이 믿어왔던 것보다 훨씬 더 클 것이다. 개인적 영역에 대한 간섭에 대해서는 간섭주의적 정당화뿐만 아니라 다른 어떤 근거에 의한 정당화라 해도 모두 배제되는 것이다.

밀의 논변은 행위를 다음 네 범주로 분류할 수 있도록 해준다.

1. 관습도덕에 의해 배제된 행위(예: 사기 행위). 타인에게 해로우며 법이나 여론에 의해 간섭될 수 있다.

2. 관습도덕에 의해 배제되지는 않지만 해로운 행위(예: 시험에 합격하는 것). 타인에게 해로우며 따라서 간섭 대상 후보로 고려될 수 있다. 그러나 간섭하지 않을 때 일반적 행복이 가장 많이 증진된다.

3. 관습도덕에 의해 배제되지 않으며, 이를테면 타인에게 '불쾌감'을 주어 그들에게 영향을 주지만 해롭지는 않은 행위(*L* 3.9)(예: 타인에게 해를 끼치지 않는 술주정). 개인적 영역에 속하며 따라서 간섭의 대상으로 고려되지 않는다.

4. 관습도덕에 의해 배제되지 않고 타인에게 영향을 주지 않는 행위(예: 개인 욕조에서 하는 목욕). 개인적 영역에 속하며 따라서 간섭의 대상으로 고려되지 않는다.

그렇다면 개인적 영역은 아무도 관심을 갖지 않는 행위에만 국한되는 것이 아니다. 밀의 자유주의는 범주 3에 해당하는 행위, 즉 타인에게 큰 피해를 입힐 수 있지만, 그럼에도 불구하고 거기에 연루된 사람들이나 관여할 만한 문제라고 말할 수 있는 행위에도 관계한다. 내가 다른 누군가에 대한 의무를 갖고 있지 않은 한, 내가 주정뱅이라는 사실은 나 자신이나 관여할 만한 문제이다. 만약 그 사실이 마음에 안

든다고 당신이 내게 말한다면, 나는 당신의 불쾌감은 해악으로 간주 되기에는 불충분하다고 대답할 수 있을 것이다. 따라서 나의 행위는 보호되어야 할 개인적 영역에 남는 것이다. 우리는 취향에 대해서도 사물에 대한 소유권과 비슷한 권리를 갖고 있다. 예를 들면 당신이 (절도를 통해) 그 지갑에 대한 나의 소유권에 대해 '간섭할' 권리를 갖고 있지 않은 것과 마찬가지로, 당신은 (나는 즐기지만 당신은 혐오 하는 어떤 것에 대한 행동에 제약을 가함으로써) 나의 취향에 대해 간 섭할 권리 역시 갖지 않는다(*L* 4.12). 혐오감(distaste)은 손해(injury) 에 해당되지 않는다.

이 시점에서 우리는 범주 2, 즉 해악을 야기하지만 관습도덕에 의 해 배제되지는 않는 행위와 범주 3, 즉 불쾌감을 야기하지만 해악을 끼치지는 않는 행위를 과연 구분할 필요가 있었는지를 알아보아야 한 다. 특정한 행위, 특히 성적인 측면이나 종교에 대한 행위에 대해서는 그 행위가 사적으로 행해진 경우에조차 매우 심한 모욕을 느끼게 할 수가 있다. 이러한 행위조차도 손해나 해악으로 간주될 수 없다는 주 장은 과연 얼마나 설득력이 있을까? 다음 절에서 논의되겠지만 밀은 '개성'의 표현의 허용을 옹호하는 강력한 공리주의적 논변들을 갖고 있으며 이 논변들은 개성 자체가 그것을 표현하는 사람 자신과 다른 사람들에게 갖는 가치에 근거를 두고 있다. 이러한 논변들은 타인에 대한 영향을 해로운 것과 그렇지 않은 것으로 구분하지 않고서도 개 인적 영역이 보호되어야 하는 근거를 충분히 제공해줄 수 있을 것이 다.

어찌 됐든 밀이 제공하는 개별 행위의 범주에는 회색지대가 존재한 다. 어떤 경우에는 타인에 대한 모욕이 해악으로 간주되거나 관습도 덕에 의해 배제되기에 충분해서 법이나 여론에 의해 그것을 막는 것 이 정당화될 때도 있다. 가령 '양식(decency)에 어긋나는 모욕'의 경우가 이에 해당될 것이다. (밀은 과연 어떤 것이 양식에 어긋나는 모욕에 해당된다고 보는지 말하지는 않지만, 아마도 공공장소에서의 성행위 같은 것을 염두에 두고 있었을 것으로 보인다.) 이제 우리는 밀이 여기서 아슬아슬한 외줄타기를 하고 있음을 알 수 있다. 한편으로 그는 사회가 선호하는 삶의 방식을 개인에게 강요하도록 허용할 때 생기는 위험에 대해서 잘 알고 있다. 그래서 밀은 이슬람교도는 돼지고기 먹는 것을 금지할 권리가 없다는 그의 주장에 동조하는 독자들의 편견에 호소한다(L 4.14). 하지만 다른 한편으로 그는 사회가 반감을 느끼는 특정한 삶의 방식이나 특정한 행위들—가령 양식에 어긋나는 모욕 같은 행위들—은 실제로 그저 옳지 않은 것이며, 따라서 금지되어야 한다고 믿는다. 밀을 추궁한다면, 아마도 그는 영국의 양식 관념은 (그가 심각하게 잘못된 종교적 가정에 근거해 있다고 믿는) 이슬람교도들의 양식 관념과는 다른 방식으로 공리주의에 근거해 있다고 믿고 있음을 실토할지도 모른다. 그러나 이슬람교도들은 공공장소에서의 성행위는 명백히 범주 1에 속하는 반면 돼지고기를 먹는 것은 범주 3에 해당된다는 주장이 설득력 없다고 생각할지도 모른다. 그들이 돼지고기를 먹는 것 역시 범주 1에 해당된다고 하더라도 무리가 아닐 것이다.

이렇듯 밀은 그 반대자들이 자기 자신의 양식 관념이 올바르다고 주장할 수 있는 여지를 남겨두며, 그렇기 때문에 우리는 개성을 지지하는 공리주의적 논변을 통해 범주 3을 범주 2에 편입시키고, 모욕감 유발에 근거한 간섭은 아예 배제해버리는 편이 낫지 않았을지 알아보아야 한다. 가령 어떤 사람들이 실제로 공원에서 성행위를 하고 싶어한다면, 장기적으로 볼 때 그런 사람들을 비판하지 않고 놔두는 편이 효용을 극대화하는 길인지도 모른다. 그러나 이는 어쩌면 밀의 저서가 쓰였던 사회적 맥락을 무시하는 처사가 될 것이다. 밀의 독자들은 그러한 원시적인 자유방임(proto-permissiveness)을 용인하지 않았을 것이며, 또한 이 책을 통해 밀이 의도했던 좋은 효과도 발생하지 못했을 것이다. 『자유론』을 관대하게 해석하기 위해서는 반드시 이 책이 갖는 실천적인 성격(practicality)을 알아보아야 한다. 이 책은 하나의 정치 이론인 동시에 하나의 정치적 수단이기도 한 것이다. 아무리 그렇다고는 해도 양식에 어긋나는 모욕을 명시적으로 범주 1에 포함시키기보다는 차라리 애초에 그런 언급을 안 하는 편이 나았을지도 모르겠다.

자유의 원리를 위협하는 사례는 양식에 어긋나는 모욕 외에도 또 있다. 문제는 범주 3뿐 아니라 범주 4와 관련해서도 발생한다. 자유의 원리의 고수는 공리주의에 의해 정당화되는데, 바로 그 점 때문에 이 원리는 복지의 원천이 가진 우연적 요소에 의해 끊임없이 영향을 받게 된다. 간단히 말해서, 어떤 사회적 간섭이 전체적 복지를 극대화하기만 한다면, 그 간섭은 개인적 영역을 침범하는 경우에조차 정당화될 수 있다는 것이다. 이 점에 관해서 특히 명백한 사례는 바로 밀이 노예 계약에 대한 제재를 거부했다는 사실이다. (여기서 밀은 결혼 계약을 염두에 두고 있었음이 거의 확실하다; 제9장 참조.)[5] 타인을 보호하기 위한 목적인 경우 외에는 개인의 삶에 간섭하면 안 되는 이유는 '자기 자신의 수단을 통해 추구할 수 있도록 허용될 때 개인의 선이 전체적으로 극대화될 수 있다'는 점 때문이다(L 5.11). 이 경우 노예는 자신의 자유를 포기함으로써 원하는 대로 행동할 수 있게 해주는 정당화 근거 자체를 제거해버린다. 이것은 사회의 간섭이 허용되는 한 사례이며, 밀은 심지어 명백히 잘못된 방향으로 가고 있는 사람들의 삶에만 간섭하는 '이상적 대중(ideal public)'을 상상해보기도 한

---

5) 노예제도에 대한 밀의 입장을 옹호하는 주장을 보려면 Smith 1996을 참조하라.

다(*L* 4.12). 밀의 자유의 원리는, 당시의 대중은 전혀 이상적이지 못했기 때문에 대부분의 경우 간섭이 금지되어야 한다는 점을 알아본 데서 나온 것이라고 할 수 있다.

다시 한 번 밀은, 어떤 특정한 사례가 노예제도처럼 자유의 원리에 대한 예외가 될 수 있다는 근거로 그 사례에 대한 간섭주의를 옹호할 수 있는 여지를 남겨놓은 것이다. 여기서도 역시 문제는 밀의 원리가 갖는 경험적 결과에 의해 달려 있다. 유능하고 관련 정보를 알고 있으며 아무런 강제도 당하지 않은 성인이, 본인이 원할 경우 (성적, 금전적 이유 등으로) 자신을 노예로 팔아넘기도록 허용하는 순수한 자유의 원리를 밀도 옹호하고 사회도 받아들였다면 복지가 더욱 증대되었을지도 모른다고 주장하는 사람이 있을 수도 있다. 어쩌면 밀이 노예제도에 대한 독자들의 혐오감을 이용하여 자신의 주장을 설득시키려고 하는 것일지도 모르지만, 장기적으로 보면 오히려 이러한 선호를 만족시킬 수 있도록 자신의 논변을 재단한 것이 나중에 가서 그의 글이 갖는 수사적인 힘을 더 약화시키는 원인이 되었을 수도 있다.

어리석음과 타락한 취향

밀의 목적은 다수의 의견이 소수에게 횡포를 휘두르지 못하도록 막아주는 방어벽을 세우는 것이었다. 따라서 우리는 밀이 노예제도와 같이 예외적인 경우 외에는 자기 자신의 발전을 목표로 하는 개인적 행위에 대해서 어떠한 비판도 해서는 안 된다고 생각했으리라 예상할 수도 있겠다. 실제로 밀은 *L* 1.7에서 사회가 어떤 선호를 가져야 하는지에 대해서만 묻고 '과연 사회의 선호가 개인을 구속하는 법칙이 되어야 하는지'는 묻지 않는 사람들을 비판한다.6) 그러나 이상하게도 밀은 경우에 따라서는 오직 자기 자신의 선만이 관계된 영역 안에 있

264

는 사람들에게 부정적인 반응을 보이도록 허용할 뿐만 아니라 그것을 장려하기까지 한다.

(문제가 있는 표현일 수도 있겠지만) 어리석음도 존재하고, 저속함 또는 타락한 취향이라 불릴 수 있는 어떤 것이 어느 정도 존재한다. 비록 이러한 어리석음이나 타락한 취향을 드러내는 사람에게 해악을 가하는 것이 정당화될 수는 없지만, 그런 사람이 혐오의 대상, 나아가 극단적인 경우에는 심지어 경멸의 대상이 되는 것은 필연적이고 적절한 일이라고 할 수 있다. (L 4.5)

밀은 그런 감정은 자연스럽고 바람직하지만 혼자서만 간직해야 한다고 믿는 것이라고 생각하는 사람이 있을지도 모르겠다. 그러나 밀은 바로 이어서 이렇게 말한다. '만약 누군가가 다른 사람에게 그가 잘못하고 있다고 생각한다는 것을 솔직하게 지적하면서도 무례하거나 거만하다는 인상을 주지 않을 수 있다면 그것은 참으로 좋은 일일 것이다.' 게다가 우리는 그런 사람들을 피할 권리와 그들과 상종하지 말라고 다른 사람들에게 경고할 권리, 그리고 '선택적인 좋은 관직'에 앉힐 후보로 그들이 아닌 다른 사람을 선호할 권리를 가지고 있다.
과연 밀은 여론의 횡포를 승인하고 있다는 비판을 어떻게 피해낼 수 있을까? 왜냐하면 비록 밀이 그러한 반응이나 사람들의 표현이 '자연스러운 것이며 잘못 자체가 낳는 당연한 결과'라고 주장하긴 하

---

6) L 1.9에서 밀은 어떤 개인의 선을 위해 그 사람에게 '해악을 가해서는(visit evil)' 안 된다고 말한다. L 2.19에서는 금지된 의견을 표현하는 사람이 사회적 오명이 얻게 되면 나쁜 결과가 발생된다는 점을 암시한다. 이는 그것이 그 사람을 처벌하려는 의도에서인지(이 경우 정당하지 않음), 아니면 관련된 사람을 도우려는 의도에서인지(이 경우는 밀이 L 4.7에서 함)와 관계없이 개인적 문제에 관해 잘못을 저지른 사람에게 사회적 오명을 덮어씌우는 것 역시 나쁜 결과를 가져오게 된다는 점을 시사한다.

지만, 그가 그런 것들을 승인한다는 점은 틀림없기 때문이다. 여기서 저급 쾌락의 추구와 같은 개인적인 잘못에 대해서 도덕적 비난을 하는 것만큼은 밀이 명시적으로 허용하지 않는다는 점에 주목하라. 사실 그는 이러한 '형벌'은 가혹하므로 '단지 처벌을 하기 위해서' 그러한 형벌이 가해지지는 말아야 한다고 주장한다. 우리는 제5, 6장의 5.14에서 했던 논의를 통해서 밀이 도덕을 처벌과 연결시킨다는 점을 알게 되었다. 즉, 밀에 따르면 당신이 저지른 어떤 일로 내가 당신을 비난하는 것은 동일한 행위에 대해 당신에게 물리적 처벌을 가하는 것과 유사하다. 따라서 우리는 도덕적 강제(moral coercion)를 이용해서 의견을 표출해서는 안 되는 것이다. 우리는 '자기 자신에 대한 의무'를 논해서도 안 되며, 남에게 해악을 끼치지 않는데도 불구하고 어떤 저급 쾌락을 추구하는 일이 옳지 않다고 주장해서도 안 된다.

그러나 여전히 두 가지 난점이 남아 있다. 첫째, 밀은 우리에게 도덕적 언어와 비도덕적 언어를 구별할 명확한 기준을 제공하지 않는다. 당신이 (비록 '무례하거나 거만하게'는 아니라 해도) 나의 삶의 방식을 경멸한다고 말한다고 가정해보자. 이 경우 당신은 내가 그에 대해 마땅히 죄책감을 느껴야 할 만한 어떤 도덕적 태도를 표현한 것이 아닐까? 둘째, 비록 그런 구분의 기준이 마련될 수 있다 하더라도, 가령 감각적인(aesthetic) 언어처럼 도덕과 전혀 상관없는 언어를 이용한 여론의 횡포가 자행될 가능성도 있는 것이다.

사실 밀은 여기에 대해 반대하지 않을 것이다. 우리는 밀이 『자유론』에서 한편으로는 복지에 대한 본인의 입장을 견지하려는 마음과 다른 한편으로는 여론의 횡포를 이용하여 자신의 잘못된 복지관을 남에게 강요할 수 있도록 허용하는 일의 위험성에 대한 자각 사이에서 갈등하고 있음을 여기서 다시 한 번 확인할 수 있다. 동물적 쾌락을 추구하는 삶, '경솔하고, 완고하고, 자만에 가득 찬' 삶은 그저 잘못된 삶에 불과하다. 그리고 밀의 궁극적 원리에 비추어봤을 때, 이런 삶은 복지를 극대화해주지 못한다는 점에서도 옳지 못한 것이다. 그러나 밀은 도덕이 사회적 도구로 남용되는 것을 너무나 두려워한 나머지 순전히 개인적 문제에 관한 잘못을 비판하는 데 도덕이 이용되어서는 절대 안 된다고 주장한다.

그러나 개인의 특정한 삶의 방식에 대해서 도덕과 무관한 비판을 하는 것은 허용한다는 점도 문제의 여지를 남긴다. 밀은 자신과 대립되는 복지 관념을 가진 사람들이 그가 권장하는 삶의 방식을 거부하는 것은 '자연스럽고 당연한' 일이라고 주장할 수 있는 여지를 남겨놓는다. 밀은 『자유론』에서 명백히 잘못되었을 뿐만 아니라 도덕적으로도 옳지 않은 삶의 방식에 대해 사회가 도덕과 무관한 용어를 이용해서 비난할 수 있도록 허용할 경우에 생기는 이득과 공리의 원리에 근거하지 않은 여론의 횡포가 자행될 수 있도록 허용할 경우에 생기는 위험을 놓고 도박을 한다. 동성애와 같은 삶의 방식이 자연스러운 것인지 여부를 둘러싸고 격렬한 논쟁이 계속되고 있고, 또 사회의 소수 집단이 이른바 선의의 억압을 당할 위험이 상존하고 있다는 점을 고려하면, 밀의 도박이 충분한 보상을 얻지 못했다는 점은 아마 틀림없는 것 같다. 어쩌면 순수한 자유의 원리를 관철하여 타인의 개인적 삶의 방식에 대한 비평과 명시적 반응을 엄격하게 금지하는 편이 복지를 증진시키는 데는 차라리 더 나았을지도 모른다.

정작 중요한 것은 사람들이 특히 법적 제약으로부터 자유롭게 각자의 개인적 삶을 살아나갈 수 있도록 허용하는 것이라고 주장하는 사람이 있을 수도 있는데, 실제로 대부분의 현대 자유주의는 이렇게 믿고 있다. 이런 관점은 올바른 것으로 보인다. 즉, 이것이야말로 진정으로 중요한 문제이다. 그러나 필자는 감각적인 강제(aesthetic coercion)가 도덕적 강제로 발전되는 것도, 도덕적 강제가 법적 강제로 발전되는 것도 그리 어려운 일이 아니라는 점을 지적하고 있을 뿐이다.

비록 필자가 이 절과 앞의 절에서 조금 이론을 제기하기는 했지만, 개성의 가치와 사회적 간섭의 위험성에 근거해서 개인적 영역은 타인의 간섭을 받지 않을 권리에 의해 보호되어야 한다고 주장한 밀의 공리주의적 논변은 틀림없이 강력한 힘을 갖고 있다. 이러한 개인적 영역에 대한 인식이 널리 보급될 경우 '진보적인 존재로서의 인간이 가진 항구적 이해관심에 기초한 가장 넓은 의미의 효용'의 관점에서 선이 크게 증진될 것이라는 밀의 주장은 분명 올바른 것이다(L 1.11). 밀은 제대로 이해되고 해석되기만 한다면 당시의 관습도덕이 대부분 수용할 만한 것이라고 보았는데, 그 주된 이유는 그 관습도덕이 공리의 원리의 '암묵적 영향'에 기원을 두고 있다는 점이었다. 그러나 밀은 개인의 자유에 대한 새로운 간섭이 갖는 가치에 대해서는 회의적인 입장이었다(L 4.12; L 3.6 참조). 『자유론』은 현존하는 법과 관습도덕을 공리의 원리와 자유의 원리에 비추어 재고함으로써 개성이 번영할 수 있도록 하자는, 빅토리아 시대의 대중을 향한 호소인 것이다.

> 그러므로 어떤 행위의 규칙은 일차적으로 법에 의해 강제되어야 하며, 법을 적용하기에 적절하지 못한 많은 것들의 경우에는 여론에 의해 강제되어야 한다. 그러한 규칙들이 과연 어떤 규칙들이어야 하는지가 바로 인간사의 근본 문제인 것이다. (L 1.6)

표현의 자유

『자유론』의 제2장 — '사상과 토론의 자유에 관하여' — 은 표현의 자유에 대한 자유주의적 권리를 옹호하는 가장 세련되고 고전적인 작품으로 널리 받아들여지고 있다. 한편으로는 제2장, 그리고 다른 한편

268

으로는 제1장에 나오는 자유의 원리의 개요와 제3장에 나오는 이 원리의 개성의 문제에 대한 적용 사이에는 어느 정도 불연속성이 존재한다. 개인적인 사상은 따로 놓고 보면 개인적 영역에 속한 것으로 간주되어야 하므로, 사상의 자유는 곧바로 자유의 원리에 의해 보호될 수 있을 것 같다. 그러나 밀도 알아챘듯이 의견을 갖는 것과 그 의견을 공개적으로 주장하는 것은 서로 별개의 문제이다.

> 의견을 표현하고 출판할 자유는 타인에 관계된 개인의 행위 영역에 속하므로 [자유의 원리가 아닌] 다른 원리 아래에 속하는 것으로 보일지도 모르겠다. 그러나 이 자유는 사상의 자유 자체와 거의 동등한 정도로 중요하고 대부분 동일한 이유에 근거하기 때문에, 실질적으로 이 둘은 서로 분리될 수 없다. (L 1.12)

여기서 밀은 어떤 의견을 대중에게 알리는 행위가 타인에 관계된 행위의 범주에 해당된다는 점을 인정하는데, 이는 자유의 원리가 이 행위를 직접적으로 옹호해줄 수는 없음을 의미한다. 그러나 우리가 보았듯이 자유의 원리 자체도 근본적이거나 궁극적인 것은 아니며, 이 원리의 고수는 오직 공리의 원리에 의해 정당화되는 것이다. 따라서 우리는 밀이 표현의 자유를 옹호하기 위해 제시하는 이유는 주로 공리주의적 이유일 것이며 사상의 자유를 옹호하는 이유와 비슷할 것이라고 예상할 수 있다. 제2장을 보면 이 예상이 실제로 들어맞는다는 것을 알 수 있다.[7]

제2장에 나온 논변에 자유의 원리가 빠져 있는 이유 중 하나는 밀이 의견과 행위를 구분하기 때문이다.

---

7) 제2장에 제시되는 밀의 논변의 구조는 1644년에 출간된 존 밀턴(John Milton)의 『아레오파기티카(*Areopagitica*)』에서 많은 영향을 받은 것으로 보인다(Haworth 1998 참조).

행위가 의견만큼 자유로워야 한다고 우기는 사람은 아무도 없다. 반대로 특정한 의견의 표현이 어떤 유해한 행위를 적극적으로 선동하게 되는 상황에서는 의견도 그 면책권을 상실한다. 빈민을 기아에 허덕이게 만드는 장본인은 바로 곡물상이라는 의견이나 사유재산은 강도질이라는 의견이 단순히 출판물을 통하여 유포될 경우에는 박해되어서는 안 될 것이다. 그러나 그 의견을 곡물상의 집 앞에 모인 흥분한 군중에게 육성을 통해 전달한다거나 플래카드의 형태로 유포한다면 그에 대한 처벌이 정당화될 수도 있다. (*L* 3.1)

여기서 함축되는 바는, 비록 자유의 원리가 행위에 관계된 것이기는 하지만 타인에 해악을 가하지 않는 의견 표현의 경우에는 수정된 형태의 자유의 원리가 적용될 수도 있다는 것이다. 물론 밀이— 의견 표현이 행위에 해당된다는— 명백한 사실을 인정하기만 한다면 자유의 원리는 수정되지 않은 원래의 형태로도 적용될 수 있을 것이다. 만약 당신의 의견 표현이 타인에게 정당화할 수 없을 정도의 해악을 끼칠 가능성이 크다면, 즉 공리주의에 기반한 관습도덕을 위반할 가능성이 크다면, 당신을 제재하는 것이 정당화될 수도 있다. 여기서 우리는 검열자가 종종 자기가 검열하는 의견이 부도덕하다고 주장할 것이라는 사실을 기억해야 한다. 『자유론』 제2장은 검열자에 의해 금지되는 많은 의견 표현들이 사실 순수한 관습도덕에 의해 금지되는 것은 아니라는 점을 보여주고자 하는 밀의 시도라고 볼 수 있을 것이다.

진리의 가치

무례한 행위나 다른 거북한 행위에 대한 반응인 경우를 제외하면 밀은 모욕감을 간섭을 정당화하기에 충분한 해악으로 간주하지 않았음을 우리는 보았다. 따라서 밀은 가령 인종차별주의적인 연설자가 타인을 심사를 뒤틀리게 한다고 해서 강제로 그의 입을 다물게 할 수는 없다고 주장할지도 모른다. 그러나 밀이 해악에 대한 도덕화된 관념을 갖고 있다는 점을 기억해야 한다. 어떤 경우에 탄압을 하는 것이 일반적인 양식의 경우처럼 공리의 원리에 의해 정당화되는 관습도덕에 부합되지 않는 한, 모욕 자체는 그러한 탄압을 정당화해주지 못한다. 이제 '관습도덕'에 의해서 무엇이 허용되고 또 무엇이 허용되지 않는지를 어떻게 알 수 있는지가 심각한 문제로 떠오른다. 그렇지만 관습도덕 그 자체는 인종차별주의적 연설을 금지하지 않는다고 가정하자. 인종차별주의가 야기할 끔찍한 결과를 생각한다면, 밀은 이런 상황이야말로 관습도덕의 결점이 드러나는 영역이라고 주장하지 아닐까? 그리고 이 점이야말로, 우리가 알몸으로 거리를 누비거나 길거리에서의 간음을 금지하는 것처럼, 인종차별주의자의 입을 다물게 할 논변의 근거를 제공해줄 것이다.

그러나 밀은 자기 자신도 동의할 수 없을 만큼 큰 가치를 진리에 부여한다. 제2장의 도입부에서 우리는 이런 주석을 발견할 수 있다. '만약 본 장에 제시된 논변에 일말의 타당성이라도 있다면, 설령 부도덕한 것으로 간주될지 모르는 신조라 해도 그것을 윤리적 신념으로서 공언하고 토론할 수 있는 완전한 자유가 존재해야 한다.'(L 2.1, 각주 1)

표현과 토론의 자유를 이처럼 중시할 것을 옹호하는 밀의 논변은 과연 무엇일까? 특정한 의견 표현에 대한 그의 변호는 다음의 두 가지 요소로 이루어져 있다(L 2.1). 첫째, 표현되는 그 의견이 참일 경우 표현에 대한 억압은 그 의견에 동의하는 사람들이 진리를 알게 될 기회를 박탈하게 될 것이다. 둘째, 그 의견이 거짓일 경우에는 '진리를 오류와 충돌시킬 때 생겨나는, 진리에 대한 더 명확한 인식과 더욱 생생한 인상'을 잃게 되는 것이다.

밀은 논변의 첫 번째 부분을 전개하면서 그 유명한 '무오류성 논변 (infallibility argument)'을 제시한다(L 2.3-4). 그는 의견에 대한 탄압은 무오류성을 가정하는 셈인데, 이러한 가정은 정당화될 수 없는 것이라고 주장한다. 왜냐하면, 첫째, 소크라테스, 예수, 기독교 순교자들을 박해했던 사람들처럼, 스스로 오류를 저지르지 않는다고 가정했던 많은 사람들이 사실은 잘못된 믿음을 가지고 있었고, '시대 역시 개인보다 더 신뢰할 만하다고 보기 힘들기' 때문이다. 둘째, 당신의 의견이 참이라는 주장은 그 의견이 타인의 믿음에 견주어 검증될 수 있도록 당신이 허용하는 경우에만 합리적일 수 있기 때문이다. 우리의 행동과 의견이 지금 수준의 합리성에 도달할 수 있었던 것은 오로지 과거의 잘못된 관행과 의견이 논쟁을 거치며 다듬어져온 덕분이다.

의견을 검열하는 사람은 자기가 스스로 무오류성을 가정하는 것이 아니라 그 믿음이 사회에 기여하는 공리주의적 가치를 보호하는 것뿐이라고 주장할 수도 있다(L 2.10). 밀은 이 주장에 대해 두 가지 반대 논변을 제시한다. 한 논변은 검열자가 다른 종류의 무오류성, 즉 그 믿음이 유용한지 여부에 대한 무오류성을 가정하고 있다는 것이다. 어쩌면 더 강력한 두 번째 논변은 '진리에 반하는 어떠한 믿음도 진정으로 유용할 수는 없다'는 것이다. 밀은 이러한 견해를 '가장 훌륭한 사람들(the best men)'이 가진 견해라고 보았고, 우리는 그가 스스로를 그중 한 명으로 포함시키고 있다고 이해해도 될 것 같다.

19세기 특유의 지적 낙관주의가 묻어나는 이러한 주장은 거짓의 보급에 가치가 있다고 하는 (아래에서 논의될) 밀 자신의 주장과 상충된다. 검열자들은 단지 밀의 조언에 따라 진리가 그 생명을 유지할 수 있도록 거짓을 유통시키고 있는 것뿐이라고 주장할지도 모른다. 여기서 밀의 진리 강조가 과장되기 시작하고 있다는 점을 파악하는 것이 더 중요하다. 사회적 맥락을 고려하지 않는다면 진리의 가치를 논하는 밀의 주장은 설득력 있어 보인다. 그러나 현실 사회는 주로 신화와 거짓에 의존하며, 한 국가나 지역에 퍼져 있던 신화가 제거되거나 파괴되면 개인과 사회 모두 공허하고 우울하게 되어버리는 경우가 많다. 예를 들어 종교적 신자가 자신의 신앙을 잃었을 때 어떤 결과가 발생할지 생각해보라. 종교적 신념들은 서로 모순되므로 모두가 참일 수는 없다. 하지만 그러한 신앙을 상실하게 되면 매우 파괴적인 결과가 발생할 수 있다.

그렇다면 사회에 널리 퍼져 있는 의견이 실제로 참인 경우에는 어떨까? 이 경우라면 참된 의견과 양립이 불가능한 거짓 의견을 억압한다고 해서 무슨 잘못이 되겠는가? 여기서 검열에 반대하는 밀의 두 번째 논변이 등장한다. 이 논변은 진리를 아는 것과 독단을 믿는 것의 차이에 의존한다. 진리를 안다고 하려면 자기가 믿는 바를 뒷받침하는 지식을 가지고 있어야 하며, 또 적어도 몇몇 반론들에 맞서 그 믿음을 옹호할 수 있어야 한다(L 2.22). 물론 수학의 경우처럼 반론이 제기될 수 없는 예외적인 경우도 존재한다. 그러나 도덕, 정치, 종교 등 중심 논제들의 경우, 그에 대한 자유로운 토론이 없다면 믿음의 대상이 갖는 '의미' 자체가 희미해져버릴 것이다. 즉, 그 믿음은 더 이상 '생생'하거나 '살아 있지' 않게 될 것이다(L 2.26). 그것은 '선에는 아무 도움이 안 되는 그저 형식적인 고백 … 즉 독단'에 지나지 않을 것을 것이다.

어떤 사람이 이런 식으로 실천적 믿음을 갖고 있는지 여부를 시험할 수 있는 한 가지 방법은 그 믿음이 행위와 일치하는지를 살펴보는 것이다. 가령 대부분의 기독교인들이 가진 믿음은 죽었고 그 믿음이 상상, 감정, 또는 이해 속에서 실현되지 못했다고 밀은 주장한다(L 2.28). 따라서 그들의 행위는 믿음과 일치하지 않는다. 그들은 가진 모든 것을 가난한 사람들에게 주지 않고 남들이 주는 만큼만 (즉, 그리 많지 않은 양을) 주었다. 많은 현대의 기독교인들은 이 점에 관련해서 과거 몇 세기 동안 믿음을 위해 목숨을 바쳤던 기독교인들과 비교되었다. 나아가 밀은, 가령 천동설은 거짓이고 지동설이 참이라는 믿음의 경우처럼, 특정한 믿음이 널리 받아들여진 곳에서는 '인류의 스승들'이 그러한 믿음에 문제가 제기될 수 있는 상황을 만들어서 그 믿음을 가진 사람들이 진리를 깨달을 수 있도록 해야 한다고 주장하기까지 했다(L 2.32).

지금까지 우리는 널리 받아들여진 의견이 거짓인 경우와 참인 경우를 살펴보았다. 밀은 많은 경우 양쪽에 참과 거짓이 공존한다는 점을 인지하고 있었다. 여기서 그는 모든 의견 표현이 자유롭게 허용될수록 진리가 드러날 가능성이 더 커진다고 주장한다. 예를 들어 정치에서는, 민주정치와 귀족정치, 사유재산과 평등, 협동과 경쟁을 둘러싼 논쟁에서 각 진영을 옹호하는 의견이 모두 존재해야 한다(L 2.36). 정치에서의 '관습도덕'의 원천은 다른 영역에서 도덕을 낳는 원천과 같다. 즉, 이 관습도덕 역시, 공리의 원리라는 안정된 근거와 그 원리의 엄격성을 누그러뜨리는 자기 이익과 계급 이익, 그리고 다른 종류의 왜곡이 조합되어 생겨난 것이다. 밀의 논변은 표현의 자유 없이는 다양한 정치적 입장이 가진 유익한 측면들이 드러나지 못할 것이라는 주장을 펼친다. '사람들이 양쪽의 의견을 모두 듣도록 강요되는 한 언제나 희망이 존재한다.'(L 2.39)

『자유론』 제2장의 결론부에서 밀은 이렇게 주장한다. '우리는 이제 의견의 자유, 그리고 의견 표현의 자유가 (모든 다른 복지들이 의존하고 있는) 인류의 정신적 복지에 필수불가결하다는 사실을 알게 되었다.'(L 2.40)

그렇다면 사상과 표현의 자유를 옹호하는 밀의 논변은 궁극적으로 공리의 원리에 의존하는 것이다. 앞서 언급했던 엄밀한 의미에서의 진리를 아는 것은 복지의 중요한 구성요소이다. (물론 여기서 '복지'라는 용어는 밀의 쾌락주의적 관점에서 이해되어야 한다.) 그리고 표현의 자유를 허용한다면 '평균적' 인간들도 그들이 도달 가능한 '정신적 수준'에 이를 수 있도록 해줄 것이다(L 2.20). 그렇다고 논변의 무게중심이 진리에만 쏠려 있는 것은 아니다. 지성을 계발하고 판단 능력을 소유하는 것은 그 주체에게 좋은 일이다(L 2.23). 게다가 표현의 자유는 더 실제적인 이득도 가져다준다. 즉, 표현의 자유는 (가령 종교개혁 시대같이) 지적 권위에 의문이 제기되는 역사적 시기에 '인간의 정신 또는 제도'를 크게 개선시켜줄 것이다(L 2.20). 우리는 또한 (밀이 기독교에서 폄하하는 부분인) 무기력함이 관습도덕으로부터 제거되어 개인들이 지금보다 더 강한 도덕적 동기를 가지고 더 많은 도덕적 부담을 수용할 수 있게 될 것이라고 기대하거나 희망할 수 있을지 모른다.

밀의 주장은 과연 얼마나 강력한 것인가? 분명 과장된 부분이 존재하기는 한다. 역사에 관한 밀의 주장을 고려해보자. 사실 지적인 순종이 만연해 있다는 이유로 그가 그토록 혹평했던 빅토리아 시대에도 삶의 여러 영역에서 다양한 이득이 산출된 바 있다. 그러나 대부분의 경우 밀의 논변은 표현의 자유에 반대하는 사람들을 제압하기에는 충분하다. 지식과 지성의 활용이 복지의 구성요소라는 주장은 설득력이 있으며, 압제적인 사회에서라면 이러한 성취가 더욱 어려울 것이 분명하다. 그리고 표현의 자유를 허용할 경우에 실제적인 이익과 지성적 이익이 간접적으로 발생하게 될 가능성이 크다.

그럼에도 불구하고, 인간의 합리성에 대한 밀의 신념에는 지나친 부분이 있다. 그는 어떤 주장이 아무리 명백하게 부조리하다고 해도 인간은 능히 그것을 믿고 따를 수 있다는 점을 간과하였다. 제2차 세계대전 이전에 요제프 괴벨스(Joseph Goebbels)가 독일에서 주도했던 선전운동을 고려해보라. 그것이 자유주의에 대해 갖는 함축이 무엇이든, 공리의 원리는 괴벨스의 선전운동에 대한 금지 조치를 승인했을 것이다. 그리고 유대인과 다른 소수민족들이 다른 인간들과 도덕적으로 평등하다고 믿는 사람들이 단지 나치의 함구 조치 때문에 자신들의 신념을 사장된 독단이라고 간주하게 되었을 것이라는 주장도 전혀 설득력이 없다. 또한 '진보적인 존재로서의 인간이 가진 항구적 이해관심'(L 1.11)에 대해 이야기할 때 밀이 염두에 두었을 장기적 결과와 단기적 결과 사이의 구분도 별 도움이 되지 않는다. 인종차별주의가 성행하도록 내버려둘 때보다는 그러한 차별이 종식되도록 장려할 때, 인류의 장기적 이해관심은 더욱 증진될 수 있을 것이다. 이 특정한 목록은 닫혀 있는 편이 나을 것 같아 보인다(L 2.8).

어쩌면 나치의 선전활동과 곡물상 집 앞에서의 연설 사이에 있는 유사성이 발견될지도 모른다. 그러나 이것은 우리가 자유의 원리를 논하면서 발견했던 것과 동일한 쟁점, 즉 '어떠한 해악이 간섭을 정당화해주는가?'라는 쟁점에 다시 불을 붙이는 일에 지나지 않는다. 결국에 가서 우리는, 실천을 하는 데 있어서 공리의 원리를 적절하게 적용하는 방법의 문제로 되돌아가야 하는 경우가 종종 있을 것이다.

개성

우리는 『자유론』에 나온 밀의 중심 논변들 중 얼마나 많은 부분이 『공리주의』에 제시된 공리의 원리에 변함없이 의존하고 있는지 살펴보았다. 표현의 자유에 관련해서 밀은 지적 능력을 계발하는 것과 그 능력을 활용하여 진리를 완전하게 이해하는 것이 복지에 필수불가결한 요소라고 말한다. 또한 그러한 자유는 사회적 진보를 가져올 것이라는 점에서 도구적 가치도 함께 갖는 것이다.

밀은 『자유론』 제3장의 부분에서 의견에 대비되는 것으로서의 행위의 문제를 다시 한 번 다루는데, 여기서 우리는 개성(individuality) 또한 모두의 복지를 증진시키는 사회적 진보의 도구라고 주장하는 논변을 발견할 수 있다. 이 논변은 개성이 복지 자체의 구성요소라는 주장에 반대하는 사람들까지도 설득하려는 의도로 제시된 것이다 (Friedman 1966 참조). 우리는 또한 자유를 옹호하는 밀의 논변이 그의 정교한 복지 관념에 의존하며, 개성은 이 복지의 독립적인 구성요소로 다루어지고 있음을 알 수 있다:

간단히 말해서 타인과 주로 관계되지 않은 일에 있어서는 개성이 그권리를 스스로 내세우는 것이 바람직하다. 행위자 자신의 품성 대신 타인의 전통과 관습이 행위의 규칙으로 자리 잡은 곳에는 인간 행복의 중요한 한 가지 구성요소가 결여되어 있는 것이다. (*L* 3.1)

개성이란 무엇인가? 위의 인용문을 보면 개성은 단지 사회적 관습에 기반해서만 살아가지 않고 자신의 삶을 스스로 관장해나가는 것을 적어도 그 일부로서 포함하는 것 같다. 이것을 우리는 자율성(autonomy)라고 부를 수 있겠다. 비록 밀 자신은 이런 용어를 사용하지 않지만 말이다(제3장 참조). 밀이 자율성을 단순히 그 소유자의 복지를 증진시켜주는 인간의 능력으로만 보지 않고 자기 자신을 관장하는 그 능력의 발휘라고 보았다는 점은 분명하다(‘*nomos*’는 ‘통치(government)’를 뜻하는 그리스어이고, 접두어 ‘*auto-*’는 ‘자기(self)’를 뜻한다).

좋은 다스림은 곧 합리적인 관장일 것이다. 밀은 우리가 지적 발전의 가치에 대한 그의 주장(제2장)과 자율성에 관해 그가 한 말(제3장) 사이의 유사성을 찾아낼 수 있도록 해준다. 자율성에는 자발성

(spontaneity)이 그 요소로 포함되기는 하지만 그것이 전부는 아니다(*L* 3.2). 자율성이 개성의 일부, 곧 복지의 일부로 간주되기 위해서는 자신의 잠재력을 개발하는 데 그 자율성이 발휘되어야 한다. 반성을 통해 믿음— 이상적인 경우라면 참된 믿음— 에 도달하는 것이 복지를 구성하는 한 요소인 것과 마찬가지로, 자율성의 발휘는 실천적 지성 능력의 계발과 사용으로 이루어지는 것이다.

> 지각, 판단, 차별적 감정, 심적 활동, 도덕적 선호 등과 같은 인간 능력들은 선택이 이루어질 때만 발휘된다. ⋯ 단지 다른 사람들이 믿는다는 이유로 어떤 것을 믿는 경우와 마찬가지로, 그저 다른 사람이 한다는 이유로 어떤 일을 행하는 경우에도 역시 이러한 능력들은 발휘되지 않는다. (*L* 3.3; *L* 3.4 참조)

비록 밀이 자기 자신에게 가장 좋은 것이 무엇인지는 각 개인이 잘 안다는 취지의 주장을 이 책의 다른 부분에서 하긴 하지만(가령 *L* 4.4 참조), 그렇다고 그가 개인은 절대 실수를 하지 않을 것이라는 낙관적인 가정을 갖고 있는 것은 아니다. 밀은 사실 자기 자신의 실천 능력을 발휘하다가 스스로에게 해악을 가하게 되는 일을 막기 위해서라면 간섭이 허용되는 경우도 있다는 점을 인정한다. 그러나 밀은 이렇게 묻는다. '그런 사람이 인간으로서 갖는 상대적 가치는 얼마나 되겠는가? 사람이 무엇을 하는지 뿐만 아니라, 그가 어떤 방식으로 그 행위를 하는지도 역시 진정으로 중요한 문제이다.'(*L* 3.4)

밀이 『공리주의』 제2장에 제시한 고급 쾌락에 대한 견해도 고려해보자. 『자유론』에서 밀은 개인들이 자기 삶을 관장해나가는 방식에 대해 스스로 결정을 할 수 있도록 사회가 허용해야 한다고 장려한다. 이제 우리는 이러한 장려의 이유가 그렇게 함으로써 복지가 증진될 것이라는 생각에 근거해 있다는 사실을 알 수 있다. 그러나 『공리주의』 2.7에서 밀은 고급 쾌락을 즐길 능력이 있는 많은 사람들이 저급 쾌락을 누리는 삶을 살아간다는 사실을 인정한다. 하지만 밀은 이렇게 주장한다.

나는 이런 흔한 변화를 겪는 사람들이 본인의 선호 때문에 자발적으로 고급 쾌락보다 저급 쾌락을 선택하는 것이라고 믿지 않는다. … 더 고상한 감정을 향유하는 능력은 그 본성에 있어 적대적인 영향하에서는 물론이고 영양 공급이 부족하기만 해도 쉽게 죽어버리는 매우 연약한 나무와도 같다. 만약 대부분의 젊은이들이 자기 삶이 처한 상황 때문에 어쩔 수 없이 종사하게 되는 직업과 그 직업으로 인해 속하게 되는 사회가 그러한 고귀한 능력의 지속적인 발휘를 저해한다면, 그 능력은 그들 안에서 빠르게 소멸되어버리고 말 것이다.

다시 말해서 그 책임은 사회, 즉 현재의 사회에 있다는 것이다. 밀은 개선된 사회에서라면 개인들이 저급 쾌락 대신 고급 쾌락을 택할 것임을 암시하고 있다.

전체적으로 보면, 각자의 삶의 계획은 그것이 각자의 것이기 때문에 최선이라는 밀의 주장은 충분히 설득력이 있다(L 3.14). 전체적으로 볼 때, 이는 각자가 자기 자신의 취향이나 이해관심을 실제로 제일 잘 알기 때문이 아니라 자율성 그 자체에 가치가 있기 때문이다. 필자가 위의 제3장에서 제시한 '이상'에 제시된 선들 중에는 자율성도 포함되어 있었다는 사실을 기억해보라.

지금까지 우리는 개성의 몇 가지 구성요소들을 풀어내보았다. 즉, 개성이란 자기 자신의 삶을 합리적으로 관장해나가면서— 이 점은 품성을 갖게 해준다(L 3.5) — 자기만의 잠재력이 최대한 개발되고 자기 특유의 취향에 가장 잘 맞을 수 있는 방식으로 삶을 다스려나가는 것이다. 그러나 이것이 전부는 아니다. 밀이 합리적 숙고를 통해 관습에 따르는 조용한 삶을 선택하는 사람에게도 개성을 허용하는 입장을 가지고 있는지도 모르기 때문이다. 그러나 밀이 『자유론』 제2장에서 지적 영역에서 활기와 왕성함을 강조했던 것과 마찬가지로, 제3장에서도 우리는 강한 욕구와 추진력을 갖춘 **활력이 넘치는**(energetic) 품성이 개성의 또 다른 중요한 요소라는 것을 알게 된다(L 3.5). 개성의 일부를 이루는 것이 '비종교적 자기주장(Pagan self-assertion)'인데, 밀이 보기에 이것은 당시 영국의 거의 유일한 배출구였다.

밀은 여기서 그에게 영향을 준 사상가들의 면모를 다시 한 번 보여 주고 있다. 우리는 행복에 있어서 **활동**(activity)이 갖는 중요성에 대한 아리스토텔레스의 강조와 현대 민주주의로 이어지게 된 귀족정치에서 발견되는 '활력이 넘치는 열정 … 과 자유분방한 덕목'에 대한 토크빌의 찬사를 떠올리게 된다(Aristotle c. 330 BC: 1098b31-1099a7; Tocqueville 1848: 9). 밀은 사회에서 개성을 꽃피우기 위해서는 두 가지 필요조건인 자유와 다양성이 요구된다는 빌헬름 폰 홈볼트(Wilhelm von Humboldt)의 주장을 명시적으로 인용한다(L 3.2). 여기서 밀은 자유라는 말로 이사야 벌린(Isaiah Berlin)이 '소극적 자유'라고 부르는 것을 의미하는데, 이 문맥에서 그 자유란 바로 타인에 의한 법적 또는 도덕적 강제로부터의 자유이다(Berlin 1958). 의견의 다양성이 우리의 지성을 진보시켜 진리에 더 가까이 가게 해주는 것과 마찬가지로, 삶의 방식이 갖는 다양성 — '삶을 통한 실험들'(L 3.1) — 역시 우리가 실천적 진리, 즉 그 삶들이 갖는 가치에 대한 진리에 더욱 가까이 다가가도록 해줄 것이다(L 3.11). 실제로 이러한 다원성이야말로 과거 유럽의 성공이 갖는 특징이자 그 성공의 배경이 된 요인이라고 할 수 있다(L 3.18). 밀은 관습에 순종하는 주변의 모습에 질려버린 나머지 기이함(eccentricity) 그 자체를 관습의 횡포를 타개할 유일한 수단으로서 장려하기에 이른다(*L* 3.13). 게다가 표준적 규범에서 벗어난 의견이 기존 의견이 갖는 생명력을 유지해주는 것과 마찬가지로, 자기 자신의 개성을 독창적으로 발휘하여 남들과 다르게 사는 사람들은 기존의 삶의 방식이 갖는 '생명력을 유지시켜준다.'(*L* 3.11)

밀은 심지어 민주주의의 '평균적인' 시민들은 개성을 발휘하여 평범함을 초월하는 한두 명의 천재를 모범으로 삼아야 한다고 믿기도 한다(*L* 3.13). 하지만 그렇다고 밀이 독재를 옹호하는 것은 아니다. 이런 취지로 독재를 옹호하는 것은 자멸적인 주장일 텐데, 독재는 시민들이 스스로 각자가 가진 능력에 맞는 개성의 수준으로 올라서지 못하게 만들 뿐 아니라 독재자 자신마저 부패하도록 만들기 때문이다. 정의의 규칙은 개인이 개성을 발휘하는 데 대해 제약을 가하는데, 밀은 이러한 제약은 당하는 사람의 입장에서도 손실만은 아니라고 주장한다. 정의의 제약은 그 자체가 도덕적 정서의 발달을 장려할 것이기 때문이다(*L* 3.9).

그렇다면 밀의 『자유론』은 자유만큼이나 '다양성'도 중요하게 다루고 있는 셈이다. 만약 우리가 자유를 소극적 의미에서 이해한다면, 자유도 다양성도 그 자체로 가치 있지는 않을 것이다. 오히려 자유와 다양성의 가치는, 개성이 다양한 모습으로 드러나는 삶을 인간이 성취할 수 있도록 해주는 데 있는 것이다. 개성이 없이는 고급 쾌락을 누리는 삶도 없다. 적어도 이런 의미에서 개성은 고급 쾌락 중 가장 고귀한 것에 해당된다고 할 수 있다.

이 장에서 우리는 개인의 삶에 대한 사회의 간섭에 한계를 정하는 데 있어서 밀이 자신의 공리주의 원리를 어떻게 적용했는지 살펴보았다. 밀이 『자유론』에서 권장하는 원리들은 (비록 공리의 원리와 직접적으로 관련되지는 않지만) 공리의 원리 덕분에 그 설득력을 갖게 되는 것이다. 자유의 원리에 의하면 개인에 대한 사회의 간섭은 그것이 타인에 대한 해악을 방지하기 위해서일 경우에만 정당화될 수 있다. 이 원리는 간섭에 대한 간섭주의적 정당화를 허용하지 않을 뿐만 아니라, 보호의 대상이 되는 개인적 영역을 설정할 근거도 제공해준다. 자유의 원리는 개성에 의존하는데, 개성은 인류의 진보에 대한 중요한 수단적 가치를 지니는 것은 물론, 그것이 사람들의 삶에서 구체적으로 실현될 때는 그 자체로 복지가치를 갖기도 한다. 언론의 자유를 옹호하는 밀의 논변의 근저에도 동일한 종류의 정당화가 깔려 있다. 즉, 이해가 갖는 가치와 생생한 믿음이 갖는 중요성은 둘 다 사회 전체의 복지를 산출한다는 것이다. 밀은 자유의 원리가 '절대적'이라고 말하는데(L 1.9), 필자는— 모욕과 노예제도, 그리고 타락한 취향과 관련된 — 그의 논변이 공리주의의 엄격한 적용을 완화시켜준다는 점을 보여준다고 지적한 바 있다. 필자는 밀의 공리주의보다도 더 엄격하게 권리 개념을 통해 개인적 영역을 보호하는 공리주의가 존재할 수도 있다고 제안하였다. 그러나 이러한 제안이 어떤 이점을 갖든, 필자는 밀의 공리주의가 얼마나 섬세하고 강력한지, 그리고 이 이론이 우리가 당면한 실천적 문제들에 어떻게 적용되는지를 이번 장이 조금이나마 보여주었기를 바랄 뿐이다. 이 책의 마지막 장에서는 밀이 매우 중요하다고 생각했던 주제를 살펴볼 것인데, 그는 이 주제에 대해서도 다시 한 번 공리주의적인 조명을 비춘다.

더 읽을거리

『자유론』은 책 전체를 꼼꼼히 연구해볼 만한 가치가 있는 책이다.

최근 몇 십 년 동안 이 책에 대한 많은 2차 문헌들이 등장했다. 밀에 대한 표준적인 '자유주의적' 해석은 Berlin 1959에서 볼 수 있다. 책 한 권 분량에 달하는 해석으로는 Ten 1980을 보라. 필자의 견해와 비슷한 노선의 '공리주의적' 해석은 Sartorius 1975에서 볼 수 있다. Gray 1983은 이러한 해석을 책 한 권 분량으로 다루었는데, 여기에는 개성에 대한 훌륭한 논의도 포함되어 있다. Strasser 1984도 참고할 만하다. 표준적 해석을 제시하는 논문으로는 Rees 1960; Friedman 1966; Brown 1972; Wollheim 1973; Riley 1991b; Wolff 1997 등이 있다. Feinberg 1971과 Dworkin 1972는 간섭주의에 대한 고전적인 논의를 담고 있다. 표현의 자유를 다룬 훌륭한 한 쌍의 논문으로는 McCloskey 1970과 Monro 1970이 있으며, McCloskey 1963 역시 참고할 만하다. 밀에게 있어 자기 개발이 갖는 중요성은 Donner 1991에서 논의된다. Feyerabend 1970은 『자유론』과 다원주의적인 과학적 방법론의 관계를 논의하는 흥미로운 논문이다. 최근의 자유주의적 정치철학 노선에서 가장 중요한 저작인 Raz 1986은 밀이 논의하는 많은 문제들을 다루고 있다.

제9장 공리주의와 평등: 『여성의 종속』

부부 예속의 도덕에 대한 정체 폭로

우리는 공리의 원리가 어떻게 해서 밀이 가진 실천적 견해의 토대를 이루는지 살펴보았다. 이 원리에 따르면 옳은 행위란 전체 복지를 극대화하는 행위이다. 우리의 행위들 중 몇몇은 일상적 또는 '관습적' 도덕의 관행에 참여하는 행위이다. 만약 아이가 자기통제와 친절함에 대해서는 자부심을 느끼고 무자비함에 대해서는 수치와 죄책감을 느끼도록 부모가 장려한다면 그 아이가 타인에게 공격적인 행위를 할 가능성은 줄어들게 될 것이다. 따라서 적절한 시기에 이러한 감정들을 느끼게끔 길러내서 그 아이의 행위를 공리주의적 방향으로 이끌어가는 일은 공리주의적 취지에 부합되는 것이라고 할 수 있다.

이미 살펴보았듯이, 밀은 관습도덕의 일부가 인간 복지의 증진에 근거하고 있을 가능성을 인정한다(SW 1.5; SW 1.4와 비교). 여기에는 정의의 원리 같은 '부차적 원리들'이 해당되는데, 이러한 원리들은 반성을 통해 생겨나고 지속되며 다른 대안들과의 비교를 통해 검증된다.

그러나 밀은 관습도덕이 가진 다른 측면에 대해서는 혐오감을 느끼는데, 그것은 어떤 개인의 선을 위해서 그 개인에게 간섭하는 행위를 관습도덕이 너무 쉽게 허용한다는 점이다. 밀은 이러한 측면이 대체되기를 희망한다. 바꿔 말하면, 어떤 도덕원리가 널리 받아들여지고 있다는 사실만 가지고는 개인에 대한 그러한 간섭을 정당화해주지 못한다는 것이다. 관습은 그 자체로는 아무런 권위도 갖지 않는다. 여기서 밀은 거대한 전투를 앞두고 있음을 깨달았다. 피임에 관한 전단지를 유포한 혐의로 17세의 나이에 체포되던 시절부터 국회에서 여성의 투표권을 확보하기 위해 애쓰던 인생의 마지막 시기까지, 그렇게 밀은 전 생애에 걸쳐 이 전투를 치러왔다. 그 전투란 관습 자체와 관습을 보호하는 강력하고 비합리적인 감정에 맞서 싸우는 전투였다(SW 1.2). 『여성의 종속』을 통해 밀이 수행하고자 했던 주된 과업 중 하나는 빅토리아 시대의 기사도가 가진 점잖은 외형 뒤에 숨어 있는 억압의 현실을 폭로하는 것이다.

힘에 기반한 사회적 관계 중 하나인 이 관계가, 평등한 정의에 기반한 제도를 여러 세대 거치면서도, 그 법과 관습의 일반적 성격과 맞지 않는 거의 유일한 예외로서 살아남는 것은 불가피한 일이었다. 그러나 이러한 관계는, 그것의 기원이 어디에 있는지 공적으로 발표되지 않는 한, 그리고 논의를 통해 그 진정한 성격이 드러나지 않는 한, 현대 문명과 어긋나는 것으로 느껴지지가 않는다. 그리스인들 사이에서는 자국의 노예제도가 자유로운 시민으로서의 자아상과 어긋나는 것으로 느껴지지 않았던 것처럼 말이다. (SW 1.6)

그렇다면 남성과 여성 간의 상대적 지위는 그 기원을 어디에 두고 있을까? 밀에 의하면 이것을 완전히 이해하기 위해서는 도덕의 역사 자체를 파악함으로써 삶의 다른 영역에서는 이미 한물간 도덕이 어떻게 해서 이 관계만은 여전히 지배하고 있는지를 깨달아야 한다.

밀은 초기 인간 사회의 여성은 그 신체적 연약함과 성적 매력 때문에 남성에게 예속되었을 것이라고 말한다. 이러한 원시적인 홉스주의적 자연상태에서부터 법적 체계가 발달되었는데, 이 체계는 단지 그들의 예속관계를 합법화시켰을 뿐이다.

원래는 주인과 노예 사이의 권력 문제에 불과했던 예속은 제도화를 통해 주인들 사이의 계약 문제로 변하게 되었고, 그들은 공동의 보호를 위해 스스로 서로를 속박하며 그들이 가진 집합적 힘에 의해 (노예를 포함한) 각자의 사적 소유를 보장받게 된다. (*SW* 1.5)

그렇다면 원시적인 예속이야말로 여성 불평등의 근원이다. 그리고 사회적 또는 법적 의무의 기원도 이 원시적 관계의 합법화에서 발견된다. 즉, '힘의 법칙(law of force)'에 불복한 사람들은 가장 중대한 범죄를 저지른 것으로 간주되었으며, 그에 상응하는 매우 무자비한 처벌을 받았다(*SW* 1.7). 여기서 우리는 처벌하려는 욕구에서 도덕의 기원을 찾는 밀의 간결하지만 중요한 설명을 기억해야 한다(『공리주의』 5.14; 5장, 7장 참조).

원래는 편의를 위해서 했던 약속을 의무감으로 지키도록 만드는 양심이 발달된 결과로 우월한 존재들의 마음속에는 (노예는 아니지만) 열등한 존재를 향한 일종의 의무감이 점차적으로 형성되었다. 순수한 힘의 법칙으로부터의 이러한 진화는 우리가 도덕이라고 인식할 만한 무언가의 시작이었다.

비록 좁은 영역에서이긴 하지만, 이 원시적인 법칙의 추방은 인간 본성을 쇄신하기 시작했는데, 이러한 쇄신은 일단 경험하기만 하면 물질적 이익을 추구하는 사람에게조차 즉각적으로 그 엄청난 가치를 보여주고, 발생 이후로는 창조될 필요도 없이 계속 확대될 것만이 요구되는, 그런 정서를 탄생시킴으로써 이루어졌다. (SW 1.7)

그러고 나서 스토아 학자들 사이에서 노예에 대한 의무가 존재한다는 견해가 생겨났고 이러한 견해는 기독교에 의해 계승되었다(SW 1.7; SW 2.12 참조). 비록 널리 채택되지는 않았지만, 이것은 도덕의 새로운 단계 — 강자가 약자에 대한 억압을 삼가는 일이 칭찬을 받는 기사도의 도덕 — 를 보여주는 매우 분명한 사례였다(SW 2.12).

기사도와 정의

사실 여성은 아주 오래전부터 기사도의 도덕을 위한 조건을 형성하는 데 일정한 역할을 해왔다(SW 4.8). 여성들은 자신들의 연약함 때문에 남성들이 폭력을 삼가도록 장려했고, 그들의 무릎 때문에 비폭력적인 방법으로 논쟁을 종결짓도록 장려했다. 그러나 결국에 가서는 여성들 스스로가 보호를 필요로 했기 때문에, 자신의 남자마저 겁쟁이가 되기를 바라지는 않았다. 그리하여 용기라는 덕목은 어머니들에 의해 그 아들에게, 젊은 여성에 의해 그 남자친구에게 항상 권장되었다. 군인의 덕목을 갖춘 사람 역시 다른 남성들에게서 찬사를 받았고, 그러한 찬사는 여성의 애정을 얻을 수 있는 또 다른 기회를 주었다. 그렇다면 기사도의 도덕은 군인정신과 특히 (자신의 성적인 매력을 최대한으로 이용했던) 여성들을 향한 점잖은 태도 사이의 기묘한 조합으로 이루어진 것이다.

그러나 기사도의 도덕은 구시대의 것이다(SW 4.9). 전사의 개인주의는 사업과 산업에서의 협동으로 대체되었다. '현대의 도덕적 삶의 주요 토대는 정의와 타산이어야 한다. 즉, 다른 모든 사람들의 권리에 대한 서로의 존중과 스스로를 돌볼 수 있는 각자의 능력이 주요 토대가 되어야 하는 것이다.'(*SW* 4.9)

기사도는 완전히 성공적인 것은 아니었다. 기사도는 비난이나 처벌보다는 칭찬에 의존했으며, 그랬기 때문에 명예에 별 관심이 없는 대다수 사람들의 행동에는 영향을 미치지 못하였다. 정의의 도덕의 경우에는 사회가 강자의 우월감에 의존하지 않고 그들로 하여금 양식을 갖추도록 강제할 수 있는 집단적 수단을 갖고 있으며, 사회는 실제로 그런 식으로 강제해왔다. — 남성과 여성 간의 관계만 빼고 말이다. 남성 대부분이 여성 대부분에게 보여준 태도를 결정하는 것은 정의의 도덕도 아니고 그렇다고 기사도의 도덕도 아닌 복종(submission)의 도덕, 즉 힘의 법칙인 것이다.

정의의 도덕은 인간의 평등에 기반한 것이다. 태생이 걸어가야 할 삶의 길을 확고하게 결정짓지는 않는다. 우리에게는 원하는 분야에서 가진 재능을 활용하며 살아갈 자유가 있는 것이다(SW 1.13; SW 4.5). 그리고 앞 장에서 보았듯이 이 자유는 복지의 가장 중요한 원천 중 하나인 자율성을 보호해준다. 어떤 개인의 진보를 불필요하게 방해하는 일은 그 개인에 대해 불의를 저지르는 행위이자 사회 전체의 이익에도 피해를 주는 행위로 받아들여진다. '오직 강한 팔뚝을 가진 남자만이 대장장이가 될 수 있다는 식의 법률을 제정하는 일이 필요하다고 생각하는 사람은 아무도 없을 것이다.'

정의의 도덕에 대한 밀의 주장에는 분명 어느 정도 과장된 부분이 있으며, 그는 현재의 남성과 여성 간의 관계가 사회의 발전에 가하는 제약에 대해 고려할 때는 심지어 더욱 낙천적이 된다. 그러나 밀이 남녀간 불평등이 널리 심각한 불의로 받아들여지지 않던 시대에 글을 썼다는 것은 분명한 사실이다. 밀은 과연 어떤 설명을 제공할까?

한 가지 주된 원인은 지속적으로 존재하는 여성의 신체적 연약함이다(SW 1.6). 남성들은 여성들에 대해서 두려워할 것이 없었기 때문에 입지를 양보할 이유가 없었다. 밀은 『여성의 종속』이 출간되기 약 40년 전만 해도 영국 국민은 다른 인간을 소유할 수 있었다는 점, 그리고 유럽에서는 정부 체제로서의 절대군주제와 군사적 전제정치가 최근에 와서야 비로소 쇠퇴하기 시작했다는 점을 지적한다. '이것이 확립된 체제가 갖는 힘이다.'(SW 1.8) 모든 남성이 가장 가까운 사람들에 대해서 독재를 자행할 수 있는 판국에, 그들이 권력을 포기하지 않았다는 사실이 과연 그렇게 놀랄 만한 일일까?

밀은 정서와 감정이 성차별주의적인 관습도덕을 더욱 뒷받침해주었다고 믿는다(SW 1.2). 남성들이 복종과 자기희생의 의무를 여성들에게 주입시켰다는 것을 생각하면, 많은 여성들이 개혁을 갈구하지 않는다는 사실은 그리 놀라운 일이 아니다.

그러나 밀은 많은 여성들이 속아 넘어가지 않았다는 사실을 깨닫는다(SW 1.10). 많은 여성들이 글을 통해 성차별주의에 대한 불만을 표출하고 있고 투표권과 교육권을 얻기 위해 떠들썩하게 청원하고 있다. 게다가 그보다 많은 수의 여성들은 비록 남성 전체에 대해서 불만을 표하지는 않는다 하더라도 자기 남편의 폭정에 대해서는 분개한다. 아내에 대한 남편의 통제가 그렇게 심하지만 않았어도 더 많은 수의 여성들이 불만을 표출했을 것이다.

밀은 아내들이 예속된 상태에 있다고 믿는다(SW 2.1). 그는 이 사실이 인식되는 즉시 급진적인 변화가 뒤따르기를 희망한다. 과연 어떤 변화들이 생길지, 그리고 그 변화들이 어떤 방식으로 실현될지는 이제부터 우리가 살펴보아야 할 문제이다.

결혼, 평등한 기회, 그리고 여성의 해방

밀은 당시의 사회에서 여성이 차지하는 지위에 대해 경악을 금치 못했다. 특히 결혼의 성격에 대해서 우려를 가졌던 그는 결혼이 여성들에게 별다른 대안도 없이 강요되고 있다고 보았다(SW 1.25). 밀은 결혼의 역사를 도덕의 역사의 일부로 기술한다. 일반적인 예속과 마찬가지로 결혼도 힘의 법칙에서 그 기원을 찾을 수 있으며, 여성은 남편이나 아버지의 소유가 된다(SW 2.1). 여성은 문자 그대로 자신의 군주인 남편에 대해서 어떠한 법적 권리도 갖지 못한다. '영국의 옛 법'에 의하면 남편 살해는 대역죄로 간주되어왔으며, 그에 상응하는 처벌은 화형이었다. 밀이 지적하는 바에 의하면 여성이 제단에서 하는 복종의 맹세는 현재까지도 법적 지지를 받고 있는데, 이 맹세는 바로 여성이 남편에게 자신의 재산을 넘기는 것이다(하지만 남편은 그에 상응하는 맹세를 하지 않는다). 여성은 자기만의 시간을 갖지 못하며, 항상 남편이 손짓하거나 호출하기만 기다리며 대기 상태에 있어야 한다. 여성은 자신의 신체에 대해서도 아무런 권리를 갖지 못한다. 영국 법에서는 부부 강간이 범죄로 성립되지 않는다. 남편은 자녀들에 대해 법적 권리를 가지며, 대부분의 여성들에게는 남편의 폭정을 피할 수 있는 기회가 사실상 없다고 봐야 한다.

물론 성차별주의가 사적인 영역에만 국한된 것은 아니다. 밀은 이 부분에 대해서 더 자세히 다룰 필요성을 못 느끼는데(SW 3.1), 그 이유는 여성이 대학 지원이나 '돈벌이가 되는 직업, 그리고 거의 모든 사회적 고급 기능으로부터' 배척되고 있다는 것은 부정할 수 없는 사실이기 때문이다. 물론 여성은 투표도 할 수 없고 국회에 진출할 수도 없었다(SW 3.2).

과연 이런 상황에 대해 어떤 조치가 취해져야 하는가? 밀은『여성의 종속』을 쓴 목적이 '한쪽에 어떠한 권력이나 특권이 주어지는 것을 허용하지 않고 다른 쪽의 능력이 박탈되는 것도 허용하지 않는 완전한 평등의 원리를 옹호하는 것'이라고 말한다(SW 1.1). 결혼은 동등한 조건에서 이루어져야 한다(SW 1.25). 자발적인 결합으로서 결혼은 부부가 함께 관장해야 하며, 아내와 남편 사이에는 사업상의 동료들의 경우 마찬가지로 균등한 힘의 분배가 이루어져야 한다(SW 2.7). 여성도 투표권을 부여받아야 하고 정부나 사업에서 남성과 동등한 지위에 오를 수 있도록 허용되어야 하는 것은 물론이다.

다른 부분에 있어서는 밀에 공감하는 사람들조차 대부분 밀의 견해, 특히 결혼에 대한 그의 견해는 위험할 정도로 급진적이라고 생각했다. 밀에 대한 가장 우수한 비판자 중 한 명인 제임스 피츠제임스 스티븐(James Fitzjames Stephen)은 여성 평등에 대한 밀의 입장이 부적절한 수준에 근접해 있다고 보았다(Stephen 1874: 134-5). 그러므로 밀이 이 책의 출간을 연기하고 이혼 같은 특별히 민감한 문제는 다루지 않으려 했다는 사실은 그렇게 놀라운 일이 아니다(SW 2.1).[1]

그럼에도 불구하고 현대의 학자들이 밀에 대해 흔히 제기하는 비판은 그가 충분히 밀어붙이지 못했다는 것이다. 밀은 기껏해야 여성 권리의 옹호자가 아닌 여성 해방의 옹호자로 간주될 수 있을 뿐이라는 것이다(예를 들어 Goldstein 1980 참조). 밀은 여성 대부분이 (밀 자신도 인지하고 있던) 그들의 사회적 처지 때문에 기회가 주어져도 어차피 활용하지 못할 것이라는 점은 보지 못한 채, 단지 여성들에게 기회의 평등을 부여해야 한다고만 주장했을 뿐이다.

이러한 비판을 들으면 밀은 좀 억울할 수도 있다. 우리는 그가 법과 관습도덕을 복지를 극대화하는 중요한 사회적 수단으로 여긴다는 것

---

1) 꼭 그 이유 때문이 아니더라도, 테일러 부인과 밀의 관계를 생각하면 이혼은 그에게 있어 다루기 쉽지 않은 주제였을 것이다(제1장 참조).

을 알고 있으며, 따라서 그가 진보를 위해 이러한 제도를 개혁하는 데 집중하리라는 것쯤은 예상될 수 있다. 사회가 여자다운 온순함과 순종적 성향이 갖는 도덕적, 성적 중요성을 과장해서 여성들에게 주입시켰다는 사실도 밀은 잘 알고 있다(SW 1.11). 그러나 그는 법과 관습 도덕에서의 평등이 가정의 성격과 가정 내의 관계, 나아가 사회 전체의 성격에도 중요한 변화를 가져올 것이라고 믿었다.

올바르게 이루어진 가정이야말로 자유의 덕목을 가르치는 진정한 학교일 것이다. … 가정의 역할이란, 한쪽의 권력도, 다른 쪽의 복종도 없이, 평등에 대한 공감대를 형성해주고 또 서로 사랑하며 살아가는 법을 가르쳐주는, 그런 학교가 되어주는 것이다. 이것이야말로 양 부모 사이에 성립되어야 할 관계이다. 그렇다면 각 배우자는 모든 다른 관계에 있어서도 이러한 덕목들을 갖추도록 해야 할 것이며, 이 덕목들이야말로 자녀들이 한때 복종의 방식으로 훈육되는 기간에 자신의 감정과 행동의 본으로 삼아 몸에 익힐 수 있도록 의도된 모범인 것이다. (SW 2.12)

또한 성차별의 철폐는 여성들이 '합리적 자유를 누리는 삶'을 살 수 있도록 해줄 것이다(SW 4.19). 여기서 밀은 여성의 '해방'을 이야기하고 있는데, 이것이 여성이 남성에 의해 억압당하지 않는다는 의미에서의 소극적 자유뿐만 아니라, 자신의 삶의 형태에 대해 스스로 중요한 결정을 내린다는 의미에서의 적극적 자유도 함께 이야기하고 있는 것으로 이해될 수 있다는 점은 분명하다.

따라서 밀은 여성을 해방시키는 것은 물론이고, 여성이 동등한 권리를 단지 소유할 뿐만 아니라 그 권리를 실질적으로 누릴 수 있도록 하는 데에도 관심을 두고 있던 것이다. 그가 하는 말에는 많은 함축이 들어 있다. 남녀를 막론한 사회 구성원의 대부분이 사적인 영역과 공적인 영역에서 여성과 남성을 법적, 도덕적으로 동등한 존재로 보고, 성별이 명백히 무관한 곳에서는 그 무관함이 제대로 인정되기만 한다면 여성의 지위는 크게 향상될 것이다. 그럼에도 불구하고, 앞서 언급한 현대 학자들의 밀에 대한 반론이 아예 목표를 빗나간 것이라고는 할 수 없다. 다음 절에서 이 점을 보여줄 것이다.

밀의 경험주의와 이념의 힘

밀은 관습이 갖는 권위를 잘 인지하고 있다. 어쩌면 그의 실수는 여성에 대한 견해가 현대사회에 얼마나 깊이 뿌리 박혀 있는지를 깨닫지 못한 데 있는지도 모른다. 그의 초기 논문에서 밀은 성별 간에는 신체적 능력 이외의 어떠한 본질적인 차이도 존재하지 않는다고 주장하였다(O 21.42). 『여성의 종속』에서는 좀 더 신중한 태도를 보인다. 우리 시대에 그런 것과 마찬가지로 밀의 시대에도 여성의 본성을 둘러싼 논쟁이 매우 활발하게 이루어지고 있었고, 그는 이러한 논쟁을 피해가고 싶어 했다. 밀은 오직 경험의 증거만을 받아들일 준비가 되어 있던 철저한 경험주의자였다. 그러한 경험주의자인 밀에 의하면, 우리는 (어쩌면 왜곡의 강력한 힘을 잘 알고 있는 덕분에) 여성들의 현재 상태가 자연스럽지 못하다는 사실만 알 수 있을 뿐, 그 외에는 여성의 본성에 대해 아무것도 알지 못한다고 말한다(SW 1.18). 역사는 인간이 외부의 영향에 대해 얼마나 개방적인지를 가르쳐준다(SW 1.9). 지배는 항상 자연스러운 것으로 비쳐왔고, 대부분의 사람들에게 자연스럽지 못하다는(unnatural) 것은 유별나다는(unusual) 것과 크게 다르지 않은 것으로 보인다(SW 1.9). 무엇이 자연스러운 것인지에 대해서는 매우 다양한 견해들이 존재한다(SW 1.9; SW 3.14). 여성들은 자기 경험에 대해 진술하도록 허용된 적이 없었고, 어차피 솔직함이란 불평등한 관계에서는 기대하기 힘든 덕목이기도 하다(SW 1.21). 그러나 밀은 말하기를 도덕적 관점에서 보면 이런 것들은 모두 부차적인 문제라고 한다. '왜냐하면 현대사회의 원리들에 의하면 문제는 여성들 스스로가 하기 나름이며, 그 문제는 그들 자신의 경험과 능력 발휘를 통해서 해결되어야 하기 때문이다.'(SW 1.23)

그러나 안타깝게도 밀은 현재 여성이 처한 상황에 대해 이야기할 때는 조금 조심성이 떨어지는 모습을 보인다. 여성이 사업과 공적인 삶에 참여할 수 있도록 허용해야 하는 이유에 대해서 설명하면서 밀은 여성의 능력을 일반화해서 말한다(SW 3.8-13). (그런데 이 일반화는 그가 다른 곳에서 비판했던 일반화의 사례들과 마찬가지로 근거가 없는 것이다.) 사람들은 여성이 남성보다 현실적이며, 추상적으로 추론하는 남성적 능력 대신 실천적이고 '직관'과 개별적 사실에 대한 감수성을 소유하고 있다고 말한다. 여성은 남성보다 걱정이 많고 마음이 유동적이며 집중력이 약한 경향이 있다.

밀은 분명 자신이 여성의 보편적 본성이 아니라 있는 모습 그대로의 여성에 대해서 주장하고 있다는 점을 강조하려고 무던히도 애쓰고 있다. 그럼에도 불구하고 밀은 스스로 '철학이나 분석 없이 형성된, 단순히 경험에 기반한 일반화'(SW 3.14)를 제시함으로써 현대의 많은 여성주의자들이 관여하고 있는 동일성/차이성(the sameness/difference) 논쟁의 수렁에 빠진 첫 번째 인물이 되고 말았다. 그뿐만 아니라 이러한 일반화를 보고 있자면, 『논리의 체계』 마지막 부분에서 언급되는 '비교 행동학(ethology)' 계획을 실행할 시간이 없었던 것이 그에게는 어쩌면 다행이었는지도 모른다는 생각마저 든다. 밀의 주장들이 맞든 틀리든, 이 주장들은 그의 논변이 갖는 실천적 영향력과는 무관하며, 또한 이 주장들은 (가령 모성 본능을 가졌다거나 성적으로 만족할 줄 모른다는 등) 여성의 본성에 대한 일반적 주장을 증거로 삼기 때문에 그 근거가 빈약하다.

설상가상으로, 여성이 해방된다면 어떤 선택을 해야 하는지에 대해서 밀이 피력한 의견은 다소 보수적이다.

다른 영역에서는 정의가 구현된 상태에서라면, 아내가 노동을 통해 가족을 금전적으로 부양해야 한다는 것은 바람직한 관습이 못 될 것이다. … 남성이 자신의 직업을 선택할 때 그러는 것과 마찬가지로, 여성이 결혼을 할 때 그녀는 살림을 꾸리고 가정을 돌보는 일을 자신의 제일 소명으로 선택하는 것이라고 일반적으로 이해될 수 있다. (*SW* 2.16)

아마 밀이 단지 성차별주의적인 독자들의 환심을 사서 그들이 좀 더 진보적인 입장을 가질 수 있게끔 유도하려고 이런 말을 하는 것뿐이라고 생각하는 사람이 있을지도 모르겠다(그가 『자유론』에서 이슬람교도들에 대해서와 일반적인 양식에 대해서 했던 언급을 비교해보라). 그러나 밀이 그런 의도로 이런 말을 했을 가능성은 별로 없다. 밀은 어머니가 아버지보다 자녀들과 더 가깝다고 믿었고('후커에게 보내는 편지(Letter to Hooker)'(1869) 17.1640), 남성이 아이들을 양육하는 데 관여할 가능성을 제시하지 않기 때문이다(*SW* 3.1).

밀의 실수는 자기가 그렇게 하지 말라고 분명히 경고했음에도 불구하고 그럴 만한 증거도 없이 여성을 일반화시켰다는 것 외에도 또 있다. 그는 『자유론』에서, 필자가 대강 언급한 것과 유사한 실수를 두 가지 더 저지른다. 밀이 『자유론』에서 개인적 영역에서의 잘못에 대한 우리의 태도를 논의할 때, (밀 자신이 허용하는) 타인의 비난을 통해 행해지는 사회적 독재도 가능하다는 사실을 간과했다는 점을 상기해보라. 『여성의 종속』에서의 경우, 밀은 여성이 아이들을 양육하고 직장에는 다니지 않아야 한다면 여성이 자유로운 선택을 하기가 어려운 분위기가 형성되리라는 점을 간과하고 있다. 즉, 그는 다른 선택지는 여성들의 머릿속에 아예 안 떠오르게 될 수도 있고, 여성들이 순응하도록 만드는 사회적 압력이 가해질 수도 있다는 점을 간과한 것이다. 또한『자유론』중 개인적 영역의 잘못을 다루는 단락에서 밀은 관습의 권위에 대해서 뿐만 아니라 자신의 저서가 갖는 권위에 대해서도 잠시 잊고 있는 것처럼 보인다.『여성의 종속』의 경우에도 마찬가지다. 밀은 여성의 가정적 역할을 옹호함으로써, 어떠한 수단을 써서라도 여성이 남성과 동등한 조건에서 경쟁하지 못하도록 막고 싶어했던 성차별주의자들에게 자기도 모르게 도움을 주고 있던 것이다.

여성에 관한 밀의 저작에 나타나는 충돌은 그가 드러내 밝히려 했던 바로 그 이념의 힘을 잘 보여준다. 밀은 한편으로 남성이 여성을 종속시키기 위해 오랫동안 사용해온 복잡한 방법들을 아주 명확히 알고 있다. 다른 한편으로 그는 대부분의 여성의 역할은 아이를 양육해야 한다는 통념이나 남편의 나이 또는 남편이 돈을 번다는 사실이 결혼생활에 있어서 남편에게 더 큰 발언권을 준다는 등의 사회적 통념들에 본인 스스로도 사로잡혀 있었다는 사실을 깨닫지 못한다(SW 2.9).

그러나 이러한 결점들이 여성의 평등을 옹호하는 밀의 주장이 갖는 강력한 힘과 풍부함을 가려서는 안 될 일이다. 그는 어쨌든 '일반적 규칙이 개인의 적성에 적합하게 맞추어질 수 있도록 자유의 범위가 최대한' 허용되어야 한다고 말한다(SW 2.16). 정의의 도덕을 상세히 설명하는 부분에서, 밀은 자녀 양육에 대한 본인의 견해를 수정할 수 있는 근거를 제공해줄 뿐만 아니라 양성 평등에 대한 논쟁에 있어서도 여전히 큰 중요성을 갖는 자신의 입장을 보여준다.

권위를 가진 존재가 어떤 일반적 가정에 근거해서 특정한 계층의 사람은 특정한 일에 부적합하다고 미리 못 박아버리는 것은 월권행위로 보인다. 그러한 가정이 존재한다 해도 그 가정은 틀릴 수 있다는 사실은 이제 누구나 알고 받아들이는 바이다. (드문 경우겠지만) 어떤 가정이 거의 항상 잘 들어맞는다고 해도, 그 가정이 성립되지 않는 예외적인 소수의 사례들이 존재할 것이다. 그리고 그러한 예외적인 사례들의 경우 각 개인이 자신과 타인의 이익을 위해 능력을 발휘하는 방식에 한계를 설정해버리는 것은 그 개인들에 대한 불의에 해당되는 일인 동시에 사회에도 이롭지 못한 일이다. 그리고 어떤 사람의 능력이 특정한 일에 정말로 적합하지 않은 경우라면, 인간 행동의 일반적 동기만 가지고도 그 무능한 사람으로 하여금 시도를 그만두게 하기에 충분할 것이다. (*SW* 1.13; *SW* 3.1과 비교)

미국 여성 해방계의 선구자인 엘리자베스 캐디 스탠턴(Elizabeth Cady Stanton)은 1869년에 밀의 책에 대해서 이렇게 적었다.

나는 일찍이 경험해본 적 없는 평화와 기쁨을 가슴에 안은 채 이 책을 내려놓았다. 왜냐하면 이 책이야말로 남성도 여성이 가진 결점의 사소하고 미묘한 특징과 여성의 약함과 타락성을 드러내는 중심적 면모를 보고 느낄 수 있다는 것을 보여준, 남성으로부터의 첫 번째 응답이기 때문이다. (Lutz 1940: 171-2; Rossi 1970: 62에서 인용)

이 장의 마지막 절에서는 밀이 『공리주의』와 『자유론』에서 발전시킨 이론을 여성의 평등을 옹호하는 논변에 어떤 식으로 적용하는지 살펴보도록 하겠다.

개혁의 이점

밀은 여성의 사회적 지위에 관한 문제가 사회의 지배적인 관습에 의해 결정되도록 내버려두어서는 안 된다고 주장하면서 이렇게 말한다.

[이것은] 정의와 편의의 문제로 [생각해야 한다]. 인류의 다른 모든 사회적 분야에서와 마찬가지로, 이 문제도 역시 관련 정보에 입각하여 그 추세와 결과에 대해 평가한 결과 어떤 것이 남녀를 막론한 인류 일반에게 가장 많은 이익을 가져다줄 수 있는지에 따라 결정되는 것이다. (*SW* 1.17)

그렇다면 밀이 보기에는 정의의 도덕이야말로 현대에 걸맞은 관습 도덕인 것이다. 우리가 처한 상황을 고려할 때 평등한 관계야말로 인간의 복지를 가장 많이 증진시켜주므로 우리의 관계는 서로 평등해야 하는 것이다.

『공리주의』에서 정의에 대해 논할 때, 밀은 정의의 구성요소 중에서도 특히 평등에 대해서 가장 많은 의견의 불일치가 존재한다고 말한다(5.10). 그러나 양성 평등이라는 말로 그가 무엇을 의미하는지는 분명하다. 즉, 그는 각 시민들이 남녀를 막론하고 서로를 평등하게 존중하는 태도가 뒷받침해주는 실질적인 권리의 평등을 의미한 것이다. 밀이 말하는 평등은 응분과 밀접하게 결합되어 있다. '우리는 (더 상위의 의무가 그것을 금지하지 않는 한) 평등한 대우를 받을 자격이 있는 모든 사람들을 평등하게 대우해야 한다.'(5.36) 그리고 밑에서 보겠지만, 사회적 구조가 여성들의 재능 발휘를 막을 때 그들이 겪게 될 좌절감을 밀은 분명하게 알고 있다.

그렇다면 평등은 과연 어떤 결과를 가져올 것인가? 물론 평등이 여성에게 미치게 될 결과가 가장 중요할 것이다. 첫째, 여성들은 많은 남편들이 아내들에게 가하는 끔찍한 고통으로부터 해방될 것이다(*SW*

2.1; *SW* 4.2). 물론 본인도 한 사람의 남편이었던 밀은 남편 중에 폭군만 있는 것은 아니라는 사실을 잘 알고 있었다. 그러나 그는 여성들에게 가해지는 가정폭력이 심각한 수준이라는 사실과 사회나 법이 그들을 보호해주지 않는다는 사실 역시 잘 알고 있었다. 폭력 행사 여부와 관계없이 여성들이 자기 남편을 사랑한다는 사실도 그리 놀랄 만한 일이 못 된다. 그리스 로마 시대의 노예와 주인 사이에도 비슷한 종류의 애착이 생기곤 했으니 말이다.

둘째, 여성들은 평등한 결혼에서 적극적인 이익을 얻을 수 있을지도 모른다(*SW* 4.15-8). 평등한 결혼관계에서는 관심사와 취향, 바람과 기호가 서로 비슷할 가능성이 더 클 수도 있으므로 고통을 낳는 의견의 불일치가 줄어들게 될 수 있다. 밀은 이상적인 결혼을 우정에 비유하는데, 그가 생각하는 우정이란 유대와 공감을 통해 서로 상대방의 세계관에 대한 통찰을 얻어 각자 스스로를 더욱 풍부하게 만들어주는 관계이다. 밀은 여기서 본인이 해리엇 테일러와 경험했던 관계에 기반해서 진술하고 있는 것이 분명하다. 그리고 성관계를 '동물적 기능'으로 보았던 그의 입장을 고려하면(*SW* 2.1), 그가 결혼관계에서 성적 측면이 아닌 다른 측면을 강조하리라는 것쯤은 충분히 예상될 수 있는 일이다.

그에 못지않게 중요한 세 번째 결과는, 밀의 개혁이 여성으로 하여금 남성의 의지에 종속되는 삶 대신 합리적 자유를 누리는 삶을 살 수 있도록 해준다는 것이다(*SW* 4.19-20). 여기서 우리는 밀의 주장이 『공리주의』와 이 책에서 전개되었던 정의와 인간 복지 관념뿐만 아니라 『자유론』에 제시된 자유와 개성에 대한 해석에도 근거하고 있다는 것을 알 수 있다. 밀은 먹는 것과 입는 것을 제외하면 어떤 인간에게든 자유야말로 가장 중요한 욕구라고 주장한다. 밀은 자유가 타인이 아니라 자기 자신에게 얼마나 중요한지에 집중하고, 타인에 관련한 결론은 본인의 사례에 근거해서 내릴 것을 독자들에게 요구한다.

헤로도토스 시대부터 현재까지 자유 정부가 사람들을 고귀하게 해주는 효과에 대해서 사람들이 말하고 적어왔던 것들 — 자유 정부가 모든 능력들에 주는 용기와 담력, 지성과 감성에 제시하는 더 크고 높은 목표, 더욱 이타적인 공공 정신과 의무에 대한 더 차분하고 폭넓은 관점, 그리고 도덕적, 영적, 사회적 존재로서의 개인을 고양시키는 한 단계 높은 무대 등 — 전부는 남성에 대해서 참인 만큼이나 여성에 대해서도 참이다. 이러한 것들이야말로 개인의 행복의 중요한 부분 아니겠는가? (*SW* 4.20)

그렇다면 스스로의 삶을 자유롭게 관장해나가는 경험은 인간 복지의 중심적인 구성요소이다. 밀은 여기에 더해 자유의 행사를 통해 여성들이 자신의 삶에 포함시킬 수 있을 만한 두 가지 추가적 요소들을 강조한다. 그것은 성취, 그리고 그 성취를 만끽하는 즐거움이다(*SW* 4.21-2). 지금까지 보아왔듯 밀은 여성이 가정에 남아 있어야 한다고 믿으며, 따라서 우리는 그가 주로 가족을 양육해온 여성들을 상대로 제안하고 있는 것으로 보아야 한다. 밀은 현재 이러한 여성들이 적극적으로 참여할 수 있는 유일한 활동은 자선밖에 없다고 제안하는데, 자선활동은 도움을 받는 사람들로부터 자율성을 행사할 능력을 앗아가버리는 결과를 낳을 뿐이다(*SW* 4.11). 여성들은 현재 남성들이 성취를 이룩하고 있는 영역에서도 성취를 해낼 수 있을 뿐만 아니라, '인간의 행복에 매우 중요한' 자기 자신의 성취를 즐길 수도 있으며, 낭비되는 삶이 주는 억울한 실망감이나 불만족을 겪지 않아도 된다.

밀은 자신의 주장이 평등이 여성에게 가져다주는 이익에만 의존할 수는 없다는 사실을 깨닫는다. 그는 남성도 평등에서 어느 정도 이익을 얻을 수 있다고 주장한다. 여성의 경우와 마찬가지로 남성 역시 평등한 존재와의 우정을 닮은 결혼생활을 즐길 수 있게 될 것이다. 그리고 여성의 경우보다는 덜 명확하게 드러나겠지만, 남성의 지위도 함께 향상될 수 있을 것이다. 예를 들어 자신의 양심과 신념에 따라 살아가고자 하는 남성들은, 비록 그의 의견이 다수의 의견과 상충한다 하더라도 그러한 삶을 살 수 있을 것이다(SW 4.13-4; S 2.5와 비교). 현재로서는 아마도 가족에게 지워질 부담 때문에 그런 삶을 살아보려고 하지 않는 것일 수 있다. '아내와 자녀를 둔 사람은 누구나 그룬디 여사(Mrs Grundy)에게 볼모로 잡혀 있는 셈이다.'[2] 밀은 사회 전체가 자신과 테일러를 어떻게 대하는지를 경험하고 나서, 사회적 배척이 어떤 결과를 가져오는지 잘 알고 있었다(제1장 참조).

그러나 남성들이 얻는 이익은 주로 사회 전체가 얻는 이익에서 도출될 것이다. 사회는 여성이 가져오는 (해로운 영향에 대비되는) 건설적인 영향으로부터 이익을 얻을 것이다(SW 4.8-12, 20). 현재까지는 자유를 박탈당한 여성들은 그들이 가질 수 있는 힘이라면 그것이 사회 전체에 가져올 영향은 고려하지 않은 채 무조건 그 힘만을 추구해왔다. 맹목적인 힘은 그것이 여성에게 있든 남성에게 있든 타락하기 마련이다. 평등이 실현된다면 여성의 관심사가 그룬디 여사의 영역을 초월하게 되는 것은 물론이고, 그들은 온화함의 덕목과 사회 전체에 대한 공평무사한 관심을 결합하는 데까지 나아가게 될 것이다.

차별은 능률을 저하시키며, 차별당하는 이들이 가진 잠재력의 발견이나 활용을 방해할 따름이다(SW 1.13-4, 24; SW 3.1; SW 4.6-7). 여성에게 평등한 교육을 제공하고 여성에게 금지되어왔던 직장을 얻을 기회를 준다면, 그로 인해 남성이 더욱 분발하여 경쟁하게 되는 것은

---

2) 토머스 모튼(Thomas Morton)의 『쟁기의 속도를 높여라(Speed the Plough)』에 등장하는 그룬디 여사는 편협한 의미에서의 예의범절을 상징하는 대표적 인물로 알려져 있다.

물론이고, 여성이 가진 막대한 정신적 자원도 활용할 수 있게 될 것이다.

또한 평등한 교육은 남성과 여성 모두의 품성에도 영향을 미치게 될 것이다. 즉, 여성은 자기주장이 더욱 강해질 것이고 남성은 자기희생적인 면모를 좀 더 갖추게 될 것이다(SW 2.10). 그리고 위에서 보았듯이 '공감을 가르치는 평등한 학교'로서의 가정 역시 사회의 도덕에 여러 가지 영향을 미치게 될 것이다(SW 2.12). 현재의 제도는 남성들을 '타락하게' 만든다(SW 2.13; SW 2.4와 비교). 밀은 이 점에 관해 꽤나 완고한 태도를 보인다. '현재 남녀관계의 구조는 인류에게 존재하는 모든 이기적인 성향과 자기 숭배, 그리고 부당한 자기 선호의 원천이자 근원이며, 그러한 성향을 키워주는 자양분의 주요 공급처인 것이다.'(SW 4.4)

어쩌면 밀이 과장을 하고 있다고 생각할 수도 있겠다. 분명 그는 자신의 경험주의가 허용할 수 있는 범위를 넘어서 한 걸음 더 나아감으로써 비판받을 여지를 남기고 있는지도 모른다. 그러나 성차별주의가 정당한 이유로 가정으로부터 모든 차원에서 근절되기만 한다면 이런 제도 속에서 자라난 많은 사람들이 다른 영역에서도 마찬가지로 정의의 도덕에 따라 살아가게 될 것이라는 주장이 아주 설득력 없는 것은 아니다. '비록 앞으로 다가올 세대가 진리를 깨닫지 못하거나 그것을 일반적으로 인식하지 못할지도 모르지만, 평등한 존재들로 이루어진 사회야말로 진정한 도덕적 정서를 가르칠 수 있는 유일한 학교일 것이다.'(SW 2.12)

밀의 공리주의가 지지하는 자유주의와 평등주의의 중심에는, 모든 구성원이 마땅히 받을 만한 권리와 존중을 받는 사회에 대한 그의 통찰이 자리 잡고 있다. 이러한 통찰은 지금 그 어느 때보다도 중요하며, 현대의 공리주의자들은 이러한 사회의 경계가 여성뿐만 아니라 모든 나라의 인류, 나아가 인간이 아닌 동물들까지 포함할 수 있도록 확대되어야 한다고 강조해왔다. 밀의 이상은 그의 시대에 그랬던 것만큼이나 지금 이 시대에도 여러모로 현실과 큰 괴리가 있다. 따라서 『공리주의』의 관점에서 해석되어야 하는 그의 도덕과 정치에 대한 저작들은 앞으로도 오랫동안 도덕적, 정치적 논쟁의 중심에 마땅히 자리하게 될 것이다.

더 읽을거리

『여성의 종속』외에도 밀의 논문 「결혼에 관하여」도 읽어볼 만한데, 이 논문은 해리엇 테일러(Harriet Taylor)가 쓴 논문과 함께 Mill and Mill 1970에 수록되어 있다. 『여성의 종속』에 대한 일반적 논의로는 Millett 1970: 89-108(Mill and Ruskin과 비교); Annas 1977; Okin 1979: 4부; Berger 1984: 195-204; Hekman 1992; Donner 1993 등이 있다. 결혼에 관해서는 Mendus 1989; Shanely 1991; Urbinati 1991 등을 참조하라. 동일성과 차이성을 보려면 Di Stefano 1989를 참조하라.

■ 참고문헌

본 참고문헌 목록에는 본문에서 언급된 문헌 외에 필자가 유용하다고 판단한 문헌도 함께 포함되어 있다.

Adams, R. M. 1976: 'Motive utilitarianism', *Journal of Philosophy* 73.

Altham, J. E. J. and R. Harrison(eds.) 1995: *World, Mind, and Ethics: Essays on the Ethical Philosophy of Bernard Williams*, Cambridge.

Annas, J. 1977: 'Mill and the subjection of women', *Philosophy* 52.

Anscombe, G. E. M. 1957: *Intention*, Oxford.

Archard, D. 1990: 'Freedom not to be free', *Philosophical Quarterly* 40.

Aristotle *c*. 330 BC: *Nicomachean Ethics*, standard Greek edn: ed. J. Bywater, Oxford, 1894; mod. edn trans. T. Irwin, Indianapolis, 1985.

Arneson, R. 1980: 'Mill versus paternalism', *Ethics* 90.

Arneson, R. 1989: 'Paternalism, utility and fairness', *Revue Internationale de Philosophic* 43.

Atkinson, R. F. 1957: 'J. S. Mill's proof of the principle of utility', *Philosophy* 32.

Ayer, A. J. 1965: *Philosophical Essays*, London.

Bain, A. 1882: *John Stuart Mill*, London; repr. Bristol, 1993.

Baker, J. M. 1971: 'Utilitarianism and secondary principles', *Philosophical Quarterly* 21.

Baker, J. 1980: 'Mill's captivating proof and the foundations of ethics', *Social Theory and Practice* 6.

Barry, B. 1995: *Justice as Impartiality*, Oxford.

Bentham, J. 1789: *An Introduction to the Principles of Morals and Legislation*, London; mod. edn ed. H. L. A. Hart and F. Rosen, Oxford, 1995.

Berger, F. 1984: *Happiness, Justice, and Freedom*, Berkeley, California.

Berger, F. 1985: 'Reply to Professor Skorupski', *Philosophical Books* 26.

Berlin, I. 1958: 'Two concepts of liberty', Oxford.

Berlin, I. 1959: 'John Stuart Mill and the ends of life', repr. in J. Gray and G. W. Smith(eds.) *On Liberty in Focus*, London, 1991.

Bogen, J. and D. M. Farrell 1978: 'Freedom and happiness in Mill's defence of liberty', *Philosophical Quarterly* 28.

Bond, E. J. 1983: *Reason and Value*, Cambridge.

Bradley, F. H. 1927: *Ethical Studies*, Oxford, 2nd edn.

Brandt, R. B. 1979: *A Theory of the Good and the Right*, Oxford.

Brink, D. O. 1992: 'Mill's deliberative utilitarianism', *Philosophy and Public Affairs* 21.

Britton, K. 1953: *John Stuart Mill*, Harmondsworth.

Broad, C. D. 1930: *Five Types of Ethical Theory*, London.

Brown, A. 1986: *Modern Political Philosophy: Theories of the Just Society*, Harmondsworth.

Brown, D. G. 1972: 'Mill on liberty and morality', *Philosophical Review* 81.

Brown, D. G. 1973: 'What is Mill's principle of utility?', *Canadian Journal of Philosophy* 3.

Brown, D. G. 1974: 'Mill's act utilitarianism', *Philosophical Quarterly* 24.

Brown, D. G. 1978: 'Mill on harm to others' interests', *Political Studies* 26.

Butler, J. 1726: *Fifteen Sermons*, mod. edn in *Collected Works*, ed. J.

Bernard, London, 1900, vol. 1.

Carr, S. 1975: 'The integrity of a utilitarian', *Ethics* 86.

Cohen, S. 1990: 'Proof and sanction in Mill's utilitarianism', *History of Philosophy Quarterly* 7.

Conly, S. 1983: 'Utilitarianism and integrity', *Monist* 66.

Cooper, N. 1969: 'Mill's proof of the principle of utility', *Mind* 78.

Cooper, W. E., K. Neilsen and S. C. Patten(eds.) 1979: *New Essays on John Stuart Mill, Canadian Journal of Philosophy*, suppl. vol. 5.

Copp, D. 1979: 'The iterated-utilitarianism of J. S. Mill', in W. E. Cooper, K. Nielsen and S. C. Patten(eds.), *New Essays on John Stuart Mill, Canadian Journal of Philosophy*, suppl. vol. 5.

Cottingham, J. 1983: 'Ethics and impartiality', *Philosophical Studies* 43.

Cottingham, J. 1996: 'Impartiality and the virtues', in R. Crisp(ed.), *How Should One Live? Essays on the Virtues*, Oxford.

Crisp, R. 1992: 'Utilitarianism and the life of virtue', *Philosophical Quarterly* 42.

Crisp, R. 1994: 'Aristotle's inclusivism', *Oxford Studies in Ancient Philosophy* 12.

Crisp, R. 1996a: 'Mill on virtue as a part of happiness', *British Journal for the History of Philosophy* 4.

Crisp, R. 1996b: 'The dualism of practical reason', *Proceedings of the Aristotelian Society* 96.

Cupples, B. 1972: 'A defence of the received interpretation of J. S. Mill', *Australasian Journal of Philosophy* 50.

Dahl, N. O. 1973: 'Is Mill's hedonism inconsistent?', *American Philosophical Quarterly*, Monograph 7.

Davis, N. 1980: 'Utilitarianism and responsibility', *Ratio* 22.

Diggs, B. J. 1964: 'Rules and utilitarianism', *American Philosophical Quarterly* 1.

Dinwiddy, J. 1989: *Bentham*, Oxford.

Di Stefano 1989: 'Re-reading J. S. Mill: interpolations from the (m)other world', in M. Barr and R. Feldstein(eds.), *Discontented Discourses*, Urbana, Illinois.

Donner, W. 1991: *The Liberal Self*, Ithaca.

Donner, W. 1993: 'John Stuart Mill's liberal feminism', *Philosophical Studies* 69.

Downie, R. S. 1966: 'Mill on pleasure and self-development', *Philosophical Quarterly* 16.

Dryer, D. P. 1969: 'Essay on Mill's *Utilitarianism*', introduction to J. S. Mill, *Collected Works*, 33 vols, ed. J. Robson, Toronto, vol. 10.

Dryer, D. P. 1979: 'Justice, liberty, and the principle of utility in Mill', in W. E. Cooper, K. Nielsen and S. C. Patten(eds.), *New Essays on John Stuart Mill, Canadian Journal of Philosophy*, suppl. vol. 5.

Dworkin, G. 1972: 'Paternalism', *Monist* 56.

Dworkin, R. 1984: 'Rights as trumps', in J. Waldron(ed.), *Theories of Rights*, Oxford.

Ebenstein, L. 1985: 'Mill's theory of utility', *Philosophy* 60.

Edwards, R. B. 1979: *Pleasures and Pains*, Ithaca.

Feagin, S. 1983: 'Mill and Edwards on the higher pleasures', *Philosophy* 58.

Feinberg, J. 1971: 'Legal paternalism', *Canadian Journal of Philosophy* 1.

Feyerabend, P. 1970: 'Against method', *Minnesota Studies in the Philosophy of Science* 4.

Finnis, J. 1980: *Natural Law and Natural Rights*, Oxford.

Fox, C. 1882: *Memories of Old Friends*, ed. H. N. Pym, London.

Friedman, R. 1966: 'A new exploration of Mill's essay *On Liberty*', *Political Studies* 14.

Gibbard, A. 1965: 'Rule-utilitarianism: just an illusory alternative?', *Australasian Journal of Philosophy* 43.

Gildin, H. 1964: 'Mill's *On Liberty*', in J. Cropsey(ed.), *Ancients and Moderns*, New York.

Glover, J. 1984: *What Sort of People Should There Be?*, Harmondsworth.

Glover, J.(ed.) 1990: *Utilitarianism and its Critics*, New York.

Godwin, W. 1798: *Enquiry Concerning Political Justice*, 3rd edn, London; mod. edn ed. I. Kramnick, Harmondsworth, 1985.

Goldstein, L. 1980: 'Mill, Marx and women's liberation', *Journal of the History of Philosophy* 18.

Goodin, R. 1991: 'Utility and the good', in P. Singer(ed.), *A Companion to Ethics*, Oxford.

Gray, J. 1983: *Mill On Liberty: A Defence*, London.

Gray, J. and G. W. Smith(eds.) 1991: *On Liberty in Focus*, London.

Green, T. H. 1883: *Prolegomena to Ethics*, Oxford.

Griffin, J. 1986: *Well-Being*, Oxford.

Griffin, N. 1972: 'A note on Mr Cooper's reconstruction of Mill's proof', *Mind* 81.

Grote, J. 1870: *An Examination of the Utilitarian Philosophy*, Cambridge.

Hall, E. R. 1949: 'The proof of utility in Bentham and Mill', *Ethics* 60.

Hare, R. M. 1952: *The Language of Morals*, Oxford.

Hare, R. M. 1981: *Moral Thinking: Its Methods, Levels, and Point*, Oxford.

Harris, G. 1989: 'Integrity and agent-centred restrictions', *Nous* 23.

Harris, J. 1974: 'Williams on negative responsibility and integrity', *Philosophical Quarterly* 24.

Harrison, J. 1975: 'The right, the just and the expedient in Mill's *Utilitarianism*', in T. Penelhum and R. A. Shiner(eds.), *New Essays in the History of Philosophy*, *Canadian Journal of Philosophy*, suppl.

vol. 1.

Harrison, J. 1979: 'Rule utilitarianism and cumulative-effect utilitarianism', in N. E. Cooper K. Nielsen and S. C. Patten(eds.), *New Essays on John Stuart Mill, Canadian Journal of Philosophy*, suppl. vol. 5.

Harrison, R. 1983: *Bentham*, London.

Harrod, R. 1936: 'Utilitarianism revised', *Mind* 45.

Hart, H. L. A. 1963: *Law, Liberty, and Morality*, Oxford.

Harvie, C. 1976: *The Lights of Liberalism: University Liberals and the Challenge of Democracy 1860-86*, London.

Haworth, A. 1998: *Freedom of Speech*, Routledge.

Hearns, S. J. 1992: 'Was Mill a moral scientist?', *Philosophy* 67.

Hekman, S. 1992: 'John Stuart Mill's *The Subjection of Women*: the foundations of liberal feminism', *History of European Ideas* 15.

Herman, B. 1983: 'Integrity and impartiality', *Monist* 66.

Hoag, R. W. 1986: 'Happiness and freedom: recent work on John Stuart Mill', *Philosophy and Public Affairs* 15.

Hoag, R. W. 1987: 'Mill's conception of happiness as an inclusive end', *Journal of the History of Philosophy* 25.

Hoag, R. W. 1992: 'J. S. Mill's language of pleasures', *Utilitas* 4.

Hobbes, T. 1651: *Leviathan*, London; mod. edn ed. C. B. Macpherson, Harmondsworth, 1968.

Hollis, M. 1995: 'The shape of a life', in J. E. J. Altham and R. Harrison(eds.), *World, Mind, and Ethics: Essays on the Ethical Philosophy of Bernard Williams*, Cambridge.

Honderich, T. 1974: 'The worth of John Stuart Mill on liberty', *Political Studies* 22.

Hooker, B. 1993: 'Political philosophy', in L. McHenry and F. Adams (eds.), *Reflections on Philosophy*, New York.

Hooker, B. 1995: 'Rule-consequentialism, incoherence, fairness', *Procee-*

dings of the Aristotelian Society 95.

Hume, D. 1739-40: *A Treatise of Human Nature*, London; mod. edn ed. L. Selby-Bigge, rev. P. H. Nidditch, 2nd edn, Oxford, 1978.

Hume, D. 1751: *An Enquiry Concerning the Principles of Morals*, London; mod. edn ed. L. Selby-Bigge, rev. P. H. Nidditch, 3rd edn, Oxford, 1975.

Hurka, T. 1993: *Perfectionism*, Oxford.

Hutcheson, F. 1755: *A System of Moral Philosophy*, London; mod. edn in *Collected Works*, Hildesheim, 1969, vols. 56.

Irwin, T. H. 1997: 'Mill and the classical world', in J. Skorupski(ed.), *Cambridge Companion to Mill*, Cambridge.

Jones, H. 1978: 'Mill's argument for the principle of utility', *Philosophy and Phenomenological Research* 38.

Kagan, S. 1992: 'The limits of well-being', in F. Miller, E. F. Paul and J. Paul(eds.), *The Good Life and the Human Good*, Cambridge.

Kant, I. 1785: *Groundwork of the Metaphysics of Morals*, mod. edn. trans. L. W. Beck, 2nd edn, Upper Saddle River, NJ, 1995.

Kleinig, J. 1970: 'The fourth chapter of Mill's Utilitarianism', *Australian Journal of Philosophy* 48.

Kretzmann, N. 1958: 'Desire as proof of desirability', *Philosophical Quarterly* 8.

Kupperman, J. 1978: 'Do we desire only pleasure?', *Philosophical Studies* 34.

Locke, J. 1690: *An Essay Concerning Human Understanding*, London; mod. edn ed. P. H. Nidditch, Oxford, 1975.

Long, R. 1992: 'Mill's higher pleasures and the choice of character', *Utilitas* 4.

Lutz, A. 1940: *Created Equal: A Biography of Elizabeth Cady Stanton*, New York.

Lyons, D. 1965: *The Forms and Limits of Utilitarianism*, Oxford.

Lyons, D. 1976: 'Mill's theory of morality', *Nous* 10.

Lyons, D. 1977: 'Human rights and the general welfare', *Philosophy and Public Affairs* 6.

Lyons, D. 1978: 'Mill's theory of justice', in A. Goldman and J. Kim (eds.), *Values and Morals*, Dordrecht.

Lyons, D. 1979: 'Liberty and harm to others', in W. E. Cooper K. Nielsen and S. C. Patten(eds.), *New Essays on John Stuart Mill*, *Canadian Journal of Philosophy*, suppl. vol. 5.

Lyons, D. 1982: 'Benevolence and justice in Mill', in H. B. Miller and W. H. Williams(eds.), *The Limits of Utilitarianism*, Minneapolis.

Lyons, D. 1994: *Rights, Welfare, and Mill's Moral Theory*, Oxford.

Mabbott, J. D. 1956: 'Interpretations of Mill's Utilitarianism', *Philosophical Quarterly* 6.

McCloskey, H. J. 1957: 'An examination of restricted utilitarianism', *Philosophical Review* 66.

McCloskey, H. J. 1963: 'Mill's liberalism', *Philosophical Quarterly* 13.

McCloskey, H. J. 1970: 'Liberty of expression: its grounds and limits (I)', *Inquiry* 13.

McCloskey, H. J. 1971: *John Stuart Mill: A Critical Study*, London.

Mackie, J. L. 1977: *Ethics*, Harmondsworth.

Mandelbaum, M. 1968: 'Two moot issues in Mill's Utilitarianism', *Journal of the History of Philosophy* 6.

Marshall, J. 1973: 'The proof of utility and equity in Mill's *Utilitarianism*', *Canadian Journal of Philosophy* 3.

Martin, R. 1972: 'A defence of Mill's qualitative hedonism', *Philosophy* 47.

Martineau, J. 1885: *Types of Ethical Theory*, Oxford.

Mayerfeld, J. 1997: *The Morality of Suffering*, Oxford.

Mendus, S. 1989: 'The marriage of true minds: the ideal of marriage in the philosophy of John Stuart Mill', in S. Mendus and J. Rendall (eds.), *Sexuality and Subordination*, London.

Mill, J. S. 1961-91: *Collected Works*, 33 vols, ed. J. Robson, Toronto.

Mill, J. S. 1997: *Utilitarianism*, ed. R. Crisp, Oxford.

Mill, J. S. and H. T. Mill 1970: *Essays on Sex Equality*, ed. A. S. Rossi, Chicago.

Miller, D. 1976: *Social Justice*, Oxford.

Miller, H. B. and W. H. Williams(eds.) 1982: *The Limits of Utilitarianism*, Minneapolis.

Millett, K. 1970: *Sexual Politics*, London.

Mitchell, D. 1970: 'Mill's theory of value', *Theoria* 36.

Monro, D. H. 1970: 'Liberty of expression: its grounds and limits (II)', *Inquiry* 13.

Moore, A. 1991: *A Theory of Well-Being*, D. Phil, thesis, Oxford.

Moore, G. E. 1903: *Principia Ethica*, Cambridge.

Moser, S. 1963: 'A comment on Mill's argument for utilitarianism', *Inquiry* 6.

Nagel, T. 1986: *The View from Nowhere*, New York.

Nakhnikian, G. 1951: 'Value and obligation in Mill', *Ethics* 62.

Nelson, M. 1991: 'Utilitarian eschatology', *American Philosophical Quarterly* 28.

Nielsen, K. 1973: 'Monro on Mill's third howler', *Australian Journal of Philosophy* 51.

Nozick, R. 1974: *Anarchy, State, and Utopia*, Oxford.

Okin, S. M. 1979: *Women in Western Political Thought*, Princeton.

Oldenquist, A. 1982: 'Loyalties', *Journal of Philosophy* 79.

Packe, M. 1954: *The Life of John Stuart Mill*, London.

Parfit, D. 1984: *Reasons and Persons*, Oxford.

Persson, I. 1992: *The Retreat of Reason —A Dilemma in the Philosophy of Life*, unpublished typescript, Lund.

Plato *c.* 390 BC: *Gorgias*, standard Greek edn ed. J. Bywater, Oxford,

1902; mod. edn trans. T. Irwin, Oxford, 1979.

Plato c. 380 BC: *Republic*, standard Greek edn ed. J. Bywater, Oxford, 1902; mod. edn trans. G. M. A. Grube, rev. C. D. Reeve, Indianapolis, 1992.

Plato c. 360 BC: *Philebus*, standard Greek edn ed. J. Burnet, Oxford, 1901; mod. edn trans. J. Gosling, Oxford, 1975.

Prichard, H. A. 1912: 'Does moral philosophy rest on a mistake?', *Mind* 21.

Prior, A. N. 1949: *Logic and the Basis of Ethics*, Oxford.

Putnam, H. 1981: *Reason, Truth, and History*, Cambridge.

Quinton, A. 1973: *Utilitarian Ethics*, London.

Railton, P. 1984: 'Alienation, consequentialism, and the demands of morality', *Philosophy and Public Affairs* 13.

Raphael, D. D. 1955: 'Fallacies in and about Mill's *Utilitarianism*', *Philosophy* 30.

Raphael, D. D. 1994: 'J. S. Mill's proof of the principle of utility', *Utilitas* 6.

Rashdall, H. 1907: *The Theory of Good and Evil*, Oxford.

Rawls, J. 1955: 'Two concepts of rules', *Philosophical Review* 64.

Rawls, J. 1971: *A Theory of Justice*, Cambridge, Mass.

Raz, J. 1986: *The Morality of Freedom*, Oxford.

Rees, J. C. 1960: 'A re-reading of Mill on liberty', *Political Studies* 8.

Rees, J. C. 1985: *John Stuart Mill's On Liberty*, Oxford.

Riley, J. 1988: *Liberal Utilitarianism*, Cambridge.

Riley, J. 1991a: 'One very simple principle', *Utilitas* 3.

Riley, J. 1991b: 'Individuality, custom, and progress', *Utilitas* 3.

Riley, J. 1993: 'On quantities and qualities of pleasure', *Utilitas* 5.

Robinson, D. N. 1982: *Toward a Science of Human Nature: Essays on the Psychologies of Mill, Hegel, Wundt, and James*, New York.

Robinson, D. N. 1995: *An Intellectual History of Psychology*, 3rd edn,

Madison, Wisconsin.

Rossi, A. S. 1970: 'Sentiment and intellect: the story of John Stuart Mill and Harriet Taylor', introduction to J. S. Mill and H. T. Mill, *Essays on Sex Equality*, ed. A. S. Rossi, Chicago.

Ryan, A. 1965: 'J. S. Mill's art of living', *The Listener* 74; repr. in J. Gray and G. W. Smith(eds.), *On Liberty in Focus*, London, 1991.

Ryan, A. 1966: 'Mill and the naturalistic fallacy', *Mind* 75.

Ryan, A. 1970: *The Philosophy of John Stuart Mill*, London.

Ryan, A. 1974: *J. S. Mill*, London.

Ryan, A.(ed.) 1993: *Justice*, Oxford.

Sartorius, R. 1975: *Individual Conduct and Social Norms*, Encino, California.

Scanlon, T. 1993: 'Value, desire, and quality of life', in M. Nussbaum and A. Sen(eds.), *The Quality of Life*, Oxford.

Scheffler, S. 1982: *The Rejection of Consequentialism*, Oxford.

Schneewind, J. B. 1977: *Sidgwick's Ethics and Victorian Moral Philosophy*, Oxford.

Schwartz, T. 1982: 'Human welfare: what it is not', in H. B. Miller and W. H. Williams(eds.), *The Limits of Utilitarianism*, Minneapolis.

Sen, A. 1980-1: 'Plural utility', *Proceedings of the Aristotelian Society* 81.

Sen, A. and B. Williams(eds.) 1982: *Utilitarianism and Beyond*, Cambridge.

Seth, J. 1908: 'The alleged fallacies in Mill's "Utilitarianism" ', *Philosophical Review* 17.

Shanley, M. L. 1991: 'Marital slavery and friendship: John Stuart Mill's *The Subjection of Women*', in M. L. Shanley and C. Pateman (eds.), *Feminist Interpretation and Political Theory*, Cambridge.

Sidgwick, H. 1907: *The Methods of Ethics*, 7th edn, London.

Simmons, A. J. 1982: 'Utilitarianism and unconscious utilitarianism', in

H. B. Miller and W. H. Williams(eds.), *The Limits of Utilitarianism*, Minneapolis.

Singer, M. G. 1955: 'Generalization in ethics', *Mind* 64.

Singer, P. 1972: 'Is act-utilitarianism self-defeating?', *Philosophical Review* 81.

Skorupski, J. 1985: 'The parts of happiness', *Philosophical Books* 26.

Skorupski, J. 1989: *John Stuart Mill*, London.

Skorupski, J.(ed.) 1997: *Cambridge Companion to Mill*, Cambridge.

Smart, J. J. C. 1956: 'Extreme and restricted utilitarianism', Philosophical Quarterly 6; rev. in P. Foot(ed.), *Theories of Ethics*, Oxford, 1967.

Smart, J. J. C. 1973: 'An outline of a system of utilitarian ethics', in J. J. C. Smart and B. Williams, *Utilitarianism For and Against*, Cambridge.

Smith, A. 1759: *A Theory of the Moral Sentiments*, London; mod. edn ed. D. D. Raphael and A. L. Macfie, 2nd edn, Oxford, 1979.

Smith, G. W. 1991: 'Social liberty and free agency: some ambiguities in Mill's conception of freedom', in J. Gray and G. W. Smith(eds.), *On Liberty in Focus*, London.

Smith, S. A. 1996: 'Future freedom and freedom of contract', *Modern Law Review* 59.

Spence, G. W. 1968: 'The psychology behind Mill's proof', *Philosophy* 43.

Sprigge, T. L. S. 1988: *The Rational Foundations of Ethics*, London.

Stephen, J. F. 1874: *Liberty, Equality, Fraternity*, 2nd edn; mod. edn ed. S. D. Warner, Indianapolis, 1993.

Stocker, M. 1969: 'Mill on desire and desirability', *Journal of the History of Philosophy* 7.

Stocker, M. 1976: 'The schizophrenia of modern ethical theory', *Journal of Philosophy* 73.

316

Stove, D. 1993: 'The subjection of John Stuart Mill', *Philosophy* 68.

Strasser, M. 1984: 'Mill and the utility of liberty', *Philosophical Quarterly* 34.

Sumner, L. W. 1974: 'More light on the later Mill', *Philosophical Review* 83.

Sumner, L. W. 1979: 'The good and the right', in W. E. Cooper, K. Nielsen and S. C. Patten(eds.), *New Essays on John Stuart Mill*, *Canadian Journal of Philosophy*, suppl. vol. 5.

Sumner, L. W. 1981: *Abortion and Moral Theory*, Princeton.

Sumner, L. W. 1992: 'Welfare, happiness, and pleasure', *Utilitas* 4.

Ten, C. L. 1980: *Mill On Liberty*, Oxford.

Thomas, W. 1985: *Mill*, Oxford.

Tocqueville, A. de 1848: *Democracy in America*, 12th edn; mod. edn trans. P. Bradley, ed. A. Ryan, London, 1994.

Urbinati, N. 1991: 'John Stuart Mill on androgeny and ideal marriage', *Political Theory* 19.

Urmson, J. O. 1953: 'The interpretation of the moral philosophy of J. S. Mill', *Philosophical Quarterly* 3.

Vallentyne, P. 1993: 'Utilitarianism and infinite utility', *Australasian Journal of Philosophy* 52.

Varouxakis, G. 1995: *John Stuart Mill on French Thought, Politics, and National Character*, Ph. D. thesis, London.

Warnock, M. 1960: *Ethics Since 1900*, Oxford.

Watkins, J. 1966: 'John Stuart Mill and the liberty of the individual', in D. Thomson(ed.), *Political Ideas*, Harmondsworth.

Wellman, C. 1959: 'A reinterpretation of Mill's proof', *Ethics* 69.

West, H. R. 1972: 'Reconstructing Mill's proof of the principle of utility', *Mind* 81.

West, H. R. 1975: 'Mill's naturalism', *Journal of Value Inquiry* 9.

West, H. R. 1976: 'Mill's qualitative hedonism', *Philosophy* 51.

West, H. R. 1982: 'Mill's proof of the principle of utility', in H. B. Miller and W. H. Williams(eds.), *The Limits of Utilitarianism*, Minneapolis.

Williams, B. 1973a: 'Egoism and altruism', in *Problems of the Self*, Cambridge.

Williams, B. 1973b: 'A critique of utilitarianism', in J. J. C. Smart and B. Williams, *Utilitarianism For and Against*, Cambridge.

Williams, B. 1976a: 'Persons, character, and morality', in A. O. Rorty (ed.), *The Identities of Persons*, Berkeley; repr. in B. Williams, *Moral Luck*, Cambridge, 1981. Page numbers refer to the latter.

Williams, B. 1976b: 'Moral luck', *Proceedings of the Aristotelian Society*, suppl. vol. 50; repr. in B. Williams, *Moral Luck*, Cambridge, 1981.

Williams, B. 1981: *Moral Luck*, Cambridge.

Williams, B. 1985: *Ethics and the Limits of Philosophy*, London.

Williams, B. 1995: 'Replies', in J. E. J. Altham and R. Harrison(eds.), *World, Mind, and Ethics: Essays on the Ethical Philosophy of Bernard Williams*, Cambridge.

Williams, G. 1976: 'Mill's principle of liberty', *Political Studies* 24.

Williams, G. 1996: 'The Greek origins of J. S. Mill's happiness', *Utilitas* 8.

Wilson, F. 1982: 'Mill's proof that happiness is the criterion of morality', *Journal of Business Ethics* 1.

Wilson, F. 1983: 'Mill's proof of utility and the composition of causes', *Journal of Business Ethics* 2.

Wolfenden 1959: *The Wolfenden Report*, London.

Wolff, J. 1997: 'Mill, indecency, and the liberty principle', *Utilitas* 9.

Wollheim, R. 1973: 'John Stuart Mill and the limits of state action', *Social Research* 40.

지은이 로저 크리스프(Roger Crisp)

옥스퍼드 대학교에서 고전학으로 학사학위를 받은 후 동대학원 철학과에서 석사
학위와 박사학위를 받았다. 현재 옥스퍼드 대학교 세인트 앤즈 칼리지(St Anne's
College, Oxford)에서 철학과 교수로 재직 중이며, 윤리학 학술지인 『유틸리타스
(Utilitas)』의 편집자로도 활동하고 있다. 주요 저서로는 『이유와 선(Reasons and
the Good)』이 있고 역서로는 『니코마코스 윤리학(Nicomachean Ethics)』이 있으
며, 『덕윤리(Virtue Ethics)』와 『어떻게 살아야 하는가?(How Should One Live?)』
를 편집하였다. 그 외에도 "Utilitarianism and the Life of Virtue", "Equality,
Priority, and Compassion" 등 영향력 있는 저서와 논문들을 다수 출간하였다.

옮긴이 엄성우

연세대학교 철학과를 졸업하고 동대학원에서 석사학위를 받았다. 그 후 옥스퍼
드 대학교에서 석사학위(B.Phil)를 받았고 현재는 듀크 대학교 철학과 박사과정
에 재학 중이다. 논문으로는 석사 논문인 『덕, 인간, 행위: 칸트와 아리스토텔레
스의 덕론(Virtue, Person, and Action: Kant and Aristotle on Virtue)』과 『덕윤
리와 자아(Virtue Ethics and the Self)』를 비롯해 "Intending as a Means and
Foreseeing with Certainty", "Taking Pleasure in Acting Virtuously", "In
Defense of Razian Liberal Perfectionism" 등이 있다.

밀의 공리주의

1판 1쇄 인쇄   2014년 2월 20일
1판 1쇄 발행   2014년 2월 25일

지은이   로저 크리스프
옮긴이   엄 성 우
발행인   전 춘 호
발행처   철학과현실사

등록번호   제1-583호
등록일자   1987년 12월 15일

서울특별시 종로구 동숭동 1-45
전화번호 579-5908
팩시밀리 572-2830

ISBN 978-89-7775-770-7   93190
값 15,000원